十二五现代远程教育法学专业系列教材

民 法 分 论

主　编◎段　莉

撰稿人◎段　莉　张新民　赵学刚

中国政法大学出版社

2013·北京

十二五现代远程教育法学专业系列教材

总顾问

李昌麒　　我国著名经济法学家、法学教育家
　　　　　西南政法大学教授、博士生导师
　　　　　西南大学法学院名誉院长

总主编

张新民　　西南大学法学院院长、教授、博士生导师

尹晓东　　西南大学党委研究生工作部部长、博士

副总主编

张步文　　西南大学法学院副院长、博士、教授、硕士生导师

赵云芬　　西南大学法学院教授、博士、硕士生导师

十二五现代远程教育法学专业系列教材编委会

主　任

宋乃庆　　国家教学名师
　　　　　原西南大学常务副校长
　　　　　教授、博士生导师

副主任

张新民　　西南大学法学院院长、教授、博士生导师
刘　林　　西南大学网络教育学院院长、研究员

委　员

宋乃庆　刘　林　张新民　李立新　尹晓东　赵云芬　张步文
时显群　汪　力　陶　林　房香荣　段　莉　黄国泽　刘怀川

出版说明

　　人类迈进 21 世纪，全球性的科技革命越来越深刻地影响人类的生活、工作和学习方式，教育领域当然也不例外。随着计算机网络、信息和教育技术的飞速发展，现代远程教育作为一种新型的教育形式，以其鲜明的时代特色、充满希望的生命力，正在逐渐成为我国高等教育和继续教育不可缺少的组成部分。

　　现代远程教育突破了时间、空间的限制，为一切具有学习热情、学习能力的人敞开了接受教育的大门。学校变得没有了围墙，因此，极大地拓展了教育空间，充分体现了终身教育的先进教育理念，适应了学习化社会里人们个性化学习、多样化学习的需要。与传统的教育形式不同，远程教育以开发教学产品、通过媒介传输的手段来达到教学目的，创造了教与学过程相对分离的模式，在教育过程、教育方式和教育理念上产生了巨大的变革，使高等院校的优秀教育资源冲破校园围墙的限制，让更多的学习者共享，具有开放性、交互性、共享性、协作性、自主性等特点。它通过构造现代远程教育的"学习环境"，提供学生自主构建知识的空间，帮助人们随时随地地学习，实现学生个体与群体的融合，从而满足了人们在校园外接受高等教育的愿望。

　　作为教育部首批批准举办现代远程教育的高校之一，十多年来，西南大学根据现代远程教育中教与学、成人学生工作与学习矛盾突出等特点，深入研究、不断实践，在教学方式、授课特点、教学内容、教学过程、技术手段、管理机制等方面实行了一系列改革，构建了具有自己特色的现代远程教育体系。同时，对现代远程教育的理论基础也进行了系统、全面的归纳和总结，并以此为基础，结合现代远程教育的实践，构建和提出了现代远程教育的学习模式、管理模式、学习支持服务体系、质量保证体系和质量评价方法等。

经历了十几年的光阴，现代远程教育由萌芽到现在的蓬勃发展，我们也积累了不少经验。为了帮助广大接受现代远程教育的学生顺利实现由传统学习观念和方法向远程学习观念和方法的转变，我院特地组织了多年来在网络教育一线的老师有针对性地编写了专门适用于现代远程教育学生的教材。本套教材力求图文并茂、深入浅出，贴近远程学习者的需求，切实解决他们在学习中遇到的困难。

该套教材在体系设计上，以学习者为中心，把课程中最基本的内容提炼整理出来，以"学习单元"的形式安排学习。在每一章的开始就把本章的学习目的、学习要求、重点难点、知识要点等内容提出来，便于学习者合理制定自己的学习计划。对于难点重点，给出了提示"注意"，引导学习者对抽象复杂的问题加深理解。一般教材都是在各章节后给出大量的复习思考题，本系列教材只是在每个"学习单元"后给出适度、适量的问题让学习者来检验自己对基本问题的掌握情况。

在该系列教材的编写过程中，我们打破传统章节式的设置，内容注重知识的基础性、先进性和实用性，体现了现代远程教育的特色。总的来说，本系列教材具有以下特色：

第一，简明扼要、重点突出，且改变了传统教材以文字叙述为主的编写形式。考虑到现代远程教育大部分学员多为在职工作者，因此，在对内容细致梳理的基础上，在保证知识体系完整、内容准确无误的前提下，文字表述尽量做到简明扼要，并通过多种"教学模块"将学习单元的重点展示出来，并且将一个完整、系统的学习单元的学习时间控制在 30 分钟左右，以便于自学。

第二，学以致用、活学活用，以多样化的模块单元展示学习内容，浅显易懂。法律是一个实用性、操作性极强的课程。在教材的编写过程中，尽量采用"案例分析模式"、"主题讨论模式"、"虚拟审判模式"等方式，突出教材的适用性和实用性，以提高学员独立思考、分析问题和解决问题的能力。

　　第三，图文并茂、通俗易懂。通过形式多样的结构图将学习单元中的重点展示出来，另外采用表格形式对概念或制度进行区分或总结，从而使教材内容脉络清晰、易于理解；在内容中有意识地增加了"考考你"、"注意"、"思考"、"小结"、"小窍门"等内容，便于学习者记忆掌握，使学习者能跟随教材的提问、提示重点、学习小窍门、自测等内容达到自助学习的目的。

　　第四，温故而知新，注重对学生知识的巩固和能力的培养。学习单元后面附有习题和答案，另外根据每个学习单元内容的不同附有"联系实际"、"讨论交流"、"知识延伸"等内容，也有助于教师实现互动教学。

十二五现代远程教育法学专业系列教材编委会
2012 年 6 月

编写说明

民法作为法学专业核心课程，无论在理论上还是实践上都具有重要价值。民法教材主要是为学生搭建民法知识体系，了解民法具体制度。学习民法遵循总—分式结构，从一般到具体，先学习民法总论，再在总论的基础上学习民法分论。作为民法分论部分，本教材主要包括人身权和财产权中的物权、债权。鉴于侵权责任在实践中的重要性，本教材将侵权责任独立成编进行介绍。

一本好的教材并非反映最高的研究成果，而应产生良好的教学效果，本教材主要针对网络教育、成人教育或是辅修、双学位学生学习设计，旨在让学生既能较轻松地掌握民法分论中基本概念、基本原理和基本制度，获得知识，又能将所学知识运用到实践，解决实际问题，培养法学基本能力。为此，本教材与传统教材相比呈现以下特点：

第一，根据受众对象和内容的需要，减少了相关理论的辨析探讨过程，加大了立法比重，结合司法考试和自学考试等真题，通过理论与练习，尽量简明易懂，强调知识重点，主要立足于运用。

第二，通过一些特殊形式，解决学生学习的困难。比如，除常规的导学外，就相对较难记忆的地方，结合教师教学实践所得，增加了学习建议或是知识体系图表，对需要在实践中运用或是拓展的知识，以思考的形式，提出问题，启发、引导学生进行探究。不仅重视结果，也重视过程，培养学生的兴趣，将发现和感悟体验作为一种快乐，进而成为一种能力。

第三，针对网络教育、成人教育、辅修、双学位学生时间少的特点，减少了课后习题量，将更多的习题融入教材内容中，关注学生思考过程。

　　第四，网络教育、成人教育、辅修、双学位学生通常和教师接触时间较少，有问题往往无法及时提出并得到解答。因此，本教材中的思考题、练习题绝大部分均附有答案。在每章学习结束时还有笔记部分，以供学生及时写下学习中遇到的问题和想法，留待和教师交流时解决。

　　鉴于编者能力所限，本书仍有许多值得讨论和改进之处，尚祈广大读者不吝指正。

段　莉
2013 年 4 月

本书有以下特色……

简明易懂，强调知识重点
结合实际，深入浅出解决身边案例

 导学

    在学习之前，帮助您了解具体内容的重难点，有的放矢，形成初步知识体系。

 建议

    这里有些有意思的建议，帮助您在学习中掌握知识的精髓，记得更轻松，理解得更容易。

 思考

    这里有些经典的案例，身边的纠纷琐事，让您可以多看多想，思考真实的答案。

 实践一下……

    学习好了吗？那么，这里有一些实例，运用学过的知识解决一下吧……

 我要复习！

    看到这里，还有什么不明确，或是记忆不清晰的知识点吗？请自己检测一下。

 我的笔记

    每章的结尾都有这部分，您可以写下学习中遇到的问题和在学习中您自己的想法。

目 录

第三编　债权总论

第四编　侵权责任

第一编

人身权

第一章　人身权概述

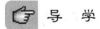 导　学

学习本章须识记人身权的概念和特征，人身权的分类。

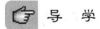 学习内容

一、人身权的概念和特征

《民法通则》第 2 条规定："中华人民共和国民法调整平等主体的公民之间、法人之间、公民和法人之间的财产关系和人身关系。"

人身权是指法律赋予民事主体所享有的，与其人身不可分离而无直接财产内容的民事权利，是人身关系经法律调整后的结果。人身权是民事主体享有的最基本的民事权利，它与财产权一起共同构成民法规定的两大基本民事权利。

作为与财产权相对应的民事权利，人身权具有以下法律特征：

1. 人身权与民事主体的人身密不可分，不可转让。除法律另有规定外，人身权不得以任何形式买卖、赠与和继承。

2. 人身权没有直接的财产内容。人身权不直接体现财产内容，不能用金钱进行衡量，也不能像财产一样进行物的耗费、转让、许可使用。其虽然没有直接的财产内容，却又与财产权紧密相关，具体表现为：①人身权是某些财产权取得的前提。如亲权是遗产继承权取得的前提。②人身权可通过客体的商业化

使用转化为财产权。例如附着商业价值的自然人姓名或肖像可有偿许可他人使用，法人名称可以转让。③人身权受到损害时可进行财产性补偿。

3. 人身权具有绝对性和支配性。人身权的权利主体是特定的，义务主体是除特定民事主体以外的任何不特定主体，因此，特定民事主体以外的任何人都负有不得侵害、干涉、妨碍人身权的义务。人身权是民事主体对自己的人身、人格利益直接支配，排除他人干涉的权利，人身权的实现无须请求他人协助。

二、人身权的分类

以人身权的客体是人格利益还是身份关系为标准，人身权分为人格权和身份权。

（一）人格权

1. 人格权的概念。人格权，是指民事主体依法固有为维护自身独立人格所必备的，以人格利益为客体的权利。作为基于人的存在而不可分离的权利，只要自然人出生、法人成立，无需任何意思表示或经过特别授权，就当然取得并受到法律保护，其实质是国家通过法律赋予的一种资格。

人格权是民事主体维系其存在，进行民事活动的前提，离开了这些权利，民事主体的人身利益得不到保障，就丧失了开展民事活动、建立民事权利义务关系的基础。

2. 人格权的分类——一般人格权和具体人格权。人格权以人格利益为客体，人格利益分为一般人格利益和具体人格利益。前者是指民事主体享有，但法律并未作特别规定的人格利益，具有概括性和包容性；后者是指民事主体享有并由法律明确作出规定的人格利益，分为物质性人格利益（即生命、健康、身体）和精神性人格利益（包括姓名、名称、名誉、荣誉、肖像、隐私等）。人格权也因此被划分为一般人格权和具体人格权。

一般人格权是以民事主体全部人格利益为标的的概括性权利。通常包括人身自由、人格尊严、人格独立与人格平等。与具体人格权相比，一般人格权具有以下特征：

（1）主体普遍性。现代所有的自然人、法人不论其在社会中有何政治地位、身份和能力，其在经济能力上有何不同，都平等地、普遍地享有一般人格权。具体人格权须区分其不同种类，有的为自然人、法人共同享有。

（2）权利客体具有高度概括性。一般人格权的客体是一般人格利益，这种一般人格利益具有高度的概括性。这种概括性包括两个方面的意义：①一般人格利益本身的概括性，人格独立、人格自由、人格尊严都不能化成具体的人格利益，也不能成为具体人格权的客体。②一般人格利益是对所有具体人格权的客体的概括，任何一种具体人格权的客体，哪怕法律并没有明确规定，都可以概括在一般人格利益之中。因此，一般人格权才成为具体人格权的渊源，由此产生并规定具体人格权。

（3）权利内容具有广泛性。德国学者拉伦茨指出，一般人格权具有概括广泛性。一般人格权范围极为广泛，在内容上一般人格权的内容包括具体人格权的内容，但是，对于具体人格权所不能包含的人格利益，也都包含在一般人格权之中。它不仅是具体人格权的集合，而且为补充和完善具体人格权立法不足提供切实可靠的法律依据。人们可以依据一般人格权，对自己的人格利益遭受损害，但又不能为具体人格权所涵括的行为，依据一般人格权的法律规定，寻求法律上的救济。

 思考

好，学习到这里，请您思考一下，我们学习一般人格权的概念和特点，价值在哪里？是单纯为了应付考试，为背概念而背概念，还是要将理论运用于实践，在实践中检验理论？答案毫无疑问是后者。一般人格权不仅有助于解释具体的人格权，对具体人格权的不足还可以进行补充。不信？您请看下面几个实例：

1. 南京秦淮区法院曾公开审理了一起特别的案子。王老太病逝，生前一直赡养她的侄子赵某某到火葬场奔丧，吃惊地发现老太的遗体已被老太的养女提前火化。赵某某气愤异常，将老太养女等人推上了被告席，讨要自己的"悼念权"。北京市宣武区人民法院也审理过类似的侵犯"悼念权"案。

2. 四川广汉市人民法院曾因对一起因交通肇事而引起的精神损失索赔案作出的判决而引起了学界关注。原告陶女士称，因被告的交通肇事导致自己上嘴唇裂伤，使与丈夫接吻从此变成一种折磨。陶女士不仅认为被告的行为侵害了她的身体权、健康权、财产权，而且极富想象力和创新精神的提出，被告还侵犯了自己的"亲吻权"。要求对方在其他赔偿之外，赔偿因不能接吻造成的精神损害费2万元，并要求对方赔礼道歉。

难为广汉市法院，他们认为因接吻而带来的精神享受的确是原告的一种利益，但利益不等于法定的权利。所以一审判决驳回该项诉讼请求。

3. 成都铁路运输法院曾作出的一项判决，则和我们每个人有更加切身的关联。一名老妇在列车途中尿急需上厕所，无奈车内厕所尽数锁闭。老妇向列车员苦苦哀求而不得。想要拉下老脸，就地解决，又被列车员强行阻止。

续

老妇最终尿在裤中，又因裤湿着凉，加上遭受屈辱，下车时旧病复发，跌倒车头。自官司结束时，该名老妇仍然小便失禁。

　　老妇提起的诉讼和前两位相比，少了点戏剧性。她没能提出一个"小便权"的概念来，而是依据运输合同关系提起了违约之诉。从技术上讲，这个案子应该是提起侵权之诉更为有利。以违约起诉，法院以原铁道部的一个管理规则便驳回了原告的请求，认为列车员按章办事，并无不当，未违约。

　　看到这里，您有什么想法？近年来，诸如"亲吻权"、"初夜权"、"小便权"、"良好心情权"、"祭奠权"、"悼念权"、"同居权"、"容貌权"、"相思权"等名词陆续出现，成为一些当事人在诉讼中请求法院维护的"权利"。因为我国法律中明文规定的具体人格权只有那几种，当生活中出现需要保护的权利，法律又没有列举到的时候，人们便"创设"这样那样的"权利"要求司法机构予以保护，一般人格权的概念却受到大家的忽视，在前述案例中，受害人是否可以提出他们的一般人格权受到了侵害？再好好阅读理解下一般人格权的基本知识吧，您现在有什么看法了吗？

（二）身份权

1. 身份权的概念。身份权是民事主体基于某种特定的身份享有的民事权利。它不是每个民事主体都享有的权利，只有当民事主体从事某种行为或因婚姻、家庭关系而取得某种身份时才能享有。

2. 具体身份权。

（1）亲权。亲权是指父母基于其身份对未成年子女人身、财产方面的管理和保护的权利。对子女的人身方面，亲权表现在保护权、教育权、法定代理权上。对子女的财产方面，亲权表现为：①管理权。为维护未成年子女的权益，父母对未成年子女的财产享有保存与管理的权利。父母未尽职责，造成未成年子女财产损失的，应赔偿其损失。②处分权。为了子女的利益与需要，父母对未成年子女的财产可以依法进行处分。③使用收益权。在不毁损财物或无损财产权利的情况下，父母可以支配未成年子女的财产以获取收益。

思考

范某和妻子赵某在儿子8周岁生日时，共同出资为儿子购买了一套房子，作为儿子将来上大学的投资,房产证上登记的是儿子的名字。5 年后,儿子名下的房子升值到 100 万元,范某和赵某离婚,法院判儿子随范某生活,房子亦由范某负责管理。又过了 1 年,范某做生意需要现金,征得儿子同意后,将儿子的房子卖掉。赵某知道后,以儿子的名义诉至法院,要求宣告范某与第三人签订的房屋买卖合同无效,请问:法院是否支持此诉讼请求?为什么?

提示:法院支持其诉讼请求。监护人应当履行监护职责,保护被监护人的人身、财产及其他合法权益,除为被监护人的利益外,不得处分被监护人的财产。

思考

英美法系国家将亲权纳入监护中,我国没有直接的亲权规定,但《民法通则》规定了法定监护,有学者认为法定监护带有亲权的性质。您是如何看待这个问题呢?

提示:亲权是身份权,发生于父母及未成年子女之间,更侧重于其权利的性质,与其他民事权利的区别在于权利的取得以特定的身份为基础,监护权的取得并无此要求,父母、亲属以外的自然人、组织甚至政府机关都可以担任监护人。

亲权的内容包括对未成年子女人身、财产的管理和保护,如住所指定、惩戒等。监护权的权利内容只具有保护性,不包括教养等内容,因此将监护权视为亲权存在不妥。

(2)亲属权。亲属是由婚姻、血缘和收养产生的人与人之间的社会关系,即除配偶、未成年子女以外的其他亲属间的基本人身权。具体包括父母与成年子女、祖父母与孙子女、外祖父母与外孙子女、兄弟姐妹间的身份权。

(3)配偶权。配偶是依照法定程序而确立夫妻关系的双方。配偶权,是指婚姻关系存续期间,夫与妻作为配偶间的一种身份权。根据我国婚姻法的规定,配偶权的内容主要包括以下几个方面:①姓名权。夫妻双方都有各用自己姓名的权利。夫妻作为平等的双方,有权决定自己的姓名使用。其中任何一方不得强迫另一方改变其姓名,也不得要求妻随夫姓。②人身自由权。夫妻双方都有参加生产、工作、学习和社会活动的自由,一方不得对他方加以限制或干涉。③协助权。在夫妻关系存续期间,夫妻双方应彼此相互协助、扶养。《婚姻法》

第20条规定："夫妻有互相扶养的义务。一方不履行扶养义务时，需要扶养的一方，有要求对方付给扶养费的权利。"④忠实权。《婚姻法》第4条规定："夫妻应当互相忠实，互相尊重……"⑤离婚权。夫妻双方有解除婚姻关系的请求权。

思考

2005年，轰动一时的全国首例生育权案件在河南南阳二审终审，因为没有按协议约定为丈夫生子，丈夫以侵犯生育权为由，将妻子告上法庭，要求赔偿自己的"生育权安慰金"78 500元。两级法院均判决索要生育权的丈夫败诉。

丈夫是否享有生育权的问题一度成为热议话题。妻子拒不生育或是擅自堕胎后，丈夫一怒之下，以侵犯自己的生育权为由将妻子告上法院，要求法官"维权"。您如何看待这个问题？

提示：生育权虽是夫妻共同拥有，可属于配偶权范畴，但在行使时却并非平等分配。因为男性在行使生育权的过程中，最终是通过女方怀孕后单独生育来完成的，这是女方的人格权，所以，法律又赋予了女性独立的生育决定权。《妇女权益保障法》第51条规定，妇女有按照国家有关规定生育子女的权利，也有不生育的自由。依据这一规定，应视为女性在生育过程中享有独立的决定权。作为男性公民，虽然有生育权，但其生育权的实现，要借助于女性公民的配合，男性行使这项权利时，是不能侵犯女性的人格权的。

《婚姻法解释（三）》第9条对此作出明确规定，夫以妻擅自中止妊娠侵犯其生育权为由请求损害赔偿的，人民法院不予支持；夫妻双方因是否生育发生纠纷，致使感情确已破裂，一方请求离婚的，人民法院经调解无效，应依其他导致夫妻感情破裂的情形出现的理由准予离婚。

此规定让生育权的法律性质得以明确，不仅保护了女性生育权，也保护了男方的配偶权，即当女方不愿意生育致使双方感情破裂，任何一方都有提起诉讼的权利。

严格意义上来说，生育权对女性而言，属于人格权，婚姻法所调整的配偶权属于身份权。

我要复习！

您一定要知道的（如果已掌握请打√）：

人身权的概念和特点 ☐

人身权分为人格权和身份权 ☐

一般人格权的概念和特点 ☐

身份权的概念和分类 ☐

我的笔记

第二章　具体人格权

👉 **导　学**

掌握生命权、身体权、健康权、姓名权和名称权、肖像权、名誉权、荣誉权基本知识并能在实践中灵活运用。

👉 **学习内容**

学习单元一　物质性人格权

一、生命权

（一）生命权的概念和特征

生命权是法律赋予自然人的以生命维持和生命安全为内容的权利。《民法通则》第 98 条明文规定："公民享有生命健康权"，即明确了生命权的重要地位。法律上的生命是人赖以存在的前提，也是行使其他一切民事权利的基础。生命的存在与生命权的享有是自然人的最高人格利益，民法以充分保护生命权为其重要目的。正因为如此，给予"安乐死"以合法地位的观点至今仍受到诸多反对。

生命权的重要特征在于：①生命权的客体是生命及其安全利益，这与身体权和健康权明显不同。②生命权只有在生命安全受到威胁，或者处于危险状态时，才能够行使，否则没有主张权利的必要。而且，对于生命权的主体来说，该项权利的主要内容在于排除生命安全所受到的危险和威胁。例如，请求他人消除危险、排除妨害；对所受不法侵害进行正当防卫；对威胁生命安全的危险，有权采取紧急避险措施。③生命权一旦受到实际侵害，任何法律救济对于权利主体都是毫无意义的，法律救济的唯一功能在于使权利主体的近亲属得到财产上的补偿和精神上的抚慰。

（二）侵害生命权的损害事实

侵害生命权的直接受害人是作为权利主体的自然人，但是与权利主体有血缘、婚姻、人事、劳动等关系的其他人或者社会组织往往会受到间接的损害，这是由自然人的社会属性决定的。一般而言，侵害生命权的损害事实可以分为如下几个层次：①权利主体生命的丧失，即造成自然人死亡的客观结果。②死者的近亲属或者相关社会组织因权利主体生命丧失而受有财产损失。如死者的近亲属或者所在工作单位支出的医疗费、丧葬费。③死者生前扶养的人丧失扶养。如死者的未成年子女丧失接受抚养的来源。④死者近亲属的精神损害。如《消费者权益保护法》第 42 条规定，经营者提供商品或者服务，造成消费者或者其他受害人死亡（第一层次）的，应当支付丧葬费（第二层次）、死亡赔偿金（第四层次）以及由死者生前扶养的人所必需的生活费（第三层次）等费用。

二、健康权

（一）健康权的概念

健康的语义为"人体生理机能正常，没有缺陷和疾病"。健康权是自然人依法享有的保持其自身及其器官以至身体整体的功能安全为内容的人格权，健康权保持的是身体机能正常和维护健康利益。

关于健康的范围，有学者认为，不仅包括生理健康，也包括心理健康，此观点值得探讨。从理论上看，健康权的保护范围当然及于心理健康，即精神健康，但在实践中侵害事实达到何种程度，才称得上是损害精神健康，一般需要谨慎地从严把握。

（二）健康权的内容

健康权主要表现为健康保持权，即自然人享有保持生理机能正常及其健康状态不受侵犯的权利。一般而言，自然人的身体及其生理机能的健康关系到劳动能力的状况，所以在这里需要讨论一下劳动能力究竟属于独立的人格权还是健康权的基本内容。

持劳动能力独立人格权的学者认为，在侵害身体权导致死亡的场合，所侵害的不只是身体权，还有生命权；同理，在侵害身体权导致劳动能力损害或者丧失的场合，侵害的标的除身体权外，也应有劳动能力权。持劳动能力属于健康权基本内容的学者认为，劳动能力以生理机能的健康为基础，劳动能力的全部或者部分丧失，必然由生理机能的正常状态被破坏引起，劳动能力的丧失只是损害健康权的后果。因此，劳动能力的保持完全可由健康权涵盖，而没有必要将劳动能力的保持作为独立于健康权的一种具体人格权。目前，后一种观点支持者较多，劳动能力作为健康权基本内容更有实际意义。

三、身体权

（一）身体权的概念

身体权是指自然人保持身体组织完整并支配其肢体、器官和其他组织的权利。《最高人民法院关于确定民事侵权精神损害赔偿责任若干问题的解释》第1条第1款第1项将身体权和生命权、健康权并列，确认了三者相互独立的法律地位。自然人的身体权与生命权、健康权密切相关，但同时也与生命权、健康权不同。

生命权的客体是自然人的生命，健康权保护身体各组织及整体功能正常，身体权则是以保护人的肢体、器官、组织的完整性和对身体组织的支配为目标。我国《民法通则》第119条规定："侵害公民身体造成伤害的，应当赔偿医疗费、因误工减少的收入、残废者生活补助费等费用……"

（二）身体权的特征和内容

身体以自然人的身体及其利益为客体，在内容上表现为：①保持身体组织的完整性，禁止他人的不法侵害。②支配其身体组织，包括肢体、器官、血液等。传统的伦理观念认为，身体组织的构成部分不得转让，致使传统的民法理论认为身体权并不包括对身体组织的支配权。但是，医学的发展推动了伦理观念的变化，也为身体权注入了新的内容。身体器官的移植、血液的有偿或者无偿奉献，都是自然人行使身体权的方式。③损害赔偿请求权。侵害自然人身体造成伤害的，应当赔偿医疗费、因误工减少的收入、残废者生活补助费等费用。

建议

合理区分健康权与身体权。可参考下面例子进行理解：

小刚与小强同寝室，小刚趁小强熟睡，将小强剃成阴阳头，小刚侵害了小强的身体权，而非健康权；小刚一招"隔山打牛"，拳风导致小强的左耳失聪，小刚侵犯了小强的健康权。

学习单元二 精神性人格权

一、姓名权与名称权

《民法通则》第99条规定："公民享有姓名权，有权决定、使用和依照规定改变自己的姓名，禁止他人干涉、盗用、假冒。法人、个体工商户、个人合伙享有名称权。企业法人、个体工商户、个人合伙有权使用、依法转让自己的名称。"

姓名与名称是自然人、法人用以确定、表明自己身份，彼此间相互区别的符号，是使自然人或法人特定化的标志，也是社会个体体现个性，人格独立的标志。

自然人的姓名权、法人的名称权受到侵害的，有权要求停止侵害，恢复名誉，消除影响，赔礼道歉，并可以要求赔偿损失。自然人或者法人要求赔偿损失的，赔偿数额应根据侵权人的过错程度、侵权行为的具体情节、后果和影响确定。如果侵害他人的姓名权、名称权而获利的，侵权人除应适当赔偿受害人的损失外，其非法所得应当予以收缴。根据《最高人民法院关于确定民事侵权精神损害赔偿责任若干问题的解释》的规定，自然人的姓名权受到侵害的，可以主张精神损害赔偿；但法人或者其他组织以名称权遭受侵害为由，向人民法院起诉请求赔偿精神损害的，人民法院不予受理。

（一）姓名权

姓名权是自然人依法享有的决定、使用、改变自己姓名并排除他人侵害的权利。

姓名权的内容主要体现在以下三个方面：

第一，姓名决定权。姓名决定权又称命名权，是指自然人选择特定文字作为自己姓名的权利。享有命名的权利是自然人的基本权利，但自然人决定自己的名字以具备意思能力为前提。自然人的姓名通常由其父母选定，《中华人民共和国户口登记条例》第7条规定："婴儿出生后一个月以内，由户主、亲属、抚养人或者邻居向婴儿常住地户口登记机关申报出生登记。弃婴，由收养人或者育婴机关向户口登记机关申报出生登记。"当自然人有识别能力时，也可自己选定姓名。我国婚姻法规定，子女可以随父姓，也可随母姓。同时每个自然人也可自主决定自己的名字，以及自己的艺名、别名等其他名字。

第二，姓名使用权。姓名使用权是自然人有权使用自己的名字并排除他人加以使用的权利。自然人对自己的姓名享有专用权，有权许可或禁止他人使用，也有权排斥他人阻止自己使用。

自然人使用姓名也有一定的限制。在一定场合中有使用正式姓名的义务，如在具有法律意义的证件、契约、文书上签名及向司法机关作证的情况下，应当使用其正式姓名。自然人同时也不得滥用姓名权，不得基于不正当的目的或有违公序良俗、诚实信用的原则允许他人使用其姓名，转让其姓名等。

思考

张某与王某是好朋友。王某为与张某开玩笑，起草了一则征婚广告，并以张某的名义附上照片寄给一家杂志社在"鸿雁传书"专栏中刊登。刊登后不久，张某便收到了多名异性的来信，要求建立恋爱关系。张妻知道后，夫妻关系急剧恶化。后来，张某得知此事系好朋友王某所为，怒气冲天，一纸诉状将王某告上了法庭，坚决要求王某赔偿精神损失。

法院经审理认为，王某为张某登征婚广告，系盗用他人姓名的侵权行为，判决被告王某在媒体上公开向张某赔礼道歉，并赔偿张某精神损失5000元。

仔细体会姓名权的概念及权利内容。并思考，本案中，王某的行为除侵犯张某姓名权外，有没有侵犯到张某的肖像权？有没有侵犯到张某的荣誉权？

第三，姓名变更权。姓名变更权是指自然人有权依照法定程序对自己已登记的姓名进行改变的权利。自然人有权依自己的意愿对已经登记的姓名进行更改，但应遵循一定的法定条件与程序，不允许随意变更。对此，我国《户口登记条例》第18条规定，未满18周岁的人需要变更姓名的时候，由本人或者父母、收养人向户口登记机关申请变更登记，18周岁以上的人需要变更姓名的时候，由本人向户口登记机关申请变更登记。对于笔名、艺名等非正式的姓名，其变更不受此限制。

思考

在我国，自然人的姓名，作为中华文化的一部分，其意义早已超出了单纯的身份识别功能。江西鹰潭市的一位职业为律师的父亲，就给儿子取名为"赵C"。2006年年底，赵C在换发二代身份证时，被公安机关要求改名，而他则将公安机关告上了法庭，以其父为诉讼代理人，要求维护自己的姓名权。老百姓戏称这个案子为"中国姓名权第一案"，引发了大家对姓名权的关注。

让我们来看看"中国姓名权第一案"两审经过和原、被告双方的抗辩过程，感受一下法律的运用：

月湖公安分局："赵C"应改名。公安部《姓名登记条例（初稿）》规定："姓名不得使用或者含有下列文字、字母、数字、符号：①已简化的繁体字；②已淘汰的异体字，但姓氏中的异体字除外；③自造字；④外国文字；⑤汉语拼音字母；⑥阿拉伯数字；⑦符号；⑧其他超出规范的汉字和少数民族文字范围以外的字样。"

赵父：经过查询，公安部《姓名登记条例（初稿）》正在起草并征求意见，其只是部门文件的初稿，尚未成为规章，因此不具备法律效力。

不仅《民法通则》第99条第1款明确规定："公民享有姓名权，有权决定、使用和依照规定改变自己的姓名，禁止他人干涉、盗用、假冒。"另外，《居民身份证法》第4条第1款规定："居民身份证使用规范汉字和符合国家标准的数字符号填写。"名"C"是汉语拼音字母，也是一种符合国家标准的符号，是一种"左半月形符号"，因此"赵C"是符合法律规定的。公安部对于姓名登记的相关规定属于部门文件，还是未生效的部门文件，不能据此对公民的姓名权随意加以限制，希望社会舆论对"赵C"这种有新意的名字给予宽容。

鹰潭市月湖区法院经审理后支持了赵父的观点，认为，第二代居民身份证是由汉字、数字、符号三种元素组成。"C"可以作为一种数字符号，而且，"赵C"这个名字已经使用了22年，未给国家、社会及他人造成不利。

另外，原告"赵C"于2005年6月进行居民身份证初始登记，经公安机关核准领取了第一代居民身份证，应视为被告作出了具体行政行为。换发第二代居民身份证并不是第一次进行居民身份证初始登记，而是为了提高居民身份证的制作质量和防伪性，公安机关只要"复制"第一代居民身份证的内容即可，而不是改变登录的内容。因此，判决责令被告为"赵C"换发第二代居民身份证。

一审判决后，月湖公安分局发现"赵C"的名字无法录入现行人口信息管理系统。如果同意赵C用原名换领第二代个人身份证，就意味着全国派出所的相关系统都要进行修改和升级，所花费的成本可能高达数千万元。月湖公安分局就如何执行法院的一审判决专门向江西省公安厅请示。江西省公安厅及时组织厅法制处与治安总队研究，提出了意见。为慎重起见，又专门书面请示公安部。

公安部专门回复江西省公安厅。批复意见为："根据《中华人民共和国居民身份证法》及《中华人民共和国国家通用语言文字法》规定精神，居民身份证姓名登记项目应当使用规范汉字填写，并与常住人口登记表和居民户口簿姓名登记项目保持一致。《公安部关于启用新的常住人口登记表和居民户口簿有关事项的通知》已明确要求姓名登记项目使用汉字填写。公安机关发现常住人口登记表、居民户口簿或居民身份证姓名登记项目未使用规范汉字填写的，应请本人协助更正，并免费为其办理更正后的居民户口簿、居民身份证等。"

月湖公安分局向鹰潭市中级人民法院提出上诉。庭审中，双方就三大争议焦点展开了激烈的辩论。

庭审焦点一："C"是不是数字符号。

月湖公安分局：一审法院认定被上诉人赵C其姓名中的英文字母"C"是一种符合国家标准的数字符号，没有法律依据，系认定事实错误。

赵父：一审判决认定左半月形"C"是一种符合国家标准的数字符号正确；上诉人认为属外文字母的说法是片面的。赵父以第二代居民身份证中存在的"X"校验码为例，指出其足以证实，公安部门的人口管理数据库中本身就存在类似的数字符号信息。

庭审焦点二：取名"C"是否损害社会管理秩序。

月湖公安分局：被上诉人申请使用外文（英文）字母或汉语拼音作为其名，明显违反了《中华人民共和国居民身份证法》、《中华人民共和国国家通用语言文字法》等规定，也是给国家和社会管理秩序带来损害的行为。英文字母作为一种外文字母，并没有依法取得较其他外文字母更高的法律地位或等同于规范汉字的法律地位。

赵父：法律与文化之间关系不大，两者是两种完全不同的上层建筑领域。依据《中华人民共和国立法法》第8条规定，对民事基本制度只能制定法律。在现代社会里，公民的姓名只要符合宪法与法律规定的，公民就有权实施；而文化的传承不是靠法律强制推行的，这是因为文化本身就有强大的生命力才得以传承。

赵父以公安系统对汽车的管理登记为例，指出，例如：赣LC55XX号牌，就因为使用了符合国标的数字符号，使公安部门对汽车的登记管理显得科学、准确。

庭审焦点三：公安局拒换第二代证件是否合法。

月湖公安分局："赵C"使用外文字母作为其名，既是违反法律规定义务的行为，也是给国家和社会公共利益、公序良俗带来损害的行为。因此，公安部门在赵C继续申请使用外文（英文）字母"C"作为其名的前提下，拒绝为其换领第二代身份证，符合法律规定，同时，此举也是公安部门依法纠正赵C身份证姓名初始登记错误的行政行为。国家行政机关对先前错误的具体行政行为应当依法进行纠正，这是合法的行政行为，是依法行政的具体

续

表现，而不是针对同一行政相对人的同一个事项作出矛盾决定的行为。

赵父：一审判决是从对左半月形"C"的全面认识及其本质属性就是符合国家标准的数字符号这一事实出发，并依据《民法通则》第 99 条第 1 款与《中华人民共和国居民身份证法》第 4 条第 1 款规定，认为该身份证的初始登记符合法律规定，而其后的换发证件的行政行为显然是不得改变初始登记的行政行为。一审判决认定事实清楚，证据确凿充分，适用法律正确。

双方激烈的法庭辩论，持续了 3 个多小时。最终，争议双方达成庭上和解，鹰潭市中级人民法院终审判定，准许上诉方鹰潭市公安局月湖分局撤回上诉，并撤销月湖区人民法院的一审判决。"赵 C"同意采用规范汉字改名，并主动放弃公安部门主动提出的补偿，公安部门免费为"赵 C"办理第二代个人身份证，并协助更改相关户口、档案等。

您对此案有何看法？

（二）名称权

名称权是法人、个体工商户、个人合伙等社会组织依法享有的决定、使用、改变其名称，并排除他人侵害的权利。企业只准使用一个名称，必须向工商行政管理部门核准登记，批准后方可使用。如需变更，只有经主管部门批准，并向工商行政管理部门办理变更登记手续。根据企业名称登记管理规定，企业名称受到一定的限制，比如：在登记主管机关辖区内不得与已登记注册的同行业企业名称相同或者近似；不得使用有损国家、公共利益，引入误解或欺骗公众的名称，也不得使用外国国家（地区）名称、国际组织名称，政党名称、党政军机关名称、群众组织名称、社会团体名称及部队番号，汉语拼音字母、数字。

二、肖像权

《民法通则》第 100 条规定："公民享有肖像权，未经本人同意，不得以营利为目的使用公民的肖像。"

《最高人民法院关于贯彻执行〈中华人民共和国民法通则〉若干问题的意见（试行）》（以下简称《民通意见》）第 139 条规定："以营利为目的，未经公民同意利用其肖像做广告、商标、装饰橱窗等，应当认定为侵犯公民肖像权的行为。"

肖像权是指自然人对自己的肖像享有再现、使用和排斥他人侵害的权利。肖像权的内容有：

1. 形象再现权，即自然人享有通过造型艺术或其他形式来再现自己形象的专有权，通常表现为肖像的决定权和实施权。自然人有权自己拥有其肖像，排除他人未经同意制作、取得其肖像，并有禁止他人侮辱、毁损其形象的权利。

2. 肖像使用权，即自然人有权决定是否允许将其肖像进行展出、传播、复制、用作商标或进行广告宣传。未经肖像权人同意，任何人不得以营利为目的在纸张、书籍、报刊、网络等载体中使用其肖像。

根据我国《民法通则》第 100 条规定，对自然人肖像权的侵犯需具备两个构成要件：①使用自然人肖像未经其同意；②以营利为目的进行使用。

对肖像权的保护也有一定的限制，下列行为即为合理使用自然人肖像：①新闻报道使用；②国家机关执行公务或为国家利益举办特定活动中使用，如通缉令中被通缉者照片，新中国成就展中的照片；③记载或宣传公共活动使用；④科研和教育中使用，如医学试验中的照片。

自然人肖像权受到侵害的，有权要求停止侵害，恢复名誉，消除影响，赔礼道歉，并可以赔偿损失，包括精神损害赔偿。

思考

近年来，越来越多的学者提出不应该把"营利为目的"作为侵犯肖像权的构成要件。有学者从文义解释出发，对法律条文的文字词句进行了详尽的逻辑推理，认为我国肖像权立法其实并没有规定不营利就不是侵犯肖像权；也有学者探寻立法原意，认为如果坚持以营利为目的作为判断侵害肖像权的标准，必然偏离了法律保护肖像权的目的，使很多情况下权利无法得到救济，缩小了对公民权利的保护范围。我国许多学者在编纂民法典草案建议稿时也将这一点纳入其中，对现行法条进行修改。例如在《中华人民共和国民法典（草案）学者建议稿》"人格权编"第 52 条规定："自然人享有肖像权。未经本人同意，不得制作、使用自然人的肖像。但法律另有规定的除外。"

您的看法呢？侵犯肖像权是否需要以"营利"为要件呢？让我们来看看"北大学子向剑波状告母校成都航天中学肖像侵权"一案的庭审实况，可能会给您一些启发。

北大学子向剑波状告母校肖像侵权案中，原被告双方对在报上、网站和橱窗上使用了向剑波的照片无任何疑义，双方争论的焦点是：母校是否侵犯肖像权？以营利为目的是不是肖像侵权构成要件？

原告：1996 年，向剑波考入北京大学，去年 6 月，向父在龙泉驿区一家报纸的广告招生专版上发现了儿子的名字和头像，后又发现在学校网站、校

续

外橱窗宣传栏上也有这种情况。向父认为学校擅自用其儿子的形象做宣传，侵犯了公民的肖像权。

被告：学校展示向剑波的头像是客观真实的。学校对向剑波的宣传是健康积极向上的，目的是激励更多的学生向他学习，鼓励向剑波更加珍惜荣誉，不存在侵权。

原告：2001 年，航天中学被批准实行企办、民助，学校为了生源，把向剑波的照片登在学校招生广告上，并注明考上北大，目的是吸引更多的学生来校读书，显然有经济利益驱使。

被告：构成侵犯肖像权的要件是要看是否经本人同意和肖像的用途是否以营利为目的。航天中学属于事业单位，并非营利性质的单位。用照片的用途是为了激励更多的学生努力学习而不是以营利为目的。

原告：肖像权是个人独占、排他的权利，是人格权。未经肖像权人同意擅自使用的均构成肖像侵权。对肖像权的侵犯不应该由是否营利为目的来衡量，主要取决于是否征得肖像权人的同意。

一审宣判：母校侵权行为成立。

合议庭经过合议认为，未经本人同意，以营利为目的使用肖像构成侵犯肖像权，但相关条文并未规定不以营利为目的就不构成侵犯肖像权。以营利为目的不是构成肖像权侵权的要件，属于精神损害考虑的因素。根据相关法律规定，应该将是否经本人同意作为构成是否肖像侵权的必要条件。航天中学在未取得向剑波同意的情况下，擅自制作向剑波的肖像，在校园外橱窗以及相关网站、报刊使用，已构成了对向剑波肖像权的侵害。

下午 4 时许，法院一审宣判，航天中学肖像侵权成立，应立即停止侵权，并向向剑波书面赔礼道歉，赔偿损失 3000 元。

三、名誉权

《民法通则》第 101 条规定："公民、法人享有名誉权，公民的人格尊严受法律保护，禁止用侮辱、诽谤等方式损害公民、法人的名誉。"

《民通意见》第 140 条规定："以书面、口头等形式宣扬他人的隐私，或者捏造事实公然丑化他人人格，以及用侮辱、诽谤等方式损害他人名誉，造成一定影响的，应当认定为侵害公民名誉权的行为。以书面、口头等形式诋毁、诽谤法人名誉，给法人造成损害的，应当认定为侵害法人名誉权的行为。"

名誉权是民事主体就自己获得的社会评价享有利益并排除他人侵害的权利。

名誉是对民事主体的人格价值的一种客观评价，而非主体内心自己的情感。名誉权的主体包括自然人与非自然人，法人、个体工商户、合伙或非法人的社会团体都享有名誉权。

侵害名誉权的行为主要有：

1. 以侮辱方式侵犯他人名誉。即以口头、书面或暴力方式，对他人进行人身攻击，贬损他人人格。

2. 以诽谤方式侵犯他人名誉。即以隐瞒真相、捏造事实并加以传播的方式诋毁他人名誉，损害他人尊严。在现实生活中比较常见的侵犯他人名誉权的行为主要有：新闻采访报道中，严重失实造成当事人名誉损害；文学作品中虚构事实，对他人进行诽谤；传播谣言对他人进行侮辱，等等。

侵犯名誉权的表现形式多样，既可以是口头或书面的方式，也可以是以行为动作的方式，既可以表现在电视、报纸上，也可以体现在电脑网络上。只要行为人主观上有过错，并且实施了贬损他人名誉的行为，造成了对他人的侵害，均构成对他人名誉权的侵犯。但在发布内容真实、客观准确的事实；受害人同意和正当行使权利时，不构成侵害名誉权的行为。

值得重视的是，自然人的名誉权不仅存在于其有生之年，而且延续至其死亡后，死亡自然人的权利能力、行为能力虽已终止，但基于对死者亲属感情的尊重和对良好社会风尚的维护，《最高人民法院关于确定民事侵权精神损害赔偿责任若干问题的解释》明确规定，自然人死亡后，其姓名、肖像、名誉、荣誉和隐私仍受法律保护。

名誉权受到侵害的，有权要求停止侵害，恢复名誉，消除影响，赔礼道歉，并可以要求赔偿损失。同时自然人因名誉权受到损害的还可提起精神损害赔偿。

 实践一下……

单选题： 某市国土局一名前局长、两名前副局长和一名干部因贪污终审被判有罪。薛某在当地晚报上发表一篇报道，题为"市国土局成了贪污局"，内容为上述四人已被法院查明的主要犯罪事实。该国土局、一名未涉案的副局长、被判缓刑的前局长均以自己名誉权被侵害为由起诉薛某，要求赔偿精神损害。下列哪种说法是正确的？（   ）

A. 三原告的诉讼主张均能够成立

B. 国土局的诉讼主张成立，副局长及前局长的诉讼主张不能成立

C. 国土局及副局长的诉讼主张成立，前局长的诉讼主张不能成立

D. 三原告的诉讼主张均不能成立

解答：《最高人民法院关于确定民事侵权精神损害赔偿责任若干问题的解释》第 5 条规定，法人或者其他组织以人格权利遭受侵害为由，向人民法院起诉请求赔偿精神损害的，人民法院不予受理。因此本题中国土局的诉讼主张不能成立。答案只能为 D。

对于未涉案的副局长、被判缓刑的前局长的诉讼主张能否得到支持，一些案例分析书认为二者的诉讼主张也不能得到支持。理由为《最高人民法院关于确定民事侵权精神损害赔偿责任若干问题的解释》第 8 条规定，因侵权致人精神损害，但未造成严重后果，受害人请求赔偿精神损害的，一般不予支持，人民法院可以根据情形判令侵权人停止侵害、恢复名誉、消除影响、赔礼道歉。您的看法呢？请您在学习完名誉权的基本知识点后仔细想想，当地晚报的行为有没有侵犯未涉案的副局长、被判缓刑的前局长的名誉权？说说您的理由。

提示：注意题中的表述：晚报报道内容为上述四人已被法院查明的主要犯罪事实，且没有涉及未涉案的副局长。

四、隐私权

隐私权又称个人生活秘密权，是指自然人享有私人生活安宁与私人生活信息依法受到保护，不受他人侵扰、知悉、使用、披露和公开的权利。世界上许多国家都将隐私权作为一种宪法权利加以保护。根据我国《民通意见》第 140 条第 1 款规定，《民法通则》未对隐私权的独立地位予以确认，将其作为侵害名誉权处理。《侵权责任法》第 2 条明确规定民事权益包括隐私权，首次在立法中确认了隐私权的独立地位。

一般而言，自然人的隐私权包括通讯秘密权与个人生活秘密权。通讯秘密权是指自然人对其在信件、电报、电话中的内容享有保密权，未经允许不得非法公开。《宪法》第 40 条明文规定："中华人民共和国公民的通信自由和通信秘密受法律的保护。除因国家安全或者追查刑事犯罪的需要，由公安机关或者检察机关依照法律规定的程序对通信进行检查外，任何组织或者个人不得以任何理由侵犯公民的通信自由和通信秘密。"个人生活秘密权是指自然人对其财产状况、生活经历、个人资料等私人信息享有的禁止他人非法利用的权利。

对自然人的隐私权构成侵害的，受害人有权要求加害人停止侵害，恢复名誉，消除影响，赔礼道歉，并可以主张精神损害赔偿。自然人的隐私平等地受到法律保护，但是，对于公众人物，由于他们的某些个人生活已成为政治生活的一部分，法律对他们隐私权的保护就有一定的限制，具体往往以公共利益为标准。公众人物，主要是指广为人知的社会成员，包括政府公务人员和各界、各行业的知名人士。

五、荣誉权

> 《民法通则》第102条规定："公民、法人享有荣誉权，禁止非法剥夺公民、法人的荣誉称号。"

荣誉权，是指民事主体对自己的荣誉享有利益并排除他人非法侵害的权利。荣誉权的特点在于其并不是民事主体所固有的，而是基于国家或社会团体授予民事主体某种荣誉称号而产生。因此，对于荣誉权的性质界定，学界存在争议。主要存在人格权说、身份权说和双重属性说。《最高人民法院关于确定民事侵权精神损害赔偿责任若干问题的解释》第1条第1款第2项明确将荣誉权列为人格权利。

荣誉权并非每个社会成员都普遍享有，只有某些作出了突出贡献或取得重大成果的人才会获得荣誉称号，享有专属性的荣誉权。荣誉权的取得须经过特定的程序，由国家机关或社会组织授予表彰。荣誉权的丧失通常是由授予单位基于法定事由给予剥夺，如因弄虚作假骗取荣誉而被剥夺荣誉称号。

侵害荣誉权的行为主要表现为非法侵占他人荣誉、非法剥夺荣誉称号、诋毁他人获得的荣誉等。荣誉权受到侵害，有权要求停止侵害，恢复名誉，消除影响，赔礼道歉。自然人的荣誉权受到侵害的，还可以主张精神损害赔偿，但法人或其他组织不能以荣誉权等人格权受到侵害为由主张精神损害赔偿。

我要复习！

1. 您一定要知道的（如果已掌握请打√）：

健康权和身体权的区别 ☐

肖像权的构成要件 ☐

名誉权与隐私权 ☐

名誉权与荣誉权的区别 ☐

2. 基本知识练习

单选题： 某媒体未征得艾滋病孤儿小兰的同意，发表了一篇关于小兰的报道，将其真实姓名、照片和患病经历公之于众。报道发表后，隐去真实身份开始正常生活的小兰再次受到歧视和排斥。下列哪一选项是正确的？（   ）

A. 该媒体的行为不构成侵权

B. 该媒体侵犯了小兰的健康权

C. 该媒体侵犯了小兰的姓名权

D. 该媒体侵犯了小兰的隐私权

解答：答案为 D。健康权是指自然人依法享有的保持其自身及其器官以至身体整体的功能安全为内容的人格权，本题中媒体对小兰的报道并未侵害到小兰的健康，因此 B 项错误。姓名权是自然人依法享有的决定、使用、改变自己姓名并排除他人侵害的权利。《民法通则》第 99 条第 1 款规定："公民享有姓名权，有权决定、使用和依照规定改变自己的姓名，禁止他人干涉、盗用、假冒。"本题中媒体的行为不构成"干涉、盗用、假冒"，未侵犯小兰的姓名权，因此 C 项错误。隐私权是指自然人不愿公开或让他人知悉个人秘密的权利。媒体的报道公开了小兰的隐私，对其造成了较大的损害，构成了对其隐私权的侵犯。因此 A 项错误，D 项正确。

我的笔记

第二编

物　权

第三章　物权概述

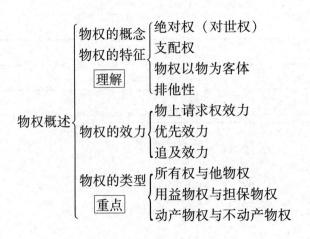 导　学

对于物权的学习，应该遵循先概括后具体的思路，先通过本章物权概述部分对物权整体静态进行介绍，让您初步形成基本印象，再由其后的章节对知识体系逐渐丰满、深化。

学习本章需要理解物权基本知识，包括：物权概念、物权特征、类型、效力、物权的基本原则、物权的变动和对物权的保护。

物权概述
├ 物权的概念
│ 物权的特征　绝对权（对世权）
│ 　　　　　　 支配权
│ 　理解　　　 物权以物为客体
│ 　　　　　　 排他性
│ 物权的效力　物上请求权效力
│ 　　　　　　 优先效力
│ 　　　　　　 追及效力
└ 物权的类型　所有权与他物权
　 重点　　　　用益物权与担保物权
　 　　　　　　动产物权与不动产物权

续

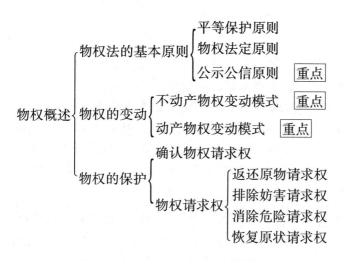

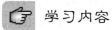 学习内容

学习单元一　物权的概念、特征与效力

《物权法》第2条第3款规定："本法所称物权，是指权利人依法对特定的物享有直接支配和排他的权利，包括所有权、用益物权和担保物权。"

一、物权的概念与特征

物权是指权利人直接支配标的物享有其利益并排除他人干涉的民事财产权。物权与债权共同构成市场经济社会最基本的财产权利，和债权相比较，物权具有以下特征：

第一，物权是绝对权。绝对权，又称对世权，是指不特定的任何人为义务主体的民事权利。物权的权利人是特定的，物权人有权在法律规定的范围内按自己的意愿对物进行占有、使用、收益和处分，有权排除他人对自己支配的物所施加的侵害和对自己行使物权的行为造成干涉或妨碍。物权的义务人是不特定的，且义务内容是不作为，即只要不侵犯物权人行使权利就是履行义务。与之相对应的，债权则是相对权和对人权，义务主体是特定的。

第二，物权是支配权。物权是权利人直接支配特定物的权利，不同于债权的请求权，债权人行使权利，只能请求债务人为一定行为或不为一定行为。

思考

A 从 B 那里买了一辆车，约定一个月后交货，但在运输过程中，C 进行了损坏，A 未得到预定的车，能否向 C 请求赔偿？

提示： 交付前，买受人 A 只享有请求出卖人 B 在履行期到来后交付货物的权利，而不能实际支配出卖人的货物，也就是说，对货物不享有所有权，无法要求 C 承担侵害所有权的赔偿责任，只能根据债的相对性，向特定的合同相对人 B 主张权利救济。出卖人 B 对车享有所有权，C 侵犯了 B 的物权，B 可要求 C 承担侵权赔偿。

第三，物权以物为客体。物权是权利主体对物进行直接支配的财产权，自然以物为客体。这里所称的物，是民法意义上的物，即具有稀缺性、使用价值并能被人所控制。作为物权客体的物须具备以下条件：①须具有特定性；②须为独立物；③除法律规定的权利外，原则上须为有体物。注意，有学者指出，此处的特定性指的是物权标的物现实、具体、客观的存在，而不能等同于与种类物相对应的特定物。

第四，物权是排他性的财产权。物权的排他性表现在两个方面：①物权具有排除他人侵害、干涉和妨碍的内容；②一物之上不能有两个互不相容的物权存在，例如除共有关系外，同一物之上不得设立两个所有权。但是，他物权是由所有权派生出来的，可与所有权在同一物上并存；就不同方面对物进行支配的他物权，也可以在同一物上并存。

实践一下……

单选题： 根据我国《物权法》的规定，以下关于物权客体的说法中正确的是（　　）。

A. 物权法上的物具有特定性，因此，有的物因为尚未特定化而不能成为物权客体

B. 物权法上的物是独立物，因此，某汽车中的发动机不是物权的客体

C. 物权法上的物是有体物，因此，权利不是物权的客体

D. 一个物上不能同时成立两个以上的用益物权，但可以同时成立两个以上的担保物权

解答： 根据《物权法》第181条的规定，经当事人书面协议，企业、个体工商户、农业生产经营者可以将现有的以及将有的生产设备、原材料、半

续

成品、产品抵押，债务人不履行到期债务或者发生当事人约定的实现抵押权的情形，债权人有权就实现抵押权时的动产优先受偿。因此，A选项错误。

发动机本身可以成为物权的客体，但是汽车中的发动机是汽车的一部分，不是独立物，因此不是物权的客体。B选项正确。

根据《物权法》第2条第2款规定，本法所称物，包括不动产和动产。法律规定权利作为物权客体的，依照其规定。因此，权利可以作为物权的客体，C选项错误。

根据一物一权原则，一物之上不能同时成立两个以上互不相容的物权，就不同方面对物进行支配的用益物权可以并存，D错误。

本题正确答案为B。

二、物权的效力

（一）物上请求权效力

物上请求权是指物权人对物的支配因受到他人妨碍而出现缺陷时，为恢复其对物的圆满支配状态而产生的请求权，包括返还原物请求权、排除妨碍请求权、恢复原状请求权。物上请求权附从于物的支配权，物上请求权的发生以物的支配权受侵害为前提条件，物上请求权的行使服务于物的支配权，只有在恢复物的支配原状有可能时才能行使。

物上请求权与债权请求权不同，其表现在：①两者发生的根据不同。债权请求权发生的根据是合同、无因管理、不当得利、侵权损害等；而物上请求权发生的根据是物的支配权受到侵害。②两者的目的不同。债权请求权的目的在于满足债权人获得物质资料、知识产品、劳动力、服务等利益的要求，维护物的动态安全；而物上请求权的目的在于恢复物权人对物的原有支配状态，满足物权人享受物的各种利益的要求，维护物的静态安全，即占有、支配上的安全。③两者的后果不同。债权请求权的行使产生消灭债权关系的后果；而物上请求权的行使则产生恢复物的支配权，使之能继续顺利行使的后果。

物上请求权与损害赔偿请求权不同，其主要区别有：①物上请求权为物权之效力，损害赔偿请求权为债权的效力。②损害赔偿请求权以致害行为具有违法性并造成实际损失为要件，而物上请求权则不以此为要件，只要行为人的行为对物权人正当行使物的支配权构成了妨碍，即使行为人的行为并不违法，也未给物权人造成实际损失，物权人也可提出物上请求权。

（二）优先效力

> 《物权法》第 101 条规定："按份共有人可以转让其享有的共有的不动产或者动产份额。其他共有人在同等条件下享有优先购买的权利。"
>
> 《合同法》第 230 条规定："出租人出卖租赁房屋的，应当在出卖之前的合理期限内通知承租人，承租人享有以同等条件优先购买的权利。"

物权的优先效力，主要是指物权优先于债权的效力，另外，物权相互间的效力，一般适用"成立在先，权利在先"原则。物权的优先效力源于物权的对物支配权和排他性。物权的优先效力主要表现在：

1. 物权破除债权。就债权的特定标的物成立物权时，该物权可基于其优先效力破除债权，使已成立的债权不能实现。在这种情况下，债权人不能请求物权人交付原债的标的物，只能请求原债务人承担违约责任。因此，下述思考题里的丙取得该物的所有权，乙未取得所有权，不得以成立在先的债权要求丙交付该物，只能请求甲承担不履行合同的违约责任。

须注意的是，物权相对于债的优先权也有例外，即民法中的"买卖不破租赁"原则。《民通意见》第 119 条第 2 款规定："私有房屋在租赁期内，因买卖、赠与或者继承发生房屋产权移转的，原租赁合同对承租人和新房主继续有效。"

2. 优先受偿权。即享有担保物权的债权人可就担保物优先于其他债权人受清偿。

3. 优先购买权。即财产所有人出卖其财产时，就该项财产与财产所有人存在物权关系的人在同等条件下可优先于其他人购买。目前我国主要规定了共有人的优先购买权和承租人的优先购买权。

 思考

甲就某物与乙订立买卖合同，但物尚未交付，也未约定物的所有权自合同成立时转移。之后，甲又以同一物与丙订立买卖合同，并当场将该物交付给丙。乙知道后，能否以自己与甲先订立合同，以成立在先的债权为由，要求丙交出该物？

（三）追及效力

物权的追及效力，是指物权的标的物无论辗转落入何人之手，除法律另有规定外，物权人均可追及至物之所在行使物权的法律效力。主要表现在：①当标的物由无权处分人转让给第三人时，除法律另有规定外，物权人有权向第三人请求返还原物。物权在此种情况下所具有的追及效力属于物上请求权的一种形式，即返还原物请求权。②当抵押人擅自转让抵押物给第三人时，抵押权人得追及至抵押物之所在行使抵押权。

物权追及效力的限制：①善意第三人对标的物的占有受有关法律规定的保护，比如善意取得制度。②物权未按法定方式公示的，不具有对抗善意第三人的法律效力，即对善意第三人不具有追及效力。③物权登记错误时，与登记名义人进行交易的善意第三人受登记公信力的法律保护，真实的权利人对善意第三人无追索力。

 实践一下……

多选题：甲的自行车被乙偷走，乙骑了几天后又被丙抢夺。对于甲的救济，以下说法正确的是（　　）。

A. 甲的自行车是乙偷走，而非丙偷走，因此，只能向乙主张返还原物

B. 如果甲向丙请求返还原物，必须要证明自己受到实际损失

C. 如果甲向丙请求返还原物，无须证明丙有过错

D. 如果某日甲在路边看见这辆自行车，可以直接搬回家

解答：正确答案为 CD。请结合物权的物上请求权效力和物权追及效力进行思考。除法律另有规定外，物权的标的物无论辗转落入何人之手，物权均有追及效力，可见，A 错误。行使物上请求权，是基于物权人对物的支配所产生的权利，与债权请求权不同，其无须证明自己受到实际损失，无须证明行为人的行为违法。所以，B 错误，C 正确。

 我要复习！

1. 您一定要知道的（如果已掌握请打√）：

物权的概念与特征 ☐

物权的效力 ☐

2. 基本知识练习

多选题：甲向乙借款 5000 元，并将自己的一台笔记本电脑出质给乙。乙在出质期间将电脑无偿借给丙使用。丁因丙欠钱不还，趁丙不注意时拿走电脑并向丙声称要以其抵债。下列哪些选项是正确的？（　　）

续

A. 甲有权基于其所有权请求丁返还电脑

B. 乙有权基于其质权请求丁返还电脑

C. 丙有权基于其占有被侵害请求丁返还电脑

D. 丁有权主张以电脑抵偿丙对自己的债务

解答：此题为司法考试题，解题的关键在于理解物权的效力中的物上请求权和追及效力。正确答案是 ABC，您是否漏选了呢？仔细思考选择的理由。甲是所有权人，乙是质权人，丙是有权占有人。

学习单元二　物权的类型

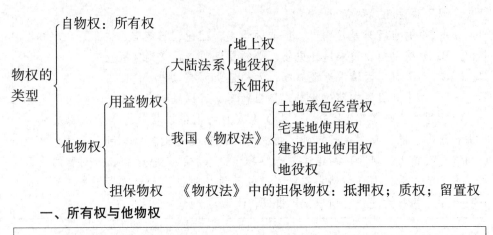

一、所有权与他物权

《物权法》第 2 条第 3 款规定："本法所称物权，是指权利人依法对特定的物享有直接支配和排他的权利，包括所有权、用益物权和担保物权。"

根据物权的权利主体是否为财产的所有人，可以把物权分为所有权与他物权。所有权是财产所有人对自己所有的财产依法进行全面支配的物权。他物权是非财产所有人根据法律的规定或所有人的意思对他人所有的财产享有的进行有限支配的物权，用益物权和担保物权统称为他物权。

所有权与他物权的区别表现在：①权利主体不同。所有权为自物权，即财产所有人对自己的财产享有的物权，他物权为他主物权，是非所有人对他人财产享有的物权。②权利内容不同。所有权为原始的物权、完全物权，所有权人享有占有、使用、收益和处分权；他物权为派生物权、限制物权，是所有权部分权能与所有权分离的结果，既受到法律的限制，又受到所有权人意志的限制。③权利存在的期限不同。所有权通常不受时间限制，是无期物权；他物权一般为有期物权，如果是通过合同的方式取得，就只能在合同有效期内存在。

二、用益物权与担保物权

根据设立目的的不同，他物权还可以进一步分为用益物权与担保物权。用益物权是以物的使用收益为目的而设立的物权。担保物权是以保证债务的履行、债权的实现为目的而设立的物权。

用益物权与担保物权的区别表现在：①支配的价值不同。用益物权主要就物的使用价值方面对物进行支配；而担保物权主要就物的交换价值方面对物进行支配，担保物权包括抵押权、质押权和留置权。②权利性质不同。用益物权具有独立性，担保物权则具有从属性。③目的和社会功能不同。用益物权的目的在于对标的物的使用、收益，因此必然要以占有标的物为前提；而担保物权并不追求物的使用价值，而是为了在债务不履行时可就担保物的变价优先受偿，因此，既可以直接占有标的物，也可以不直接占有标的物，只要从法律上明确主体对标的物享有担保物权即可。④担保物权具有物上代位性，如果客体的价值形态发生变化，并不影响担保物权的存在，将以变形物为客体，而用益物权则不具有这一性质。

三、动产物权与不动产物权

按物权的客体是动产还是不动产，可以将物权分为动产物权与不动产物权。动产物权是以移动不改变其价值的财产为客体的物权，不动产物权是以土地、房屋等在空间上移动将会影响其价值的财产为客体的物权。

动产物权与不动产物权在取得方式、成立要件和效力等方面都存在区别。不动产物权的取得以登记为要件，而动产物权则以占有和交付作为要件。

学习单元三 物权法的基本原则

一、平等保护原则

《物权法》第4条规定："国家、集体、私人的物权和其他权利人的物权受法律保护，任何单位和个人不得侵犯。"这就确立了物权法上的平等保护原则。所有市场主体法律地位平等；除法律特别规定外，任何物权适用规则平等；在物权受到侵害时，平等受到保护。

二、物权法定原则

我国《物权法》第5条规定："物权的种类和内容，由法律规定。"这就确立了物权法定原则。物权法定原则，即物权的类型、各类物权的内容及设定方式，均由法律直接规定，禁止任何人创设法律没有规定的物权和不按法律有关物权内容及方式设定法律已作规定的物权。如果当事人的法律行为不符合物权法定的要求，不能产生设定物权的法律效果，只能产生债法上的效果，在当事人之间生效，设置债权债务关系。

物权法定是为了维护国家的基本经济制度，保护公民的基本权利。物权法确认了一整套物权体系、明确列举了物权各种类型、内容和公示方法，对各种物权之间的关系加以规范，既可界定产权，又可防止纠纷。由于物权是对世权、支配权，因此具有排他性，直接关系到第三人的利益，不允许当事人随意创设，可维护交易安全。

 实践一下……

单选题： 对当事人创设法律没有明确规定的物权类型的法律行为的效力，下列判断正确的是（　　　）。

A. 生效，只是不具备物权效力

B. 根据意思自治原则应发生效力

C. 确定无效

D. 如果不在法律明确禁止之列，则确定生效

解答： 正确答案为 A。根据物权法定原则，物权的效力必须由法律规定，不能由当事人通过协议设定。据此，当事人创设法律没有明确规定的物权类型的法律行为有效，但不具备物权的效力。

三、公示公信原则

《物权法》第 6 条规定："不动产物权的设立、变更、转让和消灭，应当依照法律规定登记。动产物权的设立和转让，应当依照法律规定交付。"

（一）公示原则

公示，是指物权在变动时，必须将物权变动的事实通过一定的公示方法向社会公开，从而使第三人知道物权变动的情况。

法律规定物权的设立和变动必须采用公示方法的，应当依据法律的规定；公示的方法，也必须由法律明确。物权存在的公示，为物权的静态公示。占有是动产物权存在的公示形式，国家不动产物权登记簿上所作的登记是不动产物权的公示形式。物权变动的公示，为物权的动态公示。动产物权变动以交付作为其公示形式，不动产物权变动则以登记作为其公示形式。

物权的变动之所以要公示也是由物权的性质本身所决定。物权具有排他、

优先的效力，如果物权的变动不采用一定的公示方法，某人享有某种物权，第三人并不知道，而该人要向第三人主张优先权时，必然会使第三人遭受损害。物权公示制度的建立极大地减少了产权变动中的纠纷，从而维护了交易的安全和秩序。

按公示原则，如果物权的存在不具有法定的公示形式，便不能对抗善意第三人；如果物权的变动不采用法定的公示形式，视法律的不同规定，或者不发生物权变动的法律效果，或者其变动后的"物权"不能对抗善意第三人。

不动产物权公示须登记的情况也有例外，如《物权法》第9条第2款规定："依法属于国家所有的自然资源，所有权可以不登记。"第127条第1款规定："土地承包经营权自土地承包经营权合同生效时设立。"

（二）公信原则

公信，是指一旦当事人变更物权时，依法律规定进行了公示，则即使依公示方法表现出来的物权不存在或存在瑕疵，对于依赖该物权的存在并已从事了物权交易的人，法律也仍然承认其行为具有与真实物权存在相同的法律效果，以保护交易安全。按公信原则，法律推定动产占有人对其占有的动产享有物权，不动产物权的登记名义人享有登记于其名下的不动产物权，如公示错误，即公示的物权名义人不是真正的物权人，因相信物权公示而与公示的物权名义人为交易的善意第三人受法律的保护。

公信原则实际上是赋予公示内容公信力。所谓公信力，就是法律对依赖的保护，公示关键在于"示"，告知社会大众这一事实，公信则强调"信"字，表明对公示的法律保护。公示如果不能产生公信力，其作用将大为降低。公示与公信是密切联系在一起的，公信原则是公示原则的必然逻辑结果。公信原则集中体现在善意取得制度上。

 实践一下……

单选题： 下列选项中取得所有权基于公信原则的有（　　　）。

A. 甲在垃圾堆拾取他人抛弃的旧物

B. 甲从市场上以正常价格买到一件赃物

C. 甲从乙处买得一台电脑

D. 甲误将乙的房子登记为自己的房子，后甲将此房转让给丙，甲丙之间办理房屋过户手续，丙取得该房所有权

解答： 答案为D。A是通过先占取得所有权。B是基于善意取得制度而取得所有权。C是基于正常的法律行为而取得所有权。公信原则，是指物权

续

> 变动公示的，即使标的物出让人事实上无处分权，善意受让人基于对于公示的信任，取得该屋所有权。

学习单元四　物权的变动

一、物权变动概述

（一）概念

物权变动是指物权的取得、变更、转让和消灭。能引起物权变动的民事法律事实有两类：物权法律行为和非基于法律行为的法律事实。物权法律行为主要有双方行为与单方行为，双方物权行为又称为物权契约，是最主要的物权行为。非基于法律行为的法律事实则包括生产、收取天然孳息、继承和受遗赠、拾得遗失物、发现埋藏物、征收、法院强制执行等。

（二）物权的取得

物权取得是指物权就特定主体而发生。物权之取得，以是否基于他人的权利与意志为标准，分为以下两种：

1. 原始取得。原始取得指非基于他人权利与意志而取得物权。物权原始取得方法通常有：①通过生产而取得产品的物权；②通过收益而取得物的天然孳息的物权；③国家通过税收、国有化、征收、征用、没收而取得物权；④国家按法定程序取得无人继承的遗产、无人认领的遗失物和所有人不明的埋藏物、隐藏物的所有权；⑤集体组织取得其成员的无人继承的遗产的所有权；⑥在法律允许范围内通过先占取得无主动产的所有权；⑦取得添附物的物权等。

2. 继受取得。继受取得指基于他人的权利和意志而取得物权。物权继受取得可分为：①移转的继受取得，指原物权人的物权完整地移转给新物权人。发生此种继受取得的原因有买卖、互易、赠与、遗赠、继承等。②创设的继受取得，指所有权人为他人创设所有权以外的物权。

　　实践一下……

单选题： 下列哪一选项属于所有权的继受取得？（　　　）

A. 甲通过遗嘱继承其姐房屋一套

B. 乙的 10 万元存款得利息 3000 元

C. 丙购来木材后制成椅子一把

续

> D. 丁拾得他人搬家时丢弃的旧电脑一台
>
> **解答：**正确答案为 A。原始取得是指直接依据法律规定，不以原所有人的所有权和意志而取得所有权。继受取得，是指以原所有权人的所有权和意志为依据，通过某种法律行为或法律事件从原所有人那里取得财产所有权。B 项是收取孳息，属于原始取得；C 项是生产，属原始取得；D 项先占，仍属原始取得。

（三）物权的消灭

物权消灭是指特定主体的物权不复存在，物权消灭有广义和狭义之分。广义的物权消灭包括物权的绝对消灭和物权的相对消灭。物权的绝对消灭是指物权与特定主体分离，而他人又未取得其权利。物权的相对消灭则是指物权与原主体分离而归于新主体。狭义的物权消灭，仅指物权的绝对消灭。因为物权的相对消灭从另一角度观察，可作为物权主体的变更或称物权的继受取得。

二、动产物权变动

> 《物权法》第 23 条规定："动产物权的设立和转让，自交付时发生效力，但法律另有规定的除外。"

物权变动的原则主要体现为公示公信原则。动产物权变动的公示方式是交付，交付是指移转标的物的占有，依据我国《物权法》的规定，动产交付分为现实交付和观念交付两种。现实交付，是指将标的物的占有实际直接移转给对方当事人。观念交付则是指在特殊情况下，法律允许当事人通过特别的约定，并不现实交付动产，而采用一种变通的交付办法，来代替实际交付。根据我国《物权法》的规定，观念交付有如下三种方式：

1. 简易交付，是指受让人已经占有动产，如受让人已经通过寄托、租赁、借用等方式实际占有了动产，则于物权变动的合意成立时，视为交付。

2. 指示交付，即动产由第三人占有时，出让人将其对于第三人的返还请求权让与受让人，以代替交付。

3. 占有改定，即动产物权的让与人与受让人之间特别约定，标的物仍然由出让人继续占有。这样，在物权让与的合意成立时，视为交付，受让人取得间接占有。

实践一下……

单选题： 1. 甲将自己的手机卖给乙，双方约定手机卖给乙后仍然由甲使用一个月。乙是通过哪种交付方法取得手机所有权的？（　　）

A. 现实交付　　B. 占有改定　　C. 指示交付　　D. 简易交付

解答： 此题非常简单，直接考查观念交付概念，试一试，您有把握选择对吗？本题正确答案为 B。

2. 甲将自己收藏的一幅名画卖给乙，乙当场付款，约定 5 天后取画。丙听说后，表示愿出比乙高的价格购买此画，甲当即决定卖给丙，约定第二天交货。乙得知此事，诱使甲 8 岁的儿子从家中取出此画给自己。该画在由乙占有期间，被丁盗走。此时该名画的所有权属于下列哪个人？（　　）

A. 甲　　　　　　B. 乙　　　　　　C. 丙　　　　　　D. 丁

解答： 根据《物权法》第 23 条的规定，动产物权的设立和转让，自交付时发生效力，但法律另有规定的除外。本题中，在甲的行为中，虽然甲先后与乙、丙签订了名画的买卖合同，但都未将该画交付给任何一个人，动产所有权并未发生移转。其后，乙诱使甲 8 岁的儿子从家中取出此画给自己，是盗窃行为，交付并未完成。再后来丁的盗窃行为也不能使名画的所有权发生转移。所以该名画的所有权仍然属于甲。故 A 选项是正确答案。

注意和前面一道思考题相区别，前道思考题在题中指出双方约定手机卖给乙后由甲使用一个月，物权让与合意成立，但由出让人继续占有一个月，属于占有改定；而本题则是指出 5 天后或是第二天交画，明确的是交付时间，不是由出让人继续占有，也并未约定合同成立时所有权即转移，属于现实交付。您的看法呢？在一些考试中，遇到类似题目，请仔细阅读题干，体会出题人表达出的意思。

三、不动产物权变动

不动产物权变动的公示方法是登记，所以就不动产物权变动主要可以分为两种，登记要件主义和登记对抗主义。

登记要件主义是指登记是不动产物权变动的生效要件，未经登记，不动产物权不发生变动。我国《物权法》第 9 条第 1 款明确规定登记要件主义是不动产物权变动的基本原则。

登记对抗主义是指未经登记，物权的变动在法律上也可有效成立，但只能在当事人之间产生效力，不得对抗善意第三人。善意第三人就是不知道且不应当知道物权发生变动的权利人。我国《物权法》实际上采用登记要件主义作为一般原则，而登记对抗作为特别例外的补充。

登记要件主义只有依法办理登记，物权才能有效地发生变动；没有办理登记，只在当事人之间产生合同债权关系，并不发生物权变动的效果，登记是一种强制性的规范。

登记对抗主义即使没有办理登记，当事人之间仍然可以发生物权变动的效果，只是不能对抗善意第三人，因此，登记是当事人自愿选择的，只是不办理，可能承担不能对抗善意第三人的风险。

《物权法》第 15 条规定："当事人之间订立有关设立、变更、转让和消灭不动产物权的合同，除法律另有规定或者合同另有约定外，自合同成立时生效；未办理物权登记的，不影响合同效力。"此条在民法上称为"区分原则"，即区分合同效力和物权变动的效力，也就是说，当事人没有办理登记，只是导致物权不能发生有效变动，而不应当影响有关合同的效力。例如，签订购房合同后，由于房屋没有办理过户登记，买受人无法取得房屋的所有权，但购房合同是有效的。

小结：

物权公示的效力 { 交付——交付要件主义（《物权法》第 23 条：动产物权）

登记 { 登记要件主义（《物权法》第 9、224、226、227、228 条）
登记对抗主义（《物权法》第 24、129、158、188、189 条）

1. 登记要件主义：一般不动产物权 + 权利质权

《物权法》第 9 条规定："不动产物权的设立、变更、转让和消灭，经依法登记，发生效力；未经登记，不发生效力，但法律另有规定的除外。依法属于国家所有的自然资源，所有权可以不登记。"

《物权法》第 224 条规定："以汇票、支票、本票、债券、存款单、仓单、提单出质的，当事人应当订立书面合同。质权自权利凭证交付质权人时设立；没有权利凭证的，质权自有关部门办理出质登记时设立。"

《物权法》第 226 条第 1 款规定："以基金份额、股权出质的，当事人应当订立书面合同。以基金份额、证券登记结算机构登记的股权出质的，质权自证券登记结算机构办理出质登记时设立；以其他股权出质的，质权自工商行政管理部门办理出质登记时设立。"

《物权法》第 227 条第 1 款规定："以注册商标专用权、专利权、著作权等知识产权中的财产权出质的，当事人应当订立书面合同。质权自有关主管部门办理出质登记时设立。"

续

> 《物权法》第 228 条第 1 款规定:"以应收账款出质的,当事人应当订立书面合同。质权自信贷征信机构办理出质登记时设立。"
>
> 2. 登记对抗主义:交通运输工具＋土地承包经营权＋地役权＋动产抵押
>
> 《物权法》第 24 条规定:"船舶、航空器和机动车等物权的设立、变更、转让和消灭,未经登记,不得对抗善意第三人。"
>
> 《物权法》第 129 条规定:"土地承包经营权人将土地承包经营权互换、转让,当事人要求登记的,应当向县级以上地方人民政府申请土地承包经营权变更登记;未经登记,不得对抗善意第三人。"
>
> 《物权法》第 158 条规定:"地役权自地役权合同生效时设立。当事人要求登记的,可以向登记机构申请地役权登记;未经登记,不得对抗善意第三人。"
>
> 《物权法》第 188 条规定:"以本法第 180 条第 1 款第 4 项、第 6 项规定的财产或者第 5 项规定的正在建造的船舶、航空器抵押的,抵押权自抵押合同生效时设立;未经登记,不得对抗善意第三人。"
>
> 《物权法》第 189 条第 1 款规定:"企业、个体工商户、农业生产经营者以本法第 181 条规定的动产抵押的,应当向抵押人住所地的工商行政管理部门办理登记。抵押权自抵押合同生效时设立;未经登记,不得对抗善意第三人。"

四、不动产登记制度

(一) 登记的概念

所谓登记,是指经权利人的申请,由登记机关将物权的发生、变更和消灭的事实记载在登记簿上,从而对于物权的变动予以公示的行为。不动产登记分为三种登记,分别为:设立登记、变更登记和注销登记。

(二) 关于不动产登记簿的效力

1. 不动产登记机关应当设置和保管不动产登记簿,不动产登记簿是物权归属和内容的根据。

2. 不动产登记机关应当为不动产权利人出具权利权属证书。不动产权属证书是权利人享有该不动产物权的证明。不动产权属证书记载的事项,应当与不动产登记簿一致;记载不一致的,除有证据证明不动产登记簿确有错误外,以不动产登记簿为准。

3. 权利人、利害关系人可以申请查询、复制登记资料,登记机构应当提供。

（三）更正登记

不动产登记错误的真正权利人和利害关系人可以申请登记机关将有关登记事项予以更正是为更正登记。

不动产登记机关进行更正登记的前提是：申请人有确凿的证据证明登记错误的；或者登记名义人同意进行更正登记的。有这两种情形之一的登记机关应当予以更正。

（四）异议登记

 思考

 不动产登记簿上记载某一套房屋的所有权人是张三，而李四对此提出异议，认为该房屋是自己的，这就形成产权纠纷。如果李四要向法院起诉，他要搜集证据，聘请律师，准备起诉状等，做好准备工作后向法院起诉，法院经过审理作出判决，确定争议的房产归李四所有，这个时候李四拿着生效判决书到不动产登记机构要求变更登记时，发现这个房子早就被张三卖给王五了。当事人好不容易得到胜诉判决，最后不一定能够得到房屋及其所有权。因此，能不能有一个制度防止不动产登记簿上记载的所有权人张三出卖争议房屋？针对这一现实问题，物权法创设了异议登记制度。

 1. 异议登记的概念。所谓异议登记，是指利害关系人认为不动产登记簿存在错误，为了防止其利益受到损害，请求登记机关将其对于该不动产登记簿的异议予以记载在案，从而防止第三人善意取得的临时性法律制度。

 2. 异议登记的法律后果。

 （1）异议登记后针对该异议事项第三人不能再构成善意，因此也就无法善意取得该项物权。

 （2）异议登记并不能阻碍登记名义人处分其不动产。

 （3）异议登记后异议申请人必须在 15 日内起诉，不起诉的异议登记失效。

 （4）异议登记不当，造成权利人损害的，权利人可以向申请人请求损害赔偿。

 例如：甲被登记为一房屋的所有人，乙认为登记有错误，主张自己是真正的权利人。那么，乙可以申请异议登记。异议登记后甲仍然可以将该房屋转让给丙，但是若事后经法院判决乙为真正的权利人，那么丙不能主张其已经善意取得该不动产。若经法院判决甲是真正权利人，乙的异议登记不正确，那么丙取得该房屋的所有权，乙由于申请异议登记错误，应当对甲所遭受的损失承担损害赔偿责任。

实践一下……

多选题： 某房屋登记的所有人为甲，乙认为自己是共有人，于是向登记机构申请更正登记。甲不同意，乙又于 3 月 15 日进行了异议登记。3 月 20 日，丙打算买甲的房屋，但是到登记机构查询发现甲的房屋存有异议登记，遂放弃购买。乙申请异议登记后，发现自己的证据不足，遂对此事置之不理。下列哪些选项是正确的？（　　）

A. 异议登记后，未经乙同意，处分该房屋的，不发生物权效力

B. 异议登记于 3 月 31 日失效

C. 甲有权向乙请求赔偿损失

D. 甲有权向登记机构请求赔偿损失

解答： 认真理解异议登记，很容易得出正确答案为 BC。

（五）预告登记

 思考

如果您想购买一套新商品房，但住房尚未建成，无法直接进行产权登记。没有登记公示，您担心房屋建好后，价格上涨，开发商将您所购得的房屋卖给其他人，那么，您可以采取何种措施维权？

提示： 通过下面的学习，您将理解预告登记的作用。商品房预售中，购房者可以就尚未建成的住房进行预告登记，以制约开发商把已出售的住房再次出售或者进行抵押。

当事人签订买卖房屋或者其他不动产物权的协议，为保障将来实现物权，按照约定可以向登记机构申请预告登记。预告登记后，未经预告登记的权利人同意，处分该不动产的，不发生物权效力。

预告登记后，债权消灭或者自能够进行不动产登记之日起 3 个月内未申请登记的，预告登记失效。

五、非基于法律行为的物权变动

下列非基于法律行为的法律事实所引起的物权变动，在物权变动的时间上有特殊规定。

（一）法院、仲裁委员会的生效法律文书和征收

《物权法》第 28 条规定："因人民法院、仲裁委员会的法律文书或者人民政府的征收决定等，导致物权设立、变更、转让或者消灭的，自法律文书或者人

民政府的征收决定等生效时发生效力。"

一旦判决或裁定生效，新的权利人在没有办理登记的情况下也享有物权，可基于该物权对抗原权利人和第三人，也可基于享有物权的事实要求登记机关作出变更或注销登记。即使原权利人是登记记载的权利人，实际上不再享有权利。

有学者指出，征收行为生效所导致物权变动，应理解为征收行为完成后，如果作出征收决定物权就变动，不利于保护被征收人利益。

（二）继承和受遗赠

《物权法》第29条规定："因继承或者受遗赠取得物权的，自继承或者受遗赠开始时发生效力。"

（三）合法建造房屋、拆除住房等事实行为

《物权法》第30条规定："因合法建造、拆除房屋等事实行为设立或者消灭物权的，自事实行为成就时发生效力。"

 实践一下……

单选题： 方正公司依法取得某块土地建设用地使用权并办理相关审批手续后，开始房屋建设并完成了外装修。对此，下列哪一选项是正确的？（　　）

A. 中州公司因为享有建设用地使用权而取得了房屋所有权

B. 中州公司因为事实行为而取得了房屋所有权

C. 中州公司因为法律行为而取得了房屋所有权

D. 中州公司尚未进行房屋登记，因此未取得房屋所有权

解答： 根据《物权法》第30条规定，B项为正确答案。

需要注意的是，基于前面规定享有不动产物权的，处分该物权时，依照法律规定需要办理登记的，未经登记，不发生物权效力。

 建议

记忆口诀： 法律文书生效时，继承受赠开始时，合建拆房成就时，享有处分要登记。

学习单元五   物权的保护

一、确认物权请求权

《物权法》第 33 条规定："因物权的归属、内容发生争议的，利害关系人可以请求确认权利。"

请求确认物权，由于其争执直接涉及本权，即实体权是否存在、归属及内容问题，通常不能在当事人之间解决，只能向有关机关或人民法院提出，并最终得到解决。请求确认物权，包括请求确认所有权和请求确认他物权。

二、物权请求权

建议
学习时可结合物权的效力，全面把握。

1. 返还原物请求权。

《物权法》第 34 条规定："无权占有不动产或者动产的，权利人可以请求返还原物。"

《物权法》第 245 条规定："占有的不动产或者动产被侵占的，占有人有权请求返还原物；对妨害占有的行为，占有人有权请求排除妨害或者消除危险；因侵占或者妨害造成损害的，占有人有权请求损害赔偿。占有人返还原物的请求权，自侵占发生之日起 1 年内未行使的，该请求权消灭。"

请求返还原物是保护物的占有权能的方法，因此无论所有人或其他合法占有人，均可依物权法有关规定请求不法占有人返还原物。

请求返还原物的必要前提，是原物须为特定物而且必须存在。如占有人是直接从所有人或合法占有人处非法取得占有，所有人或合法占有人可直接请求其返还原物和收益，不受限制。如占有人是从无权转让人处取得占有，所有人或合法占有人向其请求返还原物及收益，须受善意取得制度的限制。

2. 排除妨害请求权。

《物权法》第 35 条规定："妨害物权或者可能妨害物权的，权利人可以请求排除妨害或者消除危险。"

排除妨害请求权，是指当物权的圆满状态受到占有以外的方式妨害时，物权人对妨害人享有请求其排除妨害，使自己的权利恢复圆满状态的权利。妨害须是以占有以外的方式形成的，而且妨害应当是现实地造成对他人权利行使的阻碍，这是妨害与危险的区别。另外，妨害应超越正常的容忍限度，权利人才有权请求排除妨害。排除妨害的请求，不仅直接占有物的所有人可以提出，直接占有物的用益物权人也可以提出。

　　3. 消除危险请求权。消除危险，是指行为人的行为可能造成对他人的妨碍，并且构成一定的危险，权利人有权请求消除已经存在的危险。通过行使消除危险请求权，可以预防将来发生的对物权的危害。在法律上妨害有两种含义：①指所有人实际面临的现实妨害；②指尚未实际发生的但有可能出现的妨害，此种妨害又称为危险。对于未来的妨害的排除，适用消除危险请求权。

　　4. 恢复原状请求权。造成不动产或者动产毁损的，权利人可以请求修理、重作、更换或者恢复原状。

> 　　《物权法》第 34、35 条规定的是物权请求权。物权请求权基于物权所产生的独立请求权，其行使：①不必证明对方有过错；②以原物存在为前提；③包括：返还原物、排除妨害、消除危险、恢复原状。

 我要复习！

　　1. 您一定要知道的（如果已掌握请打√）

　　确认物权请求权 □

　　物权请求权 □

　　2. 基本知识练习

　　单选题：物权人在其权利的实现上遇有某种妨害时，有权请求造成妨害事由发生的人排除此等妨害，称为物权请求权。关于物权请求权，下列哪一表述是错误的？（　　）

　　A. 是独立于物权的一种行为请求权

　　B. 可以适用债权的有关规定

　　C. 不能与物权分离而单独存在

　　D. 须依诉讼的方式进行

　　解答：正确答案为 D。A 选项表述的物权请求权是独立于物权的一种行为请求权，强调的是物权请求权不以对物权的支配为内容，不是物权的本体，

续

从这个意义上讲是独立于物权的一种行为请求权，其最后落脚点是行为请求权。因此，A 项表述是正确的，不应当选。同理，C 也是正确的，物权请求权基于物权本权产生，既独立于物权本权，也与物权本权不可分离。

✒️ 我的笔记

_____

_____

_____

_____

_____

_____

_____

_____

_____

_____

_____

_____

_____

_____

_____

第四章 所有权

 导 学

本章知识点较多，包括所有权概念、特征、权能，所有权取得方式，所有权种类，业主建筑物区分所有权，相邻关系及共有制度。

其中，对所有权取得方式单元应重点学习原始取得的根据，识记征收的法律特征，添附种类和所有权归属，遗失物、漂流物、埋藏物、隐藏物拾得和发现后的所有权归属，先占的条件，理解善意取得制度并能在实践中灵活运用。

业主建筑物区分所有权和相邻关系单元须结合现实生活灵活掌握。共有制度须熟练区分按份共有和共同共有。

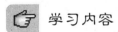 学习内容

学习单元一 所有权的概念、特征与权能

一、所有权的概念与特征

《物权法》第 39 条规定："所有权人对自己的不动产或者动产，依法享有占有、使用、收益和处分的权利。"

所有权是所有人依法对自己的财产享有占有、使用、收益和处分的排他性财产权。其法律特征表现为：

1. 所有权为自物权。所有权是财产所有人对自己的财产所享有的物权；而他物权都是对别人的财产享有的物权。

2. 所有权为独占的支配权。法律赋予所有权具有排他的支配力。

3. 所有权为原始物权。所有权是法律直接确认财产归属的结果，不是从其他财产权派生出来的；其他物权则是由所有权派生出来。

4. 所有权为完全物权。就对物的支配方面考察，所有权是一种总括的、全面的、一般的支配权，囊括了占有、使用、收益、处分四项权能。而且所有人行使这些权能，除受法律的限制外，不受他人单方面的限制，有充分的自由。所有权外的物权只是在一定范围内、一定程度上对物的支配，是不完全物权。

5. 所有权具有弹力性。所有人得根据自己利益的需要，在自己的所有物上为他人设定他物权。他物权设定后，即构成对所有权的限制，使所有权处于不圆满状态。但日后他物权消灭，所有权所受限制除去，所有权又可以恢复其圆满状态。

6. 所有权是永久性的法定财产权。所有权除因标的物灭失、取得时效、抛弃及其他法定事由而消灭外，以永久存续为本质，当事人间不得约定对所有权存续期限进行限定。所有权取得必须合法，法律规定了所有权的客体范围，所有权权能受法律限制，所有人行使所有权必须遵守法律规定，法律对所有权的保护也有专门的规定。

思考

单选题：甲将其父去世时留下的毕业纪念册赠与其父之母校，赠与合同中约定该纪念册只能用于收藏和陈列，不得转让。但该大学在接受乙的捐款时，将该纪念册馈赠给乙。下列哪一选项是正确的？（　　　）

A. 该大学对乙的赠与无效，乙不能取得纪念册的所有权

B. 该大学对乙的赠与无效，但乙已取得纪念册的所有权

C. 只有经甲同意后，乙才能取得纪念册的所有权

D. 该大学对乙的赠与有效，乙已取得纪念册的所有权

解答：本题正确答案为 D。您回答正确了吗？本题考查了物权法定原则，物权的种类、内容均由法律规定。动产物权的设立和转让，自交付时发生效力，但法律另有规定的除外。据此，甲将其父去世时留下的毕业纪念册赠与其父之母校时，其父之母校即取得该毕业纪念册的所有权。

根据《物权法》第 39 条的规定，所有权为所有权人对自己的不动产或者动产，依法享有占有、使用、收益和处分的权利。甲与其父之母校约定"该纪念册只能用于收藏和陈列，不得转让"，其实质是通过合同约定，为其父之母校约定一个处分权受到限制的毕业纪念册所有权，这一约定违反了物权法定原则，仅可产生债权效力，不发生物权效力。换言之，该大学作为所有人有权将标的物赠与他人，处分权不受约定的限制，学校将毕业纪念册赠

续

与乙的行为属于有权处分，不仅赠与合同有效，乙也能取得毕业纪念册的所有权。因此 D 项正确，ABC 三项错误。

二、所有权的权能

所有权包括四项权能，即占有、使用、收益和处分。

(一) 占有

占有是指占有人对物的实际管领或控制。占有首先是一种事实状态。所有人对自己标的物的占有属于有权占有。所有人可以自己占有标的物，也可交给他人予以占有。经所有人同意取得的占有为有权占有，非所有人未取得所有人同意而对标的物进行占有为无权占有。

因此，占有权能可以与所有权分离而属于非所有人，而且这种分离并不消灭所有权。非所有人的占有权能同样受法律的保护，所有人不能随意请求返还原物。当非所有人的合法占有被他人侵夺时，非所有人同样可以基于其享有的占有权能请求侵夺人返还原物。在研究占有权能时，需要把占有权能与占有区别开来。有无占有权能是区别合法占有与非法占有的标志。

(二) 使用

使用，是指民事主体按照财产的性能对其加以利用，以满足生产或生活的某种需要。如公民驾驶自己的车辆等。使用权，就是民事主体对于财产的利用权。行使使用权能，对物进行使用，是实现物的使用价值的手段。由于对物的使用以对物的占有为前提，因此享有物之使用权能，必定同时享有物之占有权能。但是使用权能仍然是一项独立的权能，在一定的条件下，享有物之占有权能者并不一定享有物的使用权能，例如质权人就只能对标的物进行占有而不能对标的物进行使用。

使用权能是所有权的一项权能，通常由所有人享有。但它与占有权能一样，也可以与所有权分离而由非所有人享有。非所有人如因使用不当而致使用物毁损灭失时，须对所有人负损害赔偿的责任。

(三) 收益

收益，是指民事主体通过合法途径获取基于财产而产生的物质利益。包括孳息和利润。

(四) 处分

处分，是指民事主体在法律允许的范围内对财产进行的处置。按照财产处置方式的不同，可把处分划分为事实上的处分与法律上的处分：事实上的处分，是指在生产或生活中直接消耗财产。其法律结果实质上是消灭了原财产的所有权。如消费粮食，用掉燃料等。法律上的处分，是指通过某种法律行为处置财产。其法律后果实质上是转移原财产的所有权。如出卖房屋等。处分权是财产所有人最基本的权利，也是所有权的核心内容。

占有、使用、收益和处分，构成了完整的所有权的四项权能。财产所有人可以将这四项权能统一行使，也有权将这四项权能中的若干权能交由他人行使。在社会生活中，财产所有人正是通过这四项权能与自己的不断分离和回复的方式，来实现生产和生活的特定目的。

学习单元二　所有权的取得

所有权的取得，是指民事主体获得所有权的合法方式和根据。所有权的取得必须是合法的，其取得方式分为原始取得和继受取得两种。

一、原始取得

原始取得，是指根据法律的规定，取得新物、无主物的所有权，或者不以原所有人的权利和意志为根据而取得原物的所有权。原始取得的根据主要包括：

（一）生产、收益

生产是通过人的劳动生产活动获取劳动产品，以及通过扩大再生产取得其所创造的劳动产品。因此以通过生产而取得产品的所有权，是一种原始取得。

收益主要是指收取孳息。孳息是指由原物所生的物或收益，包括天然孳息和法定孳息。天然孳息是指原物依自然规律产生的新物，如母牛产出的小牛，苹果树上采摘下来的苹果等。根据《物权法》第 116 条的规定，天然孳息由原物所有人取得所有权。天然孳息在没有和原物分离之前，属于原物的部分，不具有独立性，尚不能称为孳息，只能由原物所有人所得。法定孳息是指根据法律的规定，由法律关系所产生的收益，如出租房屋所得的租金、利息、股息、红利等。对于法定孳息的所有权，当事人有约定的，按约定取得；没有约定或约定不明确的，按照交易习惯取得。

 实践一下⋯⋯

多选题： 下列各选项中，哪些属于民法上的孳息？（　　　）

A. 出租柜台所得租金

B. 果树上已成熟的果实

C. 动物腹中的胎儿

D. 彩票中奖所得奖金

续

> **解答：** 本题答案为 AD。出租柜台所得租金、彩票中奖所得奖金均属于法定孳息。孳息与原物相对应，必须是独立的物，基于此，动物腹中的胎儿属于动物的一部分，果树上成熟的果实也还在树上，B、C 不当选。注意，此题中，树上的果实是否是孳息，当年在考生中存在一定争议。

（二）征收

> 《物权法》第 42 条规定："为了公共利益的需要，依照法律规定的权限和程序可以征收集体所有的土地和单位、个人的房屋及其他不动产。征收集体所有的土地，应当依法足额支付土地补偿费、安置补助费、地上附着物和青苗的补偿费等费用，安排被征地农民的社会保障费用，保障被征地农民的生活，维护被征地农民的合法权益。征收单位、个人的房屋及其他不动产，应当依法给予拆迁补偿，维护被征收人的合法权益；征收个人住宅的，还应当保障被征收人的居住条件。任何单位和个人不得贪污、挪用、私分、截留、拖欠征收补偿费等费用。"

征收是指国家为了公共利益的需要，通过行使征收权，在依法给予补偿的前提下，将单位或者个人的财产移转给国家所有。征收具有以下法律特征：

1. 征收的目的必须是为了公共利益。所谓公共利益，就是指有关国防、教育、科技、文化、卫生等关系国计民生的利益。公共利益是行使征收权的正当性和合法性的前提。

2. 征收的主体是国家。征收是一种国家强制行为，由政府具体行使征收权。

3. 征收是移转所有权的行为。征收将导致集体或个人的所有权移转。

4. 征收必须依法作出补偿。为了保护公民的财产权，法律要求征收必须以补偿为前提，不能在不支付任何补偿的情况下强制性移转公民的所有权。我国《物权法》明确规定了集体所有制土地的征收补偿标准。

5. 征收的对象主要是不动产。根据我国《物权法》第 42 条规定，征收的对象主要包括两类：①集体所有土地及集体所有土地上的土地承包经营权和宅基地使用权等。②单位、个人的房屋及其他不动产。根据《物权法》第 132 条的规定，用益物权也可以成为征收的对象。如果为了公共利益的需要，提前收回建设用地使用权，地上建筑物也会发生征收问题。由于动产通常是可以替代的物，如果国家出于公共利益需要公民的动产，可以从市场上购买或协商取得，不必通过征收的方式直接发生所有权变动。

另外，值得注意的是，《物权法》第 44 条规定了征用，因抢险、救灾等紧急需要，依照法律规定的权限和程序可以征用单位、个人的不动产或者动产。被征用的不动产或者动产使用后，应当返还被征用人。单位、个人的不动产或者动产被征用或者征用后毁损、灭失的，应当给予补偿。征用与征收不同，征用仅发生使用权转移，不会出现所有权转移。

（三）善意取得

《物权法》第106条规定："无处分权人将不动产或者动产转让给受让人的，所有权人有权追回；除法律另有规定外，符合下列情形的，受让人取得该不动产或者动产的所有权：①受让人受让该不动产或者动产时是善意的；②以合理的价格转让；③转让的不动产或者动产依照法律规定应当登记的已经登记，不需要登记的已经交付给受让人。受让人依照前款规定取得不动产或者动产的所有权的，原所有权人有权向无处分权人请求赔偿损失。当事人善意取得其他物权的，参照前两款规定。"

善意取得又称为即时取得，是指无处分权人将财产转让给受让人，如果受让人取得该财产是出于善意，则受让人将依法取得财产的所有权或其他物权。善意取得制度源于日耳曼法的"以手护手"原则，其立法目的在于协调由无权处分行为产生的善意受让人与物之所有权人的利益冲突，维护交易的安全。

我国善意取得制度构成要件如下：

1. 无处分权人处分他人财产。所谓无权处分，是指没有处分权而处分他人的财产，也就是说，转让的不动产或者动产须是转让人无权处分的财产。

2. 受让人受让财产时须为善意。善意取得制度的核心在于保护受让人的合理依赖，因此必然要求受让人在受让财产时是善意的。受让财产时，通常是指双方办理不动产物权变动登记的时间或者交付动产的时间。这里所称善意，是指受让人在受让财产时不知道也不应当知道转让人对其转让的财产无处分权。

思考

"受让人受让财产时须为善意"是善意取得制度的主观要件，现实生活中存在一个判断标准的问题。您认为，应该如何判断呢？

3. 以合理的价格有偿转让。善意取得必须适用于有偿的交易。无偿行为不适用善意取得。支付合理的价格，应根据市场价格判断，原则上必须以实际支付为要件。

4. 完成了法定的公示方法。转让不动产的已经登记，转让动产的已经交付受让人。

善意取得是原始取得，一旦符合善意取得构成要件，取得人取得一个新的物权，原所有人不能向善意取得人主张返还原物，只能请求无权处分人赔偿损失或承担其他法律责任，比如返还不当得利。如果原所有人的损害赔偿请求权与返还不当得利请求权形成竞合关系，原所有人可以任选其中一项请求权行使。

思考

要使善意第三人相信无处分权人是有处分权的，必须满足法定的公示要求，也就是说，动产必须占有，无处分权人怎样才能占有他人的动产？

提示： 无处分权人占有他人动产，主要有占有委托物和占有脱离物的情况。占有委托物，是基于原所有权人的意思而使无处分权人占有所有人的物，比如原所有权人和无处分权人曾订立保管合同，将自己的物交由无处分权人保管，无处分权人占有保管物，如果他不告知第三人实情，可能会使善意第三人误以为无处分权人就是所有人。占有脱离物，则是指非基于原所有人的意思而使无处分权人占有所有人的物。比如无处分权人取得他人的遗失物。

有学者指出，《物权法》第106条规定的善意取得为善意占有委托物，如果无处分权人未经所有人同意，私自将保管物卖给了不知情的第三人，由于行为属于无权处分，无处分权人与第三人签订的合同属于效力待定的合同，但第三人可依据善意取得，取得物的所有权。而《物权法》第107条则规定了善意占有脱离物的情况，在这种情况下，所有权人或者其他权利人有权追回遗失物。该遗失物通过转让被他人占有的，权利人有权向无处分权人请求损害赔偿，或者自知道或者应当知道受让人之日起两年内向受让人请求返还原物，但受让人通过拍卖或者向具有经营资格的经营者购得该遗失物的，权利人请求返还原物时应当支付受让人所付的费用。权利人向受让人支付所付费用后，有权向无处分权人追偿。

实践一下……

多选题： 甲发现去年丢失的电动自行车被路人乙推行，便上前询问，乙称从朋友丙处购买，并出示了丙出具的付款收条。如甲想追回该自行车，可以提出下列哪些理由支持请求？（　　　）

A. 甲丢失该自行车被丙拾得

B. 丙从甲处偷了该自行车

续

C. 乙明知道该自行车是丙从甲处偷来的仍然购买

D. 乙向丙支付的价格远远低于市场价

解答： 依据物权法的基本原理，并非所有的不动产和动产都适用善意取得制度，对于占有脱离物，比如遗失物，就应该适用《物权法》第107条的规定；虽然《物权法》未对盗赃物作出具体规定，但也不适用善意取得制度，故A、B选项是应选项。根据《物权法》第106条的规定，善意取得制度须受让人受让不动产或动产时是善意的，并且应以合理的价格转让。故C、D选项也是应选项。本题ABCD均应选择。

（四）添附

添附是指民事主体把不同所有人的财产或劳动成果合并在一起，从而形成另一种新形态的财产。添附一般是附合、混合的通称，广义的添附还包括加工。

1. 附合。附合是指两个以上不同所有人的物结合在一起而不能分离，若分离会毁损该物或者花费较大，在附合的情况下，各原所有人的物虽可识别，但要使其分开则于经济上很不合理。

附合物的所有权归属应区分两种情况：①当动产附合于不动产之上时，原则上由不动产所有人取得附合物的所有权，并给原动产所有人以补偿。②动产与动产附合时，可由原所有人按照其动产的价值，共有合成物。如果可以区别主物或从物，或者一方动产的价值显然高于他方的动产，则应当由主物或价值较高的物的原所有人取得合成物的所有权，并给对方以补偿。

2. 混合。混合是指不同所有人之物掺合、融合在一起而成为新物。混合与附合不同之处在于：混合后各所有人的原物已到了不能凭视觉识别的程度。混合的法律效果各国民法大多准用附合的规定。

建议

区分附合、混合很简单，注意这两个概念前面一个字"附"、"混"，您看，"混"了后，是不是肉眼已经难以区分了呢？下面，举例说明：

附合：将他人的红砖砌入另一人的青砖建筑物中；将他人的珠宝嵌镶在自己的项链上。

混合：两种酒混合，东北米与四川米混合。

3. 加工。加工是指将他人之物加工制造成具有更高价值的新物。加工物一般应由原物所有人取得所有权，给加工人以补偿；如加工创造的价值显然超过原物价值的，也可由加工人取得加工物的所有权，给原物所有人以补偿。

在确定添附物的所有权归属时，应充分尊重当事人意志。如当事人不能达成协议，在适用有关法律规定时，应侧重于添附物合理及有效利用方面。当添附物归一方所有时，就会产生受益一方（取得添附物所有权一方）对受损一方（丧失原物所有权一方）的经济补偿问题。

处理这一问题，需要分清添附行为是善意行为还是恶意行为。当添附为善意行为时，无论哪一方取得添附物的所有权，受损失一方都只能依不当得利的规定，在受益人所受利益之范围内请求补偿。当添附行为为恶意行为时，如添附人取得添附物的所有权，受损失一方可按侵权责任的规定请求赔偿全部损失；如对方取得添附物的所有权，添附人则只能按不当得利的规定请求经济补偿。

（五）没收

国家可以根据法律、法规采取强制手段，剥夺违法犯罪分子的财产归国家所有。

（六）遗失物的拾得

遗失物是所有人或合法占有人偶然丧失占有之物。拾得遗失物，拾得人负有返还遗失物给失主的义务。拾得人知道失主的，应当通知失主领取；不知道失主的，应当送交公安等有关部门处理。

公安等有关部门收到遗失物后，知道失主的，应当及时通知失主领取；不知道失主的，应当及时发布招领公告。

拾得人在将遗失物送交公安等有关部门前，公安等有关部门在遗失物被认领前，负有妥善保管遗失物的义务。保管遗失物的拾得人或公安等有关部门，因故意或重大过失致遗失物毁损灭失的，应依法承担民事责任。

失主领取遗失物时，应当向拾得人或保管、招领遗失物的部门支付保管遗失物等支出的必要费用。失主悬赏寻找遗失物的，领取遗失物时应当按照承诺履行义务。拾得人侵占遗失物的，无权请求失主支付保管遗失物等支出的费用，也无权请求失主按照悬赏广告的承诺履行义务。

遗失物自发布招领公告之日起6个月内无人认领的，归国家所有。

（七）漂流物的拾得、埋藏物和隐藏物的发现

漂流物是指随水漂流的动产，埋藏物是指埋藏于地下的动产，隐藏物是指藏匿于他物之中的物，不具有显而易见性，但藏匿于地下的通常作为埋藏物。

对拾得的漂流物，发现的埋藏物、隐藏物，首先应区别文物与非文物。对非文物适用遗失物的规定，经公告招领无人认领后归国家所有。而对文物，则适用文物保护法的有关规定。根据我国《文物保护法》第5条第1款、第2款规定："中华人民共和国境内地下、内水和领海中遗存的一切文物，属于国家所

有。古文化 遗址、古墓葬、石窟寺属于国家所有……"具有历史、艺术和科学价值的文物，属国家所有的财产。

（八）无人继承的财产

无人继承的财产，是指公民死亡后遗留下来的没有人继承又没有人受遗赠的财产。无人继承的财产，归国家所有。死者生前是集体所有制组织成员的，归所在集体组织所有。

（九）先占

思考

多选题：王某的一台电脑损坏，遂嘱秘书张某扔到垃圾站。张某将电脑搬到垃圾站后想，与其扔了不如拿回家给儿子用，便将电脑搬回家，经修理后又能正常使用。王某得知电脑能够正常使用后，要求张某返还。下列哪些说法是错误的？（   ）

A. 张某违反委托合同，不能取得电脑的所有权

B. 张某基于先占取得电脑的所有权

C. 王某有权要回电脑，但应当向张某予以补偿

D. 因抛弃行为尚未完成，王某可以撤回其意思表示，收回对电脑的所有权

先占是指占有人以所有的意思，占有无主动产而取得所有权的法律事实。先占应具备以下条件：①标的为无主动产；②须非法律禁止占有的物，对于法律规定属于国家所有的野生动植物资源，任何人不得先占取得；③占有人须以所有的意思占有；④须实际占有。思考题中王某丢弃电脑，电脑成为无主动产，张某的行为完全满足先占构成要件，可取得电脑所有权。

实践一下……

单选题：甲有天然奇石一块，不慎丢失。乙误以为无主物捡回家，配以基座，陈列于客厅。乙的朋友丙十分喜欢，乙遂以之相赠。后甲发现，向丙追索。下列选项正确的是（   ）。

A. 奇石属遗失物，乙应返还给甲

B. 奇石属无主物，乙取得其所有权

C. 乙因加工行为取得奇石的所有权

D. 丙可以取得奇石的所有权

续

解答：正确答案为 A。为何丙不能基于善意取得获得奇石的所有权？请说明原因。_____

_____

_____

_____

二、继受取得

继受取得，又称传来取得，是指根据某种法律行为从原所有人那里取得对某项财产的所有权。继受取得主要包括：买卖、互易、赠与、受遗赠和其他合法原因。

 我要复习!

A 有一块价值 1 万元的玉石。A 与 B 订立了买卖该玉石的合同，约定价金 11 000 元，三日后取货。隔天，知情的 C 找到 A，提出愿以 12 000 元购买该玉石，A 同意并当场将玉石交给 C。不久，C 将玉石借给好友 D 把玩，不料 D 见财起意，谎称玉石归其所有，将玉石以 10 000 元的价卖给了不知情的 E。后 E 将玉石丢失被 F 捡到，F 将其送了不知情的 G。试问：B、C、D、E、F、G 谁享有玉石的所有权？

解答：C 和 E 享有玉石的所有权，其他人不能取得所有权。为什么？您知道理由吗？

_____

_____

_____

_____

_____

_____

_____

_____

_____

_____

学习单元三　所有权的种类

我国所有权种类主要有国家所有权、集体所有权、个人所有权。

一、国家所有权

国家所有权是国家对全民所有的财产进行占有、使用、收益和处分的权利。

国有财产由国务院代表国家行使所有权，根据《物权法》规定，下列财产属于国家所有：

> 第46条　矿藏、水流、海域属于国家所有。
>
> 第47条　城市的土地，属于国家所有。法律规定属于国家所有的农村和城市郊区的土地，属于国家所有。
>
> 第48条　森林、山岭、草原、荒地、滩涂等自然资源，属于国家所有，但法律规定属于集体所有的除外。
>
> 第49条　法律规定属于国家所有的野生动植物资源，属于国家所有。
>
> 第50条　无线电频谱资源属于国家所有。
>
> 第51条　法律规定属于国家所有的文物，属于国家所有。
>
> 第52条　国防资产属于国家所有。铁路、公路、电力设施、电信设施和油气管道等基础设施，依照法律规定为国家所有的，属于国家所有。

国家作为抽象的主体，难以直接行使所有权，必须通过法律法规授权的国家机关、企事业单位及国家投资的企业，在法律规定的范围内行使。

国家所有的财产受法律保护，禁止任何单位和个人侵占、哄抢、私分、截留、破坏。

履行国有财产管理、监督职责的机构及其工作人员，应当依法加强对国有财产的管理、监督，促进国有财产的保值增值，防止国有财产损失；滥用职权，玩忽职守，造成国有财产损失的，应当依法承担法律责任。违反国有财产管理规定，在企业改制、合并分立、关联交易等过程中，低价转让、合谋私分、擅自担保或者以其他方式造成国有财产损失的，应当依法承担法律责任。

实践一下……

单选题：潘某与刘某相约出游，潘某在长江边拾得一块奇石，爱不释手，拟带回家。刘某说，《物权法》规定河流属于国家所有，这一行为可能属于侵占国家财产。关于潘某能否取得奇石的所有权，下列说法正确的是（　　）。

续

　　A. 不能，因为石头是河流的成分，长江属于国家所有，石头从河流中分离后仍然属于国家财产

　　B. 可以，因为即使长江属于国家所有，但石头是独立物，经有关部门许可即可以取得其所有权

　　C. 不能，因为即使石头是独立物，但长江属于国家所有，石头也属于国家财产

　　D. 可以，因为即使长江属于国家所有，但石头是独立物、无主物，依先占的习惯可以取得其所有权

　　解答： 本题正确答案为 D。

二、集体所有权

　　集体所有权是集体组织以及集体组织全体成员对集体财产依法享有占有、使用、收益和处分的权利。

　　集体所有权的主体包括集体组织和集体组织全体成员。《物权法》第 58 条对集体所有权的客体进行了专门规定。

　　集体所有的不动产和动产包括：①法律规定属于集体所有的土地和森林、山岭、草原、荒地、滩涂；②集体所有的建筑物、生产设施、农田水利设施；③集体所有的教育、科学、文化、卫生、体育等设施；④集体所有的其他不动产和动产。

　　集体所有权作为所有权的一种类型，自然具有占有、使用、收益、处分四项权能，但集体土地不能直接进入市场流转，处分权受到限制。

　　集体所有权的内容在法律上的一个重要特点就是必须由集体组织的成员进行民主管理，并且依照法定的程序行使权利。《物权法》第 59 条第 2 款规定了农村集体经济组织的共同管理权，对于涉及集体成员的重大利益事项，集体经济组织成员依据法定的程序共同决定："下列事项应当依照法定程序经本集体成员决定：①土地承包方案以及将土地发包给本集体以外的单位或者个人承包；②个别土地承包经营权人之间承包地的调整；③土地补偿费等费用的使用、分配办法；④集体出资的企业的所有权变动等事项；⑤法律规定的其他事项。"《物权法》同时还确定了村务公开原则，进一步保障集体成员的知情权。集体经济组织或者村民委员会、村民小组应当依照法律、行政法规以及章程、村规民约向本集体成员公布集体财产的状况。

　　集体所有的财产受法律保护，禁止任何单位和个人侵占、哄抢、私分、破

坏。集体经济组织、村民委员会或者其负责人作出的决定侵害集体成员合法权益的，受侵害的集体成员可以请求人民法院予以撤销。

三、个人所有权

个人所有权是指民法上的自然人主体对其所有的财产依法进行占有、使用、收益和处分的权利。《民法通则》称"公民"，《物权法》称"私人"。

个人所有权的权利主体是自然人。个人所有权的客体是指个人依法取得的归个人所有的财产，包括：合法收入；房屋；储蓄；生活用品、文物、图书资料；林木、牲畜；法律允许个人拥有的生产资料。注意，文物作为限制流通物，虽不限制个人所有，但禁止个人非法转让和携带出境。个人在房屋前后或国家、集体划给的宜林荒地上栽植的林木，其林地虽然属于国家所有或集体所有，但林木作为个人的劳动产品则可以归个人所有。

个人所有权仍然包括占有、使用、收益、处分四项积极的权能。个人行使这四项权能通常以直接的方式进行，即以个人自己积极主动的行为直接作用于所有物的方式进行。

学习单元四　业主建筑物区分所有权

一、业主建筑物区分所有权概念

> 《物权法》第70条规定："业主对建筑物内的住宅、经营性用房等专有部分享有所有权，对专有部分以外的共有部分享有共有和共同管理的权利。"

《物权法》首次通过法律明确了建筑物区分所有权的概念，其由专有部分所有权、共有部分的权利以及因共有关系产生的成员权三个要素所构成。其特征主要包括：

1. 明确了建筑物区分所有权主体是业主。建筑物区分所有权的所有人，即业主，既是建筑物专有部分的所有人，又是建筑物共有部分的所有人。业主之外的房屋承租人、借用人、管理人都不是所有权人，不能称为业主。

2. 确认了建筑物区分所有权的内容具有复合性。建筑物区分所有权由专有部分的所有权、共有部分的共有权和共同管理权三项权利结合构成，缺一不可，不可分割。权利人不能单独享有和行使其中某项权利，也不得将它们分割转让、抵押、继承、抛弃等。

3. 区分所有权的客体主要是建筑物，但不限于建筑物。比如小区规划范围内的道路、绿地等，属于全体业主共有。

二、专有权

专有部分所有权，简称专有权，是指区分所有人对其建筑物内的住宅、经营性用房等专有部分所享有的单独所有权。

所谓建筑物专有部分，主要是指通过物理方法所分割出的，兼具构造上和使用上独立性的一部分房屋。专有部分要求具备以下要件：①具有构造上的独立性，能够明确区分；②具有利用上的独立性，可以排他使用；③能够登记成为特定业主所有权的客体。规划上专属于特定房屋，且建设单位销售时已经根据规划列入该特定房屋买卖合同中的露台等，应当认定为专有部分的组成部分。

专有权在建筑物区分所有权中占据主导地位，没有该项权利就无法产生区分所有权人对共有部分的共有权和对建筑物共有部分进行管理的权利。专有权是业主享有和行使共有权、对共有部分进行管理的前提和基础。专有权的变动作为不动产物权的变动，需要办理登记手续，而共有部分所有权具有附属性，不必单独登记即可一并变动。

《物权法》规定，业主对建筑物内的住宅、经营性用房等专有部分享有所有权，有权对专有部分占有、使用、收益和处分。专有权人须遵循权利不得滥用原则和相邻关系的法律规定，遵守管理规约的约定，合理使用专有部分，不得危及建筑物的安全，不得损害其他部分专有权人的利益和全体区分所有权人的共同利益。《物权法》第71条规定，业主行使专有部分所有权时，不得危及建筑物的安全，不得损害其他业主的合法权益。如业主在对专有部分装修时，不得拆除房屋内的承重墙等。《物权法》第77条规定，业主不得违反法律、法规以及管理规约，将住宅改变为经营性用房。业主将住宅改变为经营性用房的，除遵守法律、法规以及管理规约外，应当经有利害关系的业主同意。

思考

如何理解《物权法》第77条规定中的"有利害关系的业主"？

三、共有权

（一）共有权的概念

所谓建筑物区分所有人对共有部分的共有权，是指业主对专有部分以外的共有部分，如建筑物的基础、承重结构、外墙、屋顶等基本结构部分，通道、楼梯、大堂等公共通行部分，消防、公共照明等附属设施、设备，避难层、设备层或者设备间等结构部分共同享有的权利。

共有部分有部分业主共有和全体业主共有的区别。如三层的地面应当属于三层业主与二层业主的共有，而某一单元的电梯则属于该单元业主共有。但是整个小区的绿地则属于全体业主共有。

（二）共有权的行使

业主对专有部分以外的共有部分既享有权利，又承担义务。而且此项义务不得放弃，不得以放弃权利不履行义务。例如，业主不得为了拒绝承担共有财产维护、维修义务和责任，而要求放弃对共有财产的权利。因为共有部分和专有部分是不可分离的，业主不得在保留专有部分的情况下放弃共有部分的权利。更不能以放弃共有部分的权利为理由，拒绝履行支付物业费等义务。另外，《物权法》第80条规定："建筑物及其附属设施的费用分摊、收益分配等事项，有约定的，按照约定；没有约定或者约定不明确的，按照业主专有部分占建筑物总面积的比例确定。"这就是说，业主专有部分占建筑物总面积比例越大，其享有的收益越大，承担的费用分摊等义务也越大。

（三）法定共有的范围

建筑物区分所有人的共有权可以依据法律、合同以及区分所有人之间的规约产生。《物权法》明确规定了法定共有的类型：

1. 绿地。建筑区划内的绿地，属于业主共有，但属于城镇公共绿地或者明示属于个人的除外。绿地应当属于全体业主共有，不能由开发商保留所有权。

2. 道路。建筑区划内的道路，属于业主共有，但属于城镇公共道路的除外。这就是说，如果小区内的道路是规划确定的市政道路，应属国家所有，任何人都有权使用，业主不能妨害他人的通行。城镇公共道路之外的道路，则应由业主共有。虽然道路、绿地属业主共有，但业主不得随意改变这些道路、绿地的规划用途，比如不能在上面私盖建筑等。

3. 建筑区划内的其他公共场所、公共设施和物业服务用房。所谓其他公共场所、公共设施，就是指除绿地、道路之外的公共场所和设施，如建筑物的基础、承重结构、外墙、屋顶等基本结构部分，通道、楼梯、大堂等公共通行部分，消防、公共照明等附属设施、设备，避难层、设备层或者设备间等结构部分。物业服务用房是指物业服务公司为服务整个小区内的物业而使用的房屋。《物权法》规定，建筑区划内的其他公共场所、公用设施和物业服务用房，属于业主共有。

4. 维修资金。所谓维修资金，是指由业主支付的专门用于住宅共用部分、共同设施和设备维修所需的资金，如电梯、水箱等共用部分的维修费用。《物权法》第79条规定："建筑物及其附属设施的维修资金，属于业主共有。经业主共同决定，可以用于电梯、水箱等共有部分的维修。维修资金的筹集、使用情况应当公布。"筹集和使用建筑物及其附属设施的维修资金必须通过全体业主经法定程序共同决定，且应当经专有部分占建筑物总面积2/3以上的业主且占总人数2/3以上的业主同意。

（四）车位车库的归属

车库是具有独立空间、以存放车辆为目的的附属建筑物。车库通常位于地下，但也有可能在地上一层或建筑物二层，这就涉及到车库归属问题。车位就是车库中的停车位，以及规划用于停车的具体地点。《物权法》第74条第2款规定："建筑区划内，规划用于停放汽车的车位、车库的归属，由当事人通过出售、附赠或者出租等方式约定。"这就是说，关于车位、车库的归属，应当由当事人在购房合同中加以约定，如果开发商保留了车位、车库所有权，那么车位、车库归开发商所有。如果其将车位、车库赠予业主，就由业主享有所有权。如果开发商将车位、车库出售给业主，业主取得所有权。如果开发商将车位、车库出租给业主，开发以商享有所有权，业主享有使用权。《物权法》第74条第3款规定："占用业主共有的道路或者其他场地用于停放汽车的车位，属于业主共有。"

同时为了解决车位紧张问题，法律还特别对开发商处分车位、车库的权利进行了限制。《物权法》第74条第1款明确要求在建筑区划内规划用于停放汽车的车位、车库应当首先满足业主需要。

思考

怎么理解规划用于停放汽车的车位、车库应当"首先满足业主的需要"？

实践一下……

单选题：张某在"阳光海岸"小区购买了三室二厅的住房一套，下列选项中张某必定享有共有权的是（　　　　）。

A. 小区内的道路

B. 小区内的绿地

C. 房屋内的承重墙

D. 停车位

解答：答案为C。知道不选A、B、D的理由吗？如果您选择错了，请再次认真阅读教材。

四、管理权

《物权法》第 76 条规定："下列事项由业主共同决定：①制定和修改业主大会议事规则；②制定和修改建筑物及其附属设施的管理规约；③选举业主委员会或者更换业主委员会成员；④选聘和解聘物业服务企业或者其他管理人；⑤筹集和使用建筑物及其附属设施的维修资金；⑥改建、重建建筑物及其附属设施；⑦有关共有和共同管理权利的其他重大事项。决定前款第⑤项和第⑥项规定的事项，应当经专有部分占建筑物总面积 2/3 以上的业主且占总人数 2/3 以上的业主同意。决定前款其他事项，应当经专有部分占建筑物总面积过半数的业主且占总人数过半数的业主同意。"

思考

"阳光海岸"小区内共有 300 位业主，2011 年 8 月 8 日召开业主大会拟制定管理规约，共有 240 位业主参加。假设该小区内每套房屋的面积完全相同，请问有多少位业主同意才可能通过该管理规约？在学习完下列内容后，您将得到答案。

所谓管理权，是指业主基于专有部分的所有权从而依法享有对业主的共同财产和公共事务进行管理的权利。

各区分所有人对共有部分的建筑物及其附属设施等都享有共有权，并可参与进行管理。为方便、有效地实施共同管理，解决因专有、共有部分财产的使用产生的纠纷，各区分所有权人可以根据需要建立自治性的管理团体组织，设立业主大会，对涉及共有和共同管理的重大事项作出决定。由于不是每个业主都能亲自进行管理，业主大会也不可能经常召开，因此业主还可选举常设性的业主委员会，由其作为业主大会的执行机构，对日常事务进行管理。依据我国《物权法》第 76 条规定，选举业主委员会或更换业主委员会成员，应当经专有部分占建筑物总面积一半以上的业主且占总人数一半以上的业主同意。业主大会和业主委员会做出的决定，对业主具有约束力。除依照议事规则或管理规约做出决定外，业主大会和业主委员会对涉及共有利益的一些事项，还可依法享有一定的主体资格，值得注意的是，对于业主大会的诉讼主体资格问题，考虑到业主大会没有自身独立财产，从而没有责任财产，我国《物权法》没有规定业主大会和业主委员会是否可以在法院起诉及应诉。

业主大会和业主委员会，对任意弃置垃圾、排放污染物或者噪声、违反规定饲养动物、违章搭建、侵占通道、拒付物业费等损害他人合法权益的行为，有权依照法律、法规以及管理规约，要求行为人停止侵害、消除危险、排除妨害、赔偿损失。

各区分所有权人作为业主，享有参与制定业主大会议事规则、参与订立管理规约、选举和更换业主委员会成员、选聘或解聘管理者、请求就重要事项召开业主大会讨论、请求停止违反共同利益行为、请求撤销侵害自己利益的决议、参与决定其他重要管理事项的权利等。业主参与共同管理的权利，主要通过行使表决权的方式进行。按《物权法》第76条的规定，筹集和使用建筑物及其附属设施的维修资金及改建、重建建筑物及其附属设施应经专有部分建筑物占总面积2/3以上的业主且占总人数2/3以上的业主同意。其他事项，应当经专有部分占建筑物总面积过半数且占总人数过半数的业主同意。上述思考题中，"阳光海岸"小区召开业主大会制定管理规约，需要151名业主同意方可。

业主应遵守管理规约和业主大会及业主委员会作出的决定，服从物业管理人受委托进行的管理，按照规定缴纳分摊的费用。业主对侵害自己合法权益的行为，可以依法向人民法院提起诉讼。

对小区内建筑物及其附属设施，业主可以自行管理，也可以通过召开业主大会决定委托物业服务企业或者其他管理人管理，物业服务企业或者其他管理人应根据业主的委托进行管理，并接受业主的监督。业主可通过一定程序解聘、更换物业服务企业。业主和物业公司之间是委托合同法律关系，业主有权基于违约提起诉讼。

 我要复习!

多选题： 王某有一栋两层楼房，在楼顶上设置了一个商业广告牌。后王某将该楼房的第二层出售给张某。下列哪些选项是正确的？（　　）

A. 张某无权要求王某拆除广告牌
B. 张某与王某间形成了建筑物区分所有权关系
C. 张某对楼顶享有共有和共同管理的权利
D. 张某有权要求与王某分享其购房后的广告收益

解答：《物权法》第70条规定，业主对建筑物内的住宅、经营性用房等专有部分享有所有权，对专有部分以外的共有部分享有共有和共同管理的权利。由此，本题中王某与张某形成了建筑物区分所有权的关系，二人对楼顶享有共有和共同管理的权利，B和C的说法正确，当选；《物权法》第76条规定，下列事项由业主共同决定：……⑥改建、重建建筑物及其附属设施；……

续

决定前款第 5 项和第 6 项规定的事项，应当经专有部分占建筑物总面积 2/3 以上的业主且占总人数 2/3 以上的业主同意……由此，本题中张某无权要求王某拆除广告牌，A 的说法也正确，当选；《物权法》第 80 条规定，建筑物及其附属设施的费用分摊、收益分配等事项，有约定的，按照约定；没有约定或者约定不明确的，按照业主专有部分占建筑物总面积的比例确定。由此，D 的说法也是正确的，张某有权要求与王某分享收益。本题正确答案是 ABCD。

法条链接

建筑物区分所有权相关纠纷目前属于热点问题，除了您所学习和熟知的《物权法》外，下面的两则司法解释虽然在本教材中不要求记忆，但也许能帮您解决一些现实生活中的疑惑：

最高人民法院关于审理建筑物区分所有权纠纷案件具体应用法律若干问题的解释

《最高人民法院关于审理建筑物区分所有权纠纷案件具体应用法律若干问题的解释》已于 2009 年 3 月 23 日由最高人民法院审判委员会第 1464 次会议通过，现予公布，自 2009 年 10 月 1 日起施行。

二〇〇九年五月十四日

为正确审理建筑物区分所有权纠纷案件，依法保护当事人的合法权益，根据《中华人民共和国物权法》等法律的规定，结合民事审判实践，制定本解释。

第一条　依法登记取得或者根据物权法第二章第三节规定取得建筑物专有部分所有权的人，应当认定为物权法第六章所称的业主。

基于与建设单位之间的商品房买卖民事法律行为，已经合法占有建筑物专有部分，但尚未依法办理所有权登记的人，可以认定为物权法第六章所称的业主。

第二条　建筑区划内符合下列条件的房屋，以及车位、摊位等特定空间，应当认定为物权法第六章所称的专有部分：

（一）具有构造上的独立性，能够明确区分；

续

（二）具有利用上的独立性，可以排他使用；

（三）能够登记成为特定业主所有权的客体。

规划上专属于特定房屋，且建设单位销售时已经根据规划列入该特定房屋买卖合同中的露台等，应当认定为物权法第六章所称专有部分的组成部分。

本条第1款所称房屋，包括整栋建筑物。

第三条 除法律、行政法规规定的共有部分外，建筑区划内的以下部分，也应当认定为物权法第六章所称的共有部分：

（一）建筑物的基础、承重结构、外墙、屋顶等基本结构部分，通道、楼梯、大堂等公共通行部分，消防、公共照明 等附属设施、设备，避难层、设备层或者设备间等结构部分；

（二）其他不属于业主专有部分，也不属于市政公用部分或者其他权利人所有的场所及设施等。

建筑区划内的土地，依法由业主共同享有建设用地使用权，但属于业主专有的整栋建筑物的规划占地或者城镇公共道路、绿地占地除外。

第四条 业主基于对住宅、经营性用房等专有部分特定使用功能的合理需要，无偿利用屋顶以及与其专有部分相对应的外墙面等共有部分的，不应认定为侵权。但违反法律、法规、管理规约，损害他人合法权益的除外。

第五条 建设单位按照配置比例将车位、车库，以出售、附赠或者出租等方式处分给业主的，应当认定其行为符合物权法第74条第1款有关"应当首先满足业主的需要"的规定。

前款所称配置比例是指规划确定的建筑区划内规划用于停放汽车的车位、车库与房屋套数的比例。

第六条 建筑区划内在规划用于停放汽车的车位之外，占用业主共有道路或者其他场地增设的车位，应当认定为物权法第74条第3款所称的车位。

第七条 改变共有部分的用途、利用共有部分从事经营性活动、处分共有部分，以及业主大会依法决定或者管理规约依法确定应由业主共同决定的事项，应当认定为物权法第76条第1款第7项规定的有关共有和共同管理权利的"其他重大事项"。

第八条 物权法第76条第2款和第80条规定的专有部分面积和建筑物总面积，可以按照下列方法认定：

（一）专有部分面积，按照不动产登记簿记载的面积计算；尚未进行物权登记的，暂按测绘机构的实测面积计算；尚未进行实测的，暂按房屋买卖合同记载的面积计算；

（二）建筑物总面积，按照前项的统计总和计算。

第九条　物权法第 76 第 2 款规定的业主人数和总人数，可以按照下列方法认定：

（一）业主人数，按照专有部分的数量计算，一个专有部分按一人计算。但建设单位尚未出售和虽已出售但尚未交付的部分，以及同一买受人拥有一个以上专有部分的，按一人计算。

（二）总人数，按照前项的统计总和计算。

第十条　业主将住宅改变为经营性用房，未按照物权法第 77 条的规定经有利害关系的业主同意，有利害关系的业主请求排除妨害、消除危险、恢复原状或者赔偿损失的，人民法院应予支持。

将住宅改变为经营性用房的业主以多数有利害关系的业主同意其行为进行抗辩的，人民法院不予支持。

第十一条　业主将住宅改变为经营性用房，本栋建筑物内的其他业主，应当认定为物权法第 77 条所称"有利害关系的业主"。建筑区划内，本栋建筑物之外的业主，主张与自己有利害关系的，应证明其房屋价值、生活质量受到或者可能受到不利影响。

第十二条　业主以业主大会或者业主委员会作出的决定侵害其合法权益或者违反了法律规定的程序为由，依据物权法第 78 条第 2 款的规定请求人民法院撤销该决定的，应当在知道或者应当知道业主大会或者业主委员会作出决定之日起 1 年内行使。

第十三条　业主请求公布、查阅下列应当向业主公开的情况和资料的，人民法院应予支持：

（一）建筑物及其附属设施的维修资金的筹集、使用情况；

（二）管理规约、业主大会议事规则，以及业主大会或者业主委员会的决定及会议记录；

（三）物业服务合同、共有部分的使用和收益情况；

（四）建筑区划内规划用于停放汽车的车位、车库的处分情况；

（五）其他应当向业主公开的情况和资料。

第十四条　建设单位或者其他行为人擅自占用、处分业主共有部分、改变其使用功能或者进行经营性活动，权利人请求排除妨害、恢复原状、确认处分行为无效或者赔偿损失的，人民法院应予支持。

续

　　属于前款所称擅自进行经营性活动的情形，权利人请求行为人将扣除合理成本之后的收益用于补充专项维修资金或者业主共同决定的其他用途的，人民法院应予支持。行为人对成本的支出及其合理性承担举证责任。

　　第十五条　业主或者其他行为人违反法律、法规、国家相关强制性标准、管理规约，或者违反业主大会、业主委员会依法作出的决定，实施下列行为的，可以认定为物权法第83条第2款所称的其他"损害他人合法权益的行为"：

　　（一）损害房屋承重结构，损害或者违章使用电力、燃气、消防设施，在建筑物内放置危险、放射性物品等危及建筑物安全或者妨碍建筑物正常使用；

　　（二）违反规定破坏、改变建筑物外墙面的形状、颜色等损害建筑物外观；

　　（三）违反规定进行房屋装饰装修；

　　（四）违章加建、改建，侵占、挖掘公共通道、道路、场地或者其他共有部分。

　　第十六条　建筑物区分所有权纠纷涉及专有部分的承租人、借用人等物业使用人的，参照本解释处理。

　　专有部分的承租人、借用人等物业使用人，根据法律、法规、管理规约、业主大会或者业主委员会依法作出的决定，以及其与业主的约定，享有相应权利，承担相应义务。

　　第十七条　本解释所称建设单位，包括包销期满，按照包销合同约定的包销价格购买尚未销售的物业后，以自己名义对外销售的包销人。

　　第十八条　人民法院审理建筑物区分所有权案件中，涉及有关物权归属争议的，应当以法律、行政法规为依据。

　　第十九条　本解释自2009年10月1日起施行。

　　因物权法施行后实施的行为引起的建筑物区分所有权纠纷案件，适用本解释。

　　本解释施行前已经终审，本解释施行后当事人申请再审或者按照审判监督程序决定再审的案件，不适用本解释。

续

最高人民法院关于审理物业服务纠纷案件具体应用法律若干问题的解释

(2009 年 4 月 20 日最高人民法院审判委员会第 1466 次会议通过)

法释〔2009〕8 号

《最高人民法院关于审理物业服务纠纷案件具体应用法律若干问题的解释》已于 2009 年 4 月 20 日由最高人民法院审判委员会第 1466 次会议通过，现予公布，自 2009 年 10 月 1 日起施行。

二〇〇九年五月十五日

为正确审理物业服务纠纷案件，依法保护当事人的合法权益，根据《中华人民共和国民法通则》、《中华人民共和国物权法》、《中华人民共和国合同法》等法律规定，结合民事审判实践，制定本解释。

第一条　建设单位依法与物业服务企业签订的前期物业服务合同，以及业主委员会与业主大会依法选聘的物业服务企业签订的物业服务合同，对业主具有约束力。业主以其并非合同当事人为由提出抗辩的，人民法院不予支持。

第二条　符合下列情形之一，业主委员会或者业主请求确认合同或者合同相关条款无效的，人民法院应予支持：

（一）物业服务企业将物业服务区域内的全部物业服务业务一并委托他人而签订的委托合同；

（二）物业服务合同中免除物业服务企业责任、加重业主委员会或者业主责任、排除业主委员会或者业主主要权利的条款。

前款所称物业服务合同包括前期物业服务合同。

第三条　物业服务企业不履行或者不完全履行物业服务合同约定的或者法律、法规规定以及相关行业规范确定的维修、养护、管理和维护义务，业主请求物业服务企业承担继续履行、采取补救措施或者赔偿损失等违约责任的，人民法院应予支持。

物业服务企业公开作出的服务承诺及制定的服务细则，应当认定为物业服务合同的组成部分。

第四条　业主违反物业服务合同或者法律、法规、管理规约，实施妨害物业服务与管理的行为，物业服务企业请求业主承担恢复原状、停止侵害、排除妨害等相应民事责任的，人民法院应予支持。

第五条　物业服务企业违反物业服务合同约定或者法律、法规、部门规章规定，擅自扩大收费范围、提高收费标准或者重复收费，业主以违规收费为由提出抗辩的，人民法院应予支持。

业主请求物业服务企业退还其已收取的违规费用的，人民法院应予支持。

第六条　经书面催交，业主无正当理由拒绝交纳或者在催告的合理期限内仍未交纳物业费，物业服务企业请求业主支付物业费的，人民法院应予支持。物业服务企业已经按照合同约定以及相关规定提供服务，业主仅以未享受或者无需接受相关物业服务为抗辩理由的，人民法院不予支持。

第七条　业主与物业的承租人、借用人或者其他物业使用人约定由物业使用人交纳物业费，物业服务企业请求业主承担连带责任的，人民法院应予支持。

第八条　业主大会按照物权法第76条规定的程序作出解聘物业服务企业的决定后，业主委员会请求解除物业服务合同的，人民法院应予支持。

物业服务企业向业主委员会提出物业费主张的，人民法院应当告知其向拖欠物业费的业主另行主张权利。

第九条　物业服务合同的权利义务终止后，业主请求物业服务企业退还已经预收，但尚未提供物业服务期间的物业费的，人民法院应予支持。

物业服务企业请求业主支付拖欠的物业费的，按照本解释第6条规定处理。

第十条　物业服务合同的权利义务终止后，业主委员会请求物业服务企业退出物业服务区域、移交物业服务用房和相关设施，以及物业服务所必需的相关资料和由其代管的专项维修资金的，人民法院应予支持。

物业服务企业拒绝退出、移交，并以存在事实上的物业服务关系为由，请求业主支付物业服务合同权利义务终止后的物业费的，人民法院不予支持。

第十一条　本解释涉及物业服务企业的规定，适用于物权法第76条、第81条、第82条所称其他管理人。

第十二条　因物业的承租人、借用人或者其他物业使用人实施违反物业服务合同，以及法律、法规或者管理规约的行为引起的物业服务纠纷，人民法院应当参照本解释关于业主的规定处理。

第十三条　本解释自2009年10月1日起施行。

本解释施行前已经终审，本解释施行后当事人申请再审或者按照审判监督程序决定再审的案件，不适用本解释。

学习单元五　相邻关系

> 《物权法》第 84 条规定："不动产的相邻权利人应当按照有利生产、方便生活、团结互助、公平合理的原则，正确处理相邻关系。"

一、相邻关系的概念和特征

相邻关系是指两个或两个以上相互毗邻的不动产的所有人或使用人，在行使不动产的所有权或使用权时，因相邻各方应当给予便利和接受限制而发生的权利义务关系。相邻关系是为调节在行使不动产所有权中的权益冲突而产生的一种法律关系，从本质上讲是财产所有人或使用人财产权利的延伸，同时又是他人财产所有权或使用权的限制。相邻关系具有以下特征：

1. 相邻关系的主体具有多数性。相邻关系发生在两个或者两个以上的不动产毗邻所有人或使用人之间。相邻人可以是自然人，也可以是法人。

2. 相邻关系的标的物具有相邻性。相邻关系要求所有人或使用人的财产相互毗邻，如房屋相邻产生通风采光的问题。这点不同于传统民法上的地役权，地役权不要求主体所有或使用的不动产相邻。

3. 相邻关系的客体主要是行使不动产所有权或使用权所体现的财产利益和其他利益。

4. 相邻关系因种类不同，具有不同的内容。相邻一方有权要求他方提供必要的便利，所谓必要的便利，是指如果不从相邻方得到便利，就无法正常行使自己的所有权或使用权。当事人在行使相邻权时，不得滥用权利。

二、相邻关系的种类

相邻关系产生的原因很多，种类复杂。主要的相邻关系有：

（一）因用水、排水产生的相邻关系

《物权法》规定，不动产权利人应当为相邻权利人用水、排水提供必要的便利。对自然流水的利用，应当在不动产的相邻权利人之间合理分配。对自然流水的排放，应当尊重自然流向。任何土地使用人都不得为自身利益而改变水路、截阻水流。一方擅自堵截或独占自然流水影响他方正常生产、生活的。他方有权请求排除妨碍；造成他方损失的，应负赔偿责任。

相邻一方必须利用另一方的土地排水时，他方应当允许；但使用的一方应采取必要的保护措施，造成损失的，应由受益人合理补偿。相邻一方可以采取其他合理措施排水而未采取，以致毁损或者可能毁损他方财产的，他方有权要求加害人停止侵害、消除危险、恢复原状、赔偿损失。

建造房屋应尽量避免房檐滴水造成对邻人的损害，在发生相邻房屋滴水纠纷时，对有过错的一方造成他方损害的，应当责令其排除妨碍、赔偿损失。

（二）因通行而产生的相邻关系

《物权法》规定，相邻一方因生产和生活上的需要，必须临时或长期通过对方使用的土地的，对方应当允许；因此而给对方造成损失的，应当给予对方适当的补偿。在一方所有或者使用的建筑物范围内，有历史形成的必经通道的，所有权人或者使用权人不得堵塞。对于相邻双方共同使用的空地、道路、院墙以及其他宅基地上的附属物，相邻一方不得擅自独占或擅自处理。

（三）因修建施工、防险发生的相邻关系

《物权法》规定，不动产权利人因建造、修缮建筑物以及铺设电线、电缆、水管、暖气和燃气管线等必须利用相邻土地、建筑物的，该土地、建筑物的权利人应当提供必要的便利。

相邻一方在自己的土地上挖水沟、水池、地窖、水井和地基等时，应注意对方房屋、地基以及其他建筑物的安全。一方的建筑物有倒塌的危险，严重威胁对方的人身、财产安全时，对方有权请求采取措施排除危险来源，消除危险。如果在别人的土地上挖水沟、水池、地窖、水井和地基等，造成别人的建筑物有倒塌危险时，属于侵权行为，而非相邻关系。相邻一方种植的竹木根枝延伸，危及另一方建筑物的安全和正常使用的，应当根据不同情况责令竹木种植人消除危险、恢复原状、赔偿损失。

（四）因通风、采光而产生的相邻关系

《物权法》规定，相邻各方修建房屋和其他建筑物，必须与邻居保持适当距离，不得违反国家有关工程建设标准，不得妨碍邻居的通风和采光。相邻一方违反有关规定修建建筑物，影响他人通风采光的，受害人有权要求停止侵害、恢复原状或赔偿损失。

（五）因保护环境产生的相邻关系

《物权法》规定，不动产权利人不得违反国家规定弃置固体废物，排放大气污染物、水污染物、噪声、光、电磁波辐射等有害物质。该条实际上是规定所谓"不可量物"侵害所引发的相邻关系。不可量物，是指按照通常计量手段无法加以精确测量的某些物质，如气体、音响、光线、尘埃、采石粉末、灰、火花、湿气、烟气、煤气等。这些物的排放、扩散，会妨害他人正常的生产、生活。不可量物侵害须具备三个条件：①要违反国家有关环境保护方面的法律法规规定；②主要发生在相邻不动产权利人之间，如果距离较远，则不宜作为相邻关系纠纷，而应按照环境侵权处理；③造成一定妨害或损害后果，超出了合理限度。

（六）因挖掘土地、建造建筑物等发生的相邻关系

《物权法》规定，不动产权利人挖掘土地、建造建筑物、铺设管线以及安装设备等，不得危及相邻不动产的安全。

三、处理相邻关系的原则

相邻关系是实践中普遍存在的民事关系，正确处理此种关系，对于保护相邻人的合法权益、合理使用社会财富，稳定社会正常秩序，具有十分重要的意义。《物权法》规定，不动产的相邻权利人应当按照有利生产、方便生活、团结互助、公平合理的原则，正确处理相邻关系。在处理相邻关系时，法律、法规对处理相邻关系有规定的，依照规定；法律、法规没有规定的，可以按照当地习惯。

学习单元六　共　有

	按份共有	共同共有
概念	对共有的不动产或者动产按照其份额享有所有权	对共有的不动产或者动产共同享有所有权
处分	处分共有的不动产或者动产以及对共有的不动产或者动产作重大修缮的，应当经占份额 2/3 以上的按份共有人或者全体共有人同意，但共有人之间另有约定的除外。	
债权债务	在对外关系上，共有人享有连带债权、承担连带债务，但法律另有规定或者第三人知道共有人不具有连带债权债务关系的除外。	
	在共有人内部关系上，除共有人另有约定外，按份共有人按照份额享有债权、承担债务，偿还债务超过自己应当承担份额的按份共有人，有权向其他共有人追偿。	共同共有人共同享有债权、承担债务。

一、共有的概念与特征

《物权法》第 93 条规定："不动产或者动产可以由两个以上单位、个人共有。共有包括按份共有和共同共有。"

财产的所有形式可分为单独所有和共有两种形式。所谓共有，是指某项财产由两个或两个以上的权利主体共同享有所有权，换言之，是指多个权利主体对一物共同享有所有权。如 2 人共有一间房屋、5 人共有一台机器。共有的主体称为共有人，客体称为共有财产或共有物。各共有人之间因财产共有形成的权

利义务关系，称为共有关系。共有的法律特征是：

1. 共有的主体不是一个而是两个或两个以上的自然人或法人。但是多数人共有一物，并非有多个所有权，只是一个所有权由多人共同享有。

2. 共有物在共有关系存续期间不能分割，不能由各个共有人分别对某一部分共有物享有所有权。每个共有人的权利及于整个共有财产，因此共有不是分别所有。

3. 在内容方面，共有人对共有物按照各自的份额享有权利并承担义务，或者平等地享有权利、承担义务。每个共有人对共有物享有的占有、使用、收益的权利，不受其他共有人的侵犯。在行使共有财产的权利，特别是处分共有财产时，必须由全体共有人协商，按全体共有人的意志行事。

《物权法》确认了两种共有形式，按份共有和共同共有。另外，准共有是指所有权以外的财产权的共有。我国《物权法》第105条规定："两个以上单位、个人共同享有用益物权、担保物权的，参照本章规定。"此条明确了用益物权共有与担保物权共有两种准共有。对准共有，除适用各财产权制度的特别规定外，相应适用所有权共有制度中的有关规定。

二、按份共有

（一）概念与特征

> 《物权法》第94条规定："按份共有人对共有的不动产或者动产按照其份额享有所有权。"

按份共有，又称分别共有，是指两个或两个以上的共有人按照各自的份额分别对共有财产享有权利和承担义务。如甲、乙共同出资购买轿车一辆，甲出资9万元，乙出资5万元，甲、乙按出资份额对轿车分别享有权利。按份共有具有以下特征：

1. 按份共有人对共有财产的权利和义务存在一定份额。各按份共有人的份额可以是相等的，也可以是不等的。按份共有人对共有份额没有约定或者约定不明确的，按照出资额确定；不能确定出资额的，视为等额享有。

2. 按份共有人的权利、义务及于全部共有财产。按份共有人按各自的份额对共有财产分享权利、分担义务，不是说各按份共有人分别对共有财产的各物质部分享受权利、承担义务，而是说各按份共有人按各自的份额比例对整个共有财产享有权利、承担义务。

3. 按份共有人对其应有份额享有权利。在法律或共有协议没有限制的情况下，按份共有人可以要求分出或转让其份额。按份共有人死亡，其继承人有权继承。

（二）按份共有人的权利和义务

1. 按份共有人的权利。

（1）按份共有人有权依份额对共有财产享有占有、使用和收益权。但对共有财产的使用，应由全体共有人协商决定。按份共有人死亡以后，其份额可以作为遗产由继承人继承或受遗赠人获得。

（2）按份共有人有权按照约定管理其共有财产的权利。《物权法》第 96 条规定："共有人按照约定管理共有的不动产或者动产；没有约定或者约定不明确的，各共有人都有管理的权利和义务。"如何管理和利用共有财产，须全体共有人通过约定来确定。

（3）按份共有人享有物权请求权。物权请求权是基于物权而产生，为恢复物权的圆满状态，按份共有人作为物权人的一种，在共有财产遭受侵害或妨害的情况下，也享有物权请求权，包括返还原物请求权，排除妨害请求权和消除危险请求权。

（4）按份共有人有权处分自己的份额。按份共有财产的每个共有人有权要求将自己的份额分出或者转让。共有人转让其份额，不得损害其他共有人的利益，如签订有共有协议，也受到协议约束。

（5）按份共有人享有优先购买权。《物权法》第 101 条规定："按份共有人可以转让其享有的共有的不动产或者动产份额。其他共有人在同等条件下享有优先购买的权利。"为防止某一按份共有人转让其份额造成对其他共有人的损害，共有人出售其份额时，其他共有人在同等条件下，有优先购买的权利。但是共有人对依据共有份额取得的收益的处分，则不存在优先购买权的问题。

（6）全体共有人有权处分共有财产。

 思考

单选题：甲、乙、丙共有一套房屋，甲占 1/2，乙丙各占 1/4。为提高房屋的价值，甲主张将此房的地面铺上木地板，乙表示赞同，但丙反对。下列说法正确的是（　　）。

A. 甲乙丙为共同共有

B. 因甲乙合计已过 2/3，故房屋可以铺木地板

C. 甲乙只能在自己的应有部分上铺木地板

D. 因没有经过全体共有人的同意，甲、乙不得铺木地板

续

> **提示：**《物权法》第 97 条规定："处分共有的不动产或者动产以及对共有的不动产或者动产作重大修缮的，应当经占份额 2/3 以上的按份共有人或者全体共同共有人同意，但共有人之间另有约定的除外。"这就规定了对处分共有财产或对共有财产作重大修缮的程序。处分共有财产，通常是指共有人依据法定的程序将共有物转让或设置抵押等处分行为。对共有财产作重大修缮，则是指对共有物进行重大改良或重大维修。对共有财产的简单修补，不属于重大修缮。因此，本题中，甲、乙、丙的共有属于按份共有，经占份额 2/3 以上的按份共有人同意，即可进行重大修缮。

2. 按份共有人的义务。按份共有人按照各自份额，对共有财产分享权利，同时也要按照各自份额分担义务，按份共有人持有的份额越大，承担因经营共有财产所产生的义务和责任也越大，反之则越少。《物权法》第 98 条规定："对共有物的管理费用以及其他负担，有约定的，按照约定；没有约定或者约定不明确的，按份共有人按照其份额负担，共同共有人共同负担。"比如两人都出资 10 万元购买一台设备做生意，设备被损坏或设备造成他人损失，各共有人可按约定承担责任，如没有约定或约定不明确，就按份额承担责任。

实践一下……

单选题：甲、乙、丙三人各出资 10 万元合建了一栋三层楼房，三人约定该楼房由三人共有，甲居住第一层、乙居住第二层、丙居住第三层。乙由于常年在外地做生意，便打算将其居住的第二层卖给他人，甲、丙得知后，认为甲、乙、丙三人情同手足，关系融洽，如果将第二层卖给他人，极有可能导致住户之间关系难以协调，增加纠纷，因此表示反对。对此，以下说法中正确的是（   ）。

A. 甲、乙、丙三人区分所有该建筑物，乙有权出卖其居住的第二层

B. 甲、乙、丙三人对该楼是按份共有关系，乙有权转让第二层，只不过甲、丙在同等条件下有优先购买权

C. 甲、乙、丙三人对该楼是按份共有关系，乙无权出售其居住的第二层

D. 甲、乙、丙三人对该楼是共同共有关系，乙无权出售其居住的第二层

解答：正确答案为 C。甲、乙、丙三人合建一栋房屋，而不是各自购买一间房，应为按份共有关系，不属于建筑物区分所有权。《物权法》第 101 条规定："按份共有人可以转让其享有的共有的不动产或者动产份额，其他共

续

有人在同等条件下享有优先购买的权利。"也就是说，乙有权转让自己享有的这栋房屋的 1/3 份额，甲、丙有优先购买权，而不是转让自己居住的第二层楼，转让第二层楼属于处分共有物，乙无权处分共有物。您想清楚了吗？

三、共同共有

（一）概念与特征

共同共有是共有的另一种形式。《物权法》第 95 条规定，共同共有人对共有的不动产或者动产共同享有所有权。共同共有是指两个或两个以上的公民或法人，根据某种共同关系而对某项财产不分份额地共同享有权利并承担义务。共同共有的特征是：

1. 共同共有根据共同关系而产生，以共同关系的存在为前提。共同共有根据共同关系而产生，以共同关系的存在为前提。如因夫妻关系、家庭共同劳动而形成的夫妻财产共有关系和家庭财产共有关系。共同共有一般发生在互有特殊身份的当事人之间。

2. 在共同共有中，共有财产不分份额。只要共同共有关系存在，共有人对共有的财产就不划分各人的份额。只有在共同共有关系终止以后，才能确定各共有人的份额，以分割共有财产。这是共同共有与按份共有的主要区别。

3. 在共同共有中，各共有人平等地享受权利和承担义务。在共同共有中，各共有人对整个共有财产享有平等的占有、使用、收益和处分的权利，同时对整个共有财产平等地承担义务。由于共同共有人的权利和义务都是平等的，因此较之于按份共有，共同共有人之间具有更密切的利害关系。

在司法实践中，应正确区分共同共有和按份共有，以利于共有纠纷的处理。根据《物权法》第 103 条规定，共有人对共有的不动产或者动产没有约定为按份共有或者共同共有，或者约定不明确的，除共有人具有家庭关系等外，视为按份共有。

（二）共同共有人的权利和义务

共同共有人对共有财产享有平等的占有、使用权。对共有财产的收益，不是按比例分配，而是共同享用。对共有财产的处分，必须征得全体共有人的同意。在共同共有关系存续期间，部分共有人擅自处分共有财产的，一般应当认定无效。但第三人善意、有偿取得该财产的，应当维护第三人的合法权益，对其他共有人的损失，由擅自处分共有财产的人赔偿。根据法律规定或依据共有人之间的协议，可以由某个共有人代表或代理全体共有人处分共有财产。无权代表或代理的共有人擅自处分共有财产的，如果其他共有人明知而不提出异议，视为同意。

思考

甲、乙结婚后购得房屋一套，仅以甲的名义进行了登记。后甲、乙感情不和，甲擅自将房屋以时价出售给不知情的丙，并办理了房屋所有权变更登记手续。买卖合同效力如何？房屋所有权是否转移？

提示： 依《民通意见》第89条的相关规定，部分共有人擅自处分共有财产的，一般认定无效。另外，依《物权法》第89条和第106条的相关规定，无处分权人将不动产转让给受让人的，如果受让人受让该不动产时是善意，并以合理的价格转让；且该不动产还办理了有权变更登记手续，那么买受人善意取得该不动产所有权。在本题中，共同共有人甲擅自将夫妻共有的房屋处分，买卖合同无效，但不知情的丙仍然可以善意取得该房屋，该房屋所有权已转移。

共同共有人对共有财产共同承担义务。因对共有财产进行维护、保管、改良等所支付的费用由各共有人共同分担。《物权法》第98条规定："对共有物的管理费用以及其他负担，有约定的，按照约定；没有约定或者约定不明确的，按份共有人按照其份额负担，共同共有人共同负担。"

共同共有关系存续期间，各共有人无权请求分割共有财产，部分共有人擅自划分份额并分割共有财产的，应认定为无效。

（三）共同共有的形式

在我国，共同共有的基本形式有三种，即夫妻共有财产、家庭共有财产和继承开始，遗产分割前的共有。

1. 夫妻共有财产。《婚姻法》规定，夫妻在婚姻关系存续期间所得的财产归夫妻共同所有，双方另有约定的除外。夫妻对共同所有的财产，有平等的处理权。所谓婚姻关系存续期间，指从男女双方登记结婚之日起，至双方离婚或一方死亡之日止的期间。

夫妻的婚前财产属于个人所有，不是夫妻共同财产。在婚姻关系存续期间，夫妻一方或双方的劳动所得，夫妻双方继承和受赠的财产，双方用合法收入共同购买的财产，以及难以确定为个人所有还是共有的财产，都是夫妻共有财产。

夫妻在婚姻关系存续期间，对于共有财产享有平等的占有、使用、收益和处分的权利。夫妻双方出卖、赠与属于夫妻共有的财产，应取得一致的意见。夫妻一方明知另一方处分财产而未作否定表示的，视为同意。

2. 家庭共有财产。家庭共有财产是指家庭成员在家庭共同生活关系存续期间，共同创造、共同所得的财产。如家庭成员交给家庭的财产，家庭成员共同受赠的财产，以及在此基础上购置和积累起来的财产等。概言之，家庭共有财产是家庭成员的共同劳动收入和所得。

家庭共有财产以维持家庭成员共同的生活或生产为目的，每个家庭成员都对其享有平等的权利。除法律另有规定或家庭成员间另有约定外，对于家庭共有财产的使用、处分或分割，应取得全体家庭成员的同意。家庭共有财产只有在家庭共同生活关系终止以后，才能进行分割。

家庭共有财产和家庭财产的概念是不同的。家庭财产是指家庭成员共同所有和各自所有的财产的总和，包括家庭成员共同所有的财产、夫妻共有财产和夫妻个人财产、成年子女个人所有的财产、其他家庭成员各自所有的财产等。家庭共有财产则不包括家庭成员各自所有的财产。

3. 继承开始，遗产分割前的共有财产。在被继承人死亡之后，其个人财产将作为遗产进行继承，如果有多个同一顺序的继承人存在时，则在继承开始以后，遗产分割之前，这些继承人对于遗产就是一种共同共有的状态。但是需要注意两个方面的问题：①如果继承人没有分割遗产而维持这种共有关系，则若干年之后，继承人之间的纠纷不是遗产纠纷，而是共有财产的分割问题。且诉讼时效也不受继承纠纷的时效限制。②如果遗产本身在性质上属不宜分割的财产，同时各继承人均愿意按照继承份额保持遗产的共有状况时，则各继承人之间已不再是对于遗产的共同共有关系，而转变成按份共有关系，因为遗产已经分割，只是各继承人同意保持分割后的共有状态而已。

四、共有财产的分割

共有人约定不得分割共有的不动产或者动产，以维持共有关系的，应当按照约定，但共有人有重大理由需要分割的，可以请求分割；没有约定或者约定不明确的，按份共有人可以随时请求分割，共同共有人在共有的基础丧失或者有重大理由需要分割时可以请求分割。因分割对其他共有人造成损害的，应当给予赔偿。

共有人可以通过协议确定分割方式。达不成协议，共有的不动产或者动产可以分割并且不会因分割减损价值的，应当对实物予以分割；难以分割或者因分割会减损价值的，应当对拍卖、变卖等取得的价款予以分割或者折价赔偿。共有人分割所得的不动产或者动产有瑕疵的，其他共有人应当分担损失。根据这条规定，对共有财产的分割可以采取三种方式：协议分割；实物分割；变价分割或作价补偿。共有财产分割以后，共有关系归于消灭。不管是就原物进行分割还是变价分割，各共有人就分得财产取得单独的所有权。

需要注意的是，根据《民通意见》的规定，共同共有的财产分割后，虽然财产转化为个人单独所有，但是其中的一个或者数个原共有人出卖自己分得的财产时，如果出卖的财产与其他原共有人分得的财产属于一个整体或者配套使用，其他原共有人主张优先购买权的，应当予以支持。

五、共有的对外关系

> 《物权法》第102条规定："因共有的不动产或者动产产生的债权债务，在对外关系上，共有人享有连带债权、承担连带债务，但法律另有规定或者第三人知道共有人不具有连带债权债务关系的除外；在共有人内部关系上，除共有人另有约定外，按份共有人按照份额享有债权、承担债务，共同共有人共同享有债权、承担债务。偿还债务超过自己应当承担份额的按份共有人，有权向其他共有人追偿。"

比如：甲、乙、丙按份共有一辆汽车，每人各占 1/3 比例，他们聘请了司机丁从事运输。在某次运输中，因丁的过错致路人小马受到人身伤害。小马可以要求甲、乙、丙承担连带责任。甲、乙、丙中任何一个主体承担责任后，可以要求其他共有人按比例分担责任。

 我要复习！

单选题：红光、金辉、绿叶和彩虹公司分别出资 50 万、20 万、20 万、10 万元建造一栋楼房，约定建成后按投资比例使用，但对楼房管理和所有权归属未作约定。对此，下列说法错误的是（ ）。

A. 该楼发生的管理费用应按投资比例承担

B. 该楼所有权为按份共有

C. 红光公司投资占 50%，有权决定该楼的重大修缮事宜

D. 彩虹公司对其享有的份额有权转让

解答：《物权法》第103条规定："共有人对共有的不动产或者动产没有约定为按份共有或者共同共有，或者约定不明确的，除共有人具有家庭关系等外，视为按份共有。"因此，四家公司按份共有房屋的所有权。《物权法》第98条规定："对共有物的管理费用以及其他负担，有约定的，按照约定；没有约定或者约定不明确的，按份共有人按照其份额负担，共有人共同负担。"因此，四家公司应按投资比例承担管理费。《物权法》第101条规定："按份共有人可以转让其享有的共有的不动产或者动产份额……"因此，彩虹公司对其享有的份额有权转让。《物权法》第97条规定："处分共有的不动

产或者动产以及对共有的不动产或者动产作重大修缮的，应当经占份额 2/3 以上的按份共有人或者全体共同共有人同意，但共有人之间另有约定的除外。"红光公司仅占 50% 的份额，故无权单独决定该楼的重大修缮事项。综上所述，应选 C。

✒ **我的笔记**

_____

_____

_____

_____

_____

_____

_____

_____

_____

_____

_____

_____

_____

_____

第五章　用益物权

 **导　学**

本章须识记用益物权的概念及特征，重点理解我国《物权法》规定的四种用益物权：土地承包经营权、建设用地使用权、宅基地使用权和地役权，区分地役权和相邻关系。

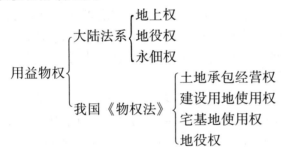

学习内容

按照所有权制度，所有人对其所有物享有独占性的利益。为实现此种利益，所有人有权对所有物进行全面的支配，可根据自己利益需要处分所有物，满足其生产、生活需要；也可根据自己利益需要将所有物交予他人使用以收取使用费；还可以所有物作为担保向他人融通资金，以满足对资金的需求。在后两种情况下，都会形成财产的他主利用关系，即他物权。

依据他物权内容不同，他物权被分为两类，用益物权和担保物权。用益物权是指非所有人对他人所有之物享有占有、使用和收益的权利，以对物的"利用"为中心。大陆法系传统民法中用益物权主要有地上权、地役权、永佃权等；我国《民法通则》中将用益物权划分为国有土地使用权、农村土地承包经营权、宅基地使用权、国有自然资源使用权和采矿权；《物权法》则明确规定我国的用益物权种类包括：土地承包经营权、建设用地使用权、宅基地使用权、地役权。

学习单元一　用益物权概述

一、用益物权的概念与特征

> 《物权法》第117条规定："用益物权人对他人所有的不动产或者动产，依法享有占有、使用和收益的权利。"

用益物权，是以物的使用收益为目的而设立的物权，是指对他人所有的物，在一定范围内使用、收益的定限物权。用益物权具有以下主要特征：

1. 用益物权标的包括动产与不动产。对于用益物权的标的问题，有民法学者认为，用益物权的客体应当只限于不动产，在动产上不能设定用益物权，所谓用益物权实际上就是指不动产用益物权。另有民法学者则主张，用益物权的客体既可以是不动产，也可以是动产，即除了不动产用益物权之外，用益物权还应当包括动产用益物权。我国《物权法》第117条的规定肯定了动产可以成为用益物权的客体，但在《物权法》规定的具体用益物权类型中，却只有四种以不动产为客体的用益物权，即土地承包经营权、建设用地使用权、宅基地使用权和地役权，并没有规定具体的动产用益物权。

2. 用益物权以占有、使用、收益为权利内容。用益物权中的"用益"，强调的是使用和收益，取得物的使用价值，就必须以物的实体上有形支配为前提，只有实际占有支配，用益物权人的用益目的才能实现。这与担保物权强调交换价值，保障债权实现的目的不同。

3. 用益物权是他物权、定限物权。用益物权是对他人之物所享有的占有、使用和收益的权利，是在他人所有物上设定的，是一种他物权。同样，由于用益物权在他人所有物上设定，不具备对他人之物的处分权，所以受到所有权人的限制，是一种定限物权，又称为限制物权。

二、用益物权的种类

（一）大陆法系传统民法中的用益物权

1. 地上权，是直接使用他人土地的权利。地上权是一项具有长期稳定性的他物权。主要表现为以使用他人土地为目的，建造建筑物、其他工作物或种植竹木。

2. 地役权，是指为了自己土地的方便而使用他人土地的权利。如为了耕种自己的土地，需要经过他人土地而取得的通行权。

3. 永佃权，是指权利人通过支付佃租而享有在他人土地上耕作或者畜牧的权利。

（二）我国《物权法》中的用益物权

我国现行《物权法》第三编确认了土地承包经营权、建设用地使用权、宅基地使用权、地役权四种主要的用益物权和准物权。准物权，是指自然人、法人或者其他组织依法享有的对特定空间内的自然资源进行开发和利用的权利，包括：海域使用权、探矿权、采矿权、取水权、养殖权、捕捞权等。

与普通用益物权相比，准物权的特点在于：

1. 权利标的不同。普通用益物权权利标的为不动产、动产，在法律上视为不可消耗物；准物权的标的则是特定空间范围内的自然资源，法律上视为可消耗物。

2. 权利行使的方式不同。普通用益物权，权利人对他人的物占有、使用、收益，而准物权则是有目的的摄取、开发和检测。

3. 权利取得方式不同。普通用益物权通常由当事人自主设定，准物权须依相应的自然资源主管部门行政许可而设定。

4. 权利行使不同。一般来说，法律对普通用益物权限制较少，而准物权由于涉及自然资源的开发和利用，危险性较高，对权利人的资质及权利行使方式，法律往往加以强制性规定。

另外，虽然我国《物权法》的"用益物权"编中并没有明确规定典权，但典权一直是我国传统物权法中一项重要制度，司法实践中对此大都持认可态度。典权，是指典权人支付典价，占有出典人的不动产，而取得使用和收益的权利。也就是不动产所有人将其不动产交与承典人使用和收益，而取得典价的权利、义务关系。占有他人不动产而享有使用收益的一方叫典权人；收取典价而将自己的不动产交给典权人一方叫出典人。典权是不动产物权，其客体为不动产主要有房屋和土地，通常都有一定期限，最长不得超过 30 年。

学习单元二 土地承包经营权

一、土地承包经营权的概念与特征

土地承包经营权，又称农村土地承包经营权，是指农业生产经营者以从事农业生产为目的，对集体所有或国家所有的由农民集体使用的土地进行占有、使用和收益的权利。其特征主要体现在以下方面：

1. 土地承包经营权主体是农业生产经营者。我国《农村土地承包法》规定，农村集体经济组织成员有权依法承包本集体经济组织发包的农村土地。农村土地承包，妇女与男子享有平等的权利。我国允许非集体组织成员的单位或个人承包集体所有的土地，但农民集体所有的土地由本集体经济组织以外的单位或者个人承包经营的，须履行一定的程序，根据我国《土地管理法》和《农村土地承包法》规定，须经本集体经济组织成员的村民会议 2/3 以上成员或者 2/3 以上村民代表的同意，并报乡（镇）人民政府批准。

2. 土地承包经营权客体是集体所有或者国家所有由农民集体使用的农业用地。土地根据用途的不同可分为农用地、建设用地和未利用地。农用地即直接用于农业生产的土地，包括耕地、林地、草地等。

3. 土地承包经营权的目的是从事农业生产。土地承包经营权权利内容必须是以种植业、养殖业等农业生产为目的，包括种植、养殖和畜牧。农业生产经营者应当维持土地的农业用途，不得将土地用于非农建设。

思考

某村民委员会与该村村民王某签订的土地承包合同中约定，王某对该村集体所有的一块 15 亩耕地享有土地承包经营权，张某有权在该土地上开办家具厂，这项约定是否合法，王某能否取得土地承包经营权？

提示：承包的耕地上只能从事农业生产，王某在承包的土地上开办家具厂的约定不符合法律规定，约定不产生物权法上的效力，王某不能取得该耕地的土地承包经营权。

二、土地承包经营权的内容

（一）土地承包经营权人（承包方）的权利、义务

1. 土地承包经营权人的权利。

（1）承包经营人依法享有对承包地占有、使用、收益的权利。对承包地的占有、使用、收益是土地承包权的基础权利，任何组织和个人不得剥夺和侵害。

土地承包权享有较长的承包期，承包期满后可以继续承包。耕地的承包期为 30 年，草地的承包期为 30 ~ 50 年，林地的承包期为 30 ~ 70 年，特殊林木的林地承包期，经国务院林业行政主管部门批准可以延长。承包期届满，由土地承包经营权人按照国家规定继续承包。

（2）自主经营权。从事农业生产的种类、方式等均由承包人按照土地用途自主决定，承包人享有生产经营自主权，只要不改变农业用地，不建造永久性建筑，不影响邻人的经营和种植，发包人和其他任何第三人都无权进行干涉。

（3）依法流转权。允许土地承包经营权合理流转，是农业发展的客观要求，土地承包经营权流转的收益归承包人所有。

（4）承包地被依法征收的，有权依法获得相应补偿。我国《物权法》第 132 条规定，承包地被征收的，土地承包经营权人有权依照本法第 42 条第 2 款

的规定获得相应补偿。《物权法》第 42 条第 2 款规定，征收集体所有的土地，应当依法足额支付土地补偿费、安置补助费、地上附着物和青苗的补偿费等费用，安排被征地农民的社会保障费用，保障被征地农民的生活，维护被征地农民的合法权益。

（5）法律、行政法规规定的其他权利。例如，发包方或其他组织和个人针对承包地收取法律、法规规定以外的费用，或违法进行集资、摊派、罚款等，承包方有权拒绝。

2. 土地承包经营权人的义务。土地承包经营权人在承包经营权关系中，主要承担以下义务：

（1）合理维持土地的农业用途，不得用于非农建设。我国实行土地用途管制制度，严格限制农用地转为建设用地，承包方应维持土地农业用途，未经依法批准，不得将承包地用于非农建设。

（2）依法保护和合理利用土地，不得给土地造成永久性损害。

（3）法律、法规规定的其他义务。例如为充分发挥耕地的效用，避免耕地闲置和浪费，我国法律禁止耕地承包方的抛荒行为。承包经营耕地的单位或者个人连续 2 年弃耕抛荒的，原发包单位应当终止承包合同，收回发包的耕地。

（二）土地承包经营权发包方的权利、义务

1. 土地承包经营权发包方的权利。

（1）监督承包方依照承包合同约定的用途合理利用和保护土地。

（2）制止承包方损害承包地和农业资源的行为。

（3）依法收回发包土地的权利。在特定情况下，发包方可收回承包地：①承包期内，承包方全家迁入设区的市，转为非农业户口的，应当将承包的耕地和草地交回发包方。承包方不交回的，发包方可以收回承包的耕地和草地。②承包方连续 2 年弃耕抛荒的，发包方应当终止承包合同，收回发包的耕地。

（4）在特定情况下调整承包地。《物权法》第 130 条第 2 款规定，因自然灾害严重毁损承包地等特殊情形，需要适当调整承包的耕地和草地的，应当依照农村土地承包法等法律规定办理。《农村土地承包法》第 27 条第 2 款规定，承包期内，因自然灾害严重毁损承包地等特殊情形对个别农户之间承包的耕地和草地需要适当调整的，必须经本集体经济组织成员的村民会议 2/3 以上成员或者 2/3 以上村民代表的同意，并报乡（镇）人民政府和县级人民政府农业等行政主管部门批准。承包合同中约定不得调整的，按照其约定。

2. 发包人的义务。

（1）维护承包方的土地承包经营权，不得非法变更、解除承包合同。

（2）尊重承包方的生产经营自主权，不得干涉承包方依法进行正常的生产经营活动。

(3)依照承包合同约定,为承包方提供生产、技术、信息等服务。

三、土地承包经营权的取得和消灭

(一)土地承包经营权的取得

> 《物权法》第 127 条规定:"土地承包经营权自土地承包经营权合同生效时设立。县级以上地方人民政府应当向土地承包经营权人发放土地承包经营权证、林权证、草原使用权证,并登记造册,确认土地承包经营权。"

土地承包经营权的取得有两种方式:基于法律行为取得和基于法律行为以外的原因取得。前者包括订立土地承包经营权合同取得和订立土地承包经营权流转合同取得;后者主要包括依继承方式取得。

1. 订立土地承包经营合同设定土地承包经营权。

这种取得承包经营的方式,需要当事人以书面合同的形式为之。土地承包经营权从承包经营合同生效之日起成立。

当事人通过土地承包合同设定土地承包经营权是否应当登记,我国《农村土地承包法》未作明确规定,但该法第 22 条规定:"承包合同自成立之日起生效,承包方自承包合同生效时取得土地承包经营权。"这一条说明土地承包经营权的取得不以登记为要件,但为了对土地承包经营权进行确认和管理,该法第 23 条规定,县级以上地方人民政府应当向承包方颁发土地承包经营权证或者林权证等证书,并登记造册,确认土地承包经营权。颁发土地承包经营权证或者林权证等证书,除按规定收取证书工本费外,不得收取其他费用。这说明土地承包经营权的登记仅是一种行政确认行为,不具有一般不动产物权登记生效的性质。以上内容在物权法中得到进一步确认。

记忆表格:	
土地承包经营权	合同生效时设立
建设用地使用权	登记时设立
宅基地使用权	适用土地管理法规定,无须登记,但已经登记的宅基地使用权转让或消灭的,应及时办理变更登记或注销登记
地役权	合同生效时设立,未经登记,不得对抗善意第三人

2. 土地承包经营权流转。

> 《物权法》第128条规定："土地承包经营权人依照农村土地承包法的规定，有权将土地承包经营权采取转包、互换、转让等方式流转。流转的期限不得超过承包期的剩余期限。未经依法批准，不得将承包地用于非农建设。"
>
> 《物权法》第129条规定："土地承包经营权人将土地承包经营权互换、转让，当事人要求登记的，应当向县级以上地方人民政府申请土地承包经营权变更登记；未经登记，不得对抗善意第三人。"

土地承包经营权流转是指土地承包经营权人将土地承包经营权或其中的部分权能转移给他人的行为。土地承包经营权流转不得改变土地所有权性质和土地的农业用途，受让人须具备农业经营能力，在同等条件下，本集体经济组织成员享有优先受让权。

土地承包经营权流转的方式主要有转包、出租、互换和转让。

转包是土地承包经营权人将土地承包经营权以一定期限转给本集体经济组织的成员从事农业生产经营的行为。转包后，原土地承包关系并不改变。受转包方依转包合同的约定从事农业生产经营活动，获取收益，并向转包方支付转包费。转包无须发包方同意，但转包合同需向发包方备案。

出租是指承包方将其承包的土地以一定期限租赁给本集体经济组织以外的人从事农业生产经营的行为。

互换是指同一集体经济组织内部的承包方将各自土地承包经营权进行交换。当事人丧失原土地承包经营权，取得对方的土地承包经营权，双方达成互换合同后，须与发包方变更原土地承包合同。

转让是指土地承包经营权人经发包方同意，将全部或部分土地承包经营权让渡给其他从事农业生产经营的农户，由该农户成为土地承包关系的主体，原承包人退出土地承包关系的行为。

当事人转让或者互换承包经营权的，从转让、互换合同生效时起受让人取得承包经营权，登记不是土地承包经营权转让的生效要件，当事人未进行变更登记的不得对抗善意第三人。

 实践一下……

多选题：关于土地承包经营权的设立，下列表述正确的是（　　　）。

A. 自土地承包经营合同成立时设立

B. 自土地承包经营权合同生效时设立

续

C. 县级以上地方政府在土地承包经营权设立时应当发放土地承包经营权证

D. 县级以上地方政府应当对土地承包经营权登记造册，未经登记造册的，不得对抗善意第三人

解答： 正确答案为 BC。根据《物权法》第 127 条，B、C 选项正确。虽然《物权法》第 129 条规定："土地承包经营权人将土地承包经营权互换、转让，当事人要登记的，应当向县级以上地方人民政府申请土地承包经营权变更登记；未经登记，不得对抗善意第三人。"但《物权法》第 129 条是关于土地承包经营权流转的规定，并不适用于土地承包经营权的设立，而《农村土地承包经营法》第 23 条第 1 款规定所规定的"登记造册"也不是土地承包经营权的设立条件，只是确认土地承包经营权的行政程序，故本题不应选 D。

3. 土地承包经营权的继承。我国《农村土地承包法》对土地承包经营权的继承采取了两种不同的规定：①对于家庭承包的，只有林地承包的承包人死亡，其继承人才可以在承包期内继续承包，而耕地、草地等农用地上的土地承包经营权不能继承。②对于其他方式的承包，比如以个人的名义承包，在承包期内，承包人死亡，继承人可以继承。另外，承包人应得的承包收益，可依照继承法的规定继承。

土地承包经营权通过招标、拍卖、公开协商等方式取得的，该承包人死亡，其应得的承包收益，依照继承法的规定继承；在承包期内，其继承人可以继续承包。

(二) 土地承包经营权的消灭

土地承包经营权消灭的原因主要包括以下几种：

1. 土地承包经营权提前收回。在土地承包经营合同约定的承包期限届满之前，发包人在发生特定事由时将承包地提前收回，使土地承包经营权归于消灭。

2. 土地承包经营权提前交回。承包期内，承包方在特定情况下将承包地交回发包方，其土地承包经营权归于消灭。根据《农村土地承包法》规定，土地承包经营权的提前交回分为两种情形：①在承包期内，承包方全家迁入设区的市，转为非农业户口，应将承包的耕地和草地交回发包方。②承包期内，承包方可自愿将承包地交回发包方，这在性质上属于土地承包经营权的抛弃。承包方自愿交回承包地的，应提前半年以书面形式通知发包方，在承包期内不得再要求承包土地。

3. 土地承包经营权期满未继续承包。

4. 承包地被征收。

5. 承包方死亡无继承人或继承人放弃继承。

学习单元三　建设用地使用权

一、建设用地使用权的概念与特征

建设用地使用权，是指民事主体依法对国家所有的土地享有占有、使用和收益的权利。建设用地使用权是从国家土地所有权中分离出来的一项民事权利，独立于土地所有权而存在。建设用地使用权可以在土地的地表、地上或者地下分别设立。设立的建设用地使用权，不得损害已设立的其他用益物权。根据《物权法》规定，建设用地使用权人依法对国家所有的土地享有占有、使用和收益的权利，有权利用该土地建造建筑物、构筑物及其附属设施。由此可见其特征如下：

1. 建设用地使用权的客体为国家所有的土地，不包括集体所有的农村土地。我国《物权法》第 151 条规定："集体所有的土地作为建设用地的，应当依照土地管理法等法律规定办理。"可见，如果使用集体所有的土地进行建设，比如兴办乡镇企业、村民建造住宅、村内建设公共设施等，并不属于建设用地使用权。

2. 建设用地使用权的目的是建造并保存建筑物或其他工作物。这里的建筑物或其他工作物是指在土地上下建筑的房屋及其他设施，如桥梁、沟渠、铜像、纪念碑、地窖等。

3. 建设用地使用权内容具有限制性。建设用地使用权是以建造并保存建筑物或其他工作物为目的，使用国家所有的土地的用益物权，限于对土地使用权的支配。同时，这种支配有期限限制。

> 《城镇国有土地使用权出让和转让暂行条例》第 12 条规定："土地使用权出让最高年限按下列用途确定：①居住用地 70 年；②工业用地 50 年；③教育、科技、文化、卫生、体育用地 50 年；④商业、旅游、娱乐用地 40 年；⑤综合或者其他用地 50 年。"

二、建设用地使用权的内容

（一）建设用地使用权人的权利

建设用地使用权人对作为权利客体的土地，享有占有、使用、收益的权利，有权依照法律规定和出让合同约定的用途对建设用地进行以建造，经营建筑物、构筑物及其附属设施。以出让方式设立的建设用地使用权，权利人还可以依法处分，根据我国《物权法》第 143 条规定，主要有转让、互换、出资、赠与或抵押。

 建议

学习建设用地使用权流转相关知识，应注意"房随地走"、"地随房走"的规则，我国法律要求建设用地使用权与建筑物所有权一并处分。

《物权法》第 146 条规定："建设用地使用权转让、互换、出资或者赠与的，附着于该土地上的建筑物、构筑物及其附属设施一并处分。"第 147 条规定："建筑物、构筑物及其附属设施转让、互换、出资或者赠与的，该建筑物、构筑物及其附属设施占用范围内的建设用地使用权一并处分。"

抵押建设用地使用权应符合《物权法》第 182 条规定："以建筑物抵押的，该建筑物占用范围内的建设用地使用权一并抵押。以建设用地使用权抵押的，该土地上的建筑物一并抵押。抵押人未依照前款规定一并抵押的，未抵押的财产视为一并抵押。"

但值得注意的是，《物权法》第 200 条规定："建设用地使用权抵押后，该土地上新增的建筑物不属于抵押财产。该建设用地使用权实现抵押权时，应当将该土地上新增的建筑物与建设用地使用权一并处分，但新增建筑物所得的价款，抵押权人无权优先受偿。"

（二）建设用地使用权人的义务

1. 支付出让金等费用。《物权法》第 141 条规定："建设用地使用权人应当依照法律规定以及合同约定支付出让金等费用。"

2. 合理使用土地。建设用地使用权人必须按照出让合同规定的方式加以利用，未经有关主管机关许可不得改变土地用途，否则国家可以无偿收回土地使用权。

3. 不得闲置土地。1 年内未开发的收取不高于土地出让金 20% 的闲置金；连续两年闲置土地的无偿收回土地。

4. 在建设用地使用权消灭后恢复土地原状。

三、建设用地使用权的设立

出让与划拨是设立建设用地使用权的两种基本方式。我国实行国有土地有偿使用制度，划拨适用有严格限制。

（一）出让

1. 概念与特点。以出让的方式设立建设用地使用权，是指国家以土地所有人身份将建设用地使用权在一定期限内出让给土地使用人，并由土地使用人向国家支付土地使用权出让金的行为。与划拨相比，出让有以下特点：①交易性。与划拨带有行政性不同，出让是国家作为土地所有权人与土地使用人间的交易行为，须以书面合同形式完成。②有偿性。交易性决定了出让的有偿性，土地使用人取得建设用地使用权须缴纳土地出让金。③期限性。以出让取得建设用地使用权均有期限限制。

2. 建设用地使用权出让的方式。

> 《物权法》第 137 条第 2 款规定：“工业、商业、旅游、娱乐和商品住宅等经营性用地以及同一土地有两个以上意向用地者的，应当采取招标、拍卖等公开竞价的方式出让。”

土地使用权出让主要有种方式，即协议、招标、拍卖和挂牌。

协议出让，即国家以协议方式将建设用地使用权在一定年限内出让给土地使用者，由土地使用者向国家支付出让金的行为。协议的方式由于没有引入竞争机制，相对缺乏公开性，容易导致暗箱操作，造成土地资源收益的流失。为了防止协议出让土地时可能滋生的腐败行为，严格土地出让秩序，土地管理法规定，采取协议方式出让土地使用权的出让金不得低于按国家规定确定的最低价，并对协议方式出让土地的范围予以严格限制。

招标，是指出让人发布招标公告，邀请特定或不特定的自然人、法人和其他组织参加建设用地使用权投标，根据投标结果确定建设用地使用权人的行为。如果在获取较高土地出让金外，还具有其他综合性目标或某些特殊要求，采取招标的方式比较适合。

拍卖出让，是指出让人发布拍卖公告，由出让人在指定时间、地点以公开竞价的形式将建设用地使用权出让给最高应价者的行为。如对于土地使用者、用途均无特殊要求，单纯以最大限度获取土地出让金为目的，最适合采取拍卖的方式。

挂牌出让，是出让人发布挂牌公告，按公告规定的期限将拟出让土地交易条件在指定的土地交易场挂牌公布，接受竞买人报价申请并更新挂牌价格，根据挂牌期限截止时的出价结果确定建设用地使用权人的行为。挂牌方式可以说是土地主管部门将拍卖和招标的特点相结合创设的一项土地出让制度。

建设用地使用权有偿出让的方式中招标、拍卖和挂牌都属于公开竞价方式，协议是出让人和建设用地使用权人通过协商方式有偿出让土地使用权，属于非公开竞价方式。我国土地制度正在改革阶段，也许今后还会出现一些新的公开竞价的出让方式，因此，物权法对公开竞价方式虽然只列举了拍卖和招标两种，但并不表明出让土地时不能采取挂牌或者其他公开竞价的方式。

（二）划拨

1. 概念与特点。建设用地使用权的划拨，是县级以上人民政府依相关法律规定的权限和审批程序，将国有土地无偿交付给符合法律规定条件的土地使用者使用，土地使用者因此取得建设用地使用权的行为。与出让不同，划拨是国家为维护国家利益和社会公共利益需要，依严格法律程序授予用地者土地使用权，本质是非市场化的建设用地使用权设定方式。

建设用地使用权划拨具有如下特点：

（1）公益目的性。以划拨方式设立建设用地使用权必须以公益为目的，如国防、基础设施建设等。

（2）无偿性。国家将土地划拨给土地使用权人，土地使用权人无须向国家支付土地出让金。

（3）无期限性。建设用地使用权的划拨没有最高年限的限制，这是由以划拨方式设立建设用地使用权公益性所决定的。

（4）限制流通性。以划拨方式设立建设用地使用权，原则上不得进入市场进行交易。如需转让房地产时，应按照国务院规定，报有批准权人民政府审批。有批准权人民政府准予转让的，应由受让方办理建设用地使用权出让手续，并依国家有关规定缴纳土地出让金。

2. 适用范围。我国对以划拨方式设立建设用地使用权的适用范围予以严格限制。采取划拨方式的，应当遵守法律、行政法规关于土地用途的规定。

《物权法》第 137 条第 3 款明确规定："严格限制以划拨方式设立建设用地使用权。采取划拨方式的，应当遵守法律、行政法规关于土地用途的规定。"《土地管理法》第 54 条规定："建设单位使用国有土地，应当以出让等有偿使用方式取得；但是，下列建设用地，经县级以上人民政府依法批准，可以以划拨方式取得：①国家机关用地和军事用地；②城市基础设施用地和公益事业用地；③国家重点扶持的能源、交通、水利等基础设施用地；④法律、行政法规规定的其他用地。"

（三）建设用地使用权的登记

我国《物权法》第 139 条规定："设立建设用地使用权的，应当向登记机构申请建设用地使用权登记。建设用地使用权自登记时设立。登记机构应当向建设用地使用权人发放建设用地使用权证书。"由此可见，我国对建设用地使用权设定采取登记要件主义，只有完成建设用地使用权登记，才发生建设用地使用权设定的效果。

四、建设用地使用权的消灭

（一）消灭事由

依现行法规则，建设用地使用权消灭的事由主要包括：

1. 存续期限届满。以划拨方式取得的建设用地使用权没有期限的限制。而以出让方式取得的建设用地使用权有最高期限的限制，实际使用年限，在最高年限内，由出让方和受让方双方商定。

期限届满后，住宅建设用地使用权期间届满的，自动续期。非住宅建设用地使用权期间届满后的续期，依照法律规定办理。该土地上的房屋及其他不动产的归属，有约定的，按照约定；没有约定或者约定不明确的，依照法律、行政法规的规定办理。也就是说对于非住宅建设用地使用权的续期，地上建筑物的归属等物权法并没有予以规范，而是将其留给了《土地管理法》等其他法律加以解决。

2. 国家因公共利益征收土地。《物权法》第148条规定："建设用地使用权期间届满前，因公共利益需要提前收回该土地的，应当依照本法第42条的规定对该土地上的房屋及其他不动产给予补偿，并退还相应的出让金。"

3. 土地灭失。

4. 建设用地使用权被收回。在以下两种情况下建设用地使用权被土地所有权人收回：①建设用地使用权人违反按照约定用途使用土地的义务，经所有权人请求停止仍不停止，或已经造成土地永久性损害的，土地所有权人可收回建设用地使用权。②建设用地使用权人未按合同约定开发土地达一定程度（满2年未动工开发），国家可无偿收回建设用地使用权。

5. 其他消灭事由。建设用地使用权还可因权利人抛弃等消灭。

（二）建设用地使用权消灭的法律后果

建设用地使用权消灭的法律后果，主要涉及土地上房屋及其他不动产的处理。对此，《物权法》确立了以下规则：

1. 因公共利益需要提前收回土地，应对土地上的房屋及其他不动产给予补偿，并退还相应土地出让金。

2. 建设用地使用权期满未续期的，根据《物权法》第149条第2款规定，非住宅建设用地使用权期间届满后的续期，依照法律规定办理。该土地上的房屋及其他不动产的归属，有约定的，按照约定；没有约定或者约定不明确的，依照法律、行政法规的规定办理。

学习单元四　宅基地使用权

一、宅基地使用权的概念与特征

宅基地使用权是以建造住宅及附属设施为目的，对于集体所有的土地而享有的占有、使用的排他性权利。《物权法》第152条规定："宅基地使用权人依法对集体所有的土地享有占有和使用的权利，有权依法利用该土地建造住宅及其附属设施。"宅基地使用权具有以下特征：

1. 宅基地使用权的主体具有特定性。原则上限于符合条件的本集体经济组织内部的成员享有宅基地使用权。

2. 宅基地使用权的客体是本集体所有的非农业用地。

3. 宅基地使用权的内容是依法建造、保有个人住宅及附属设施，对其占有、使用和收益的权利。

4. 宅基地使用权须经合法手续取得。农村居民取得宅基地使用权，必须有完备合法的手续。城镇居民建造房屋需要宅基地的，须向所在地的土地管理部门申请，经批准后方能取得。

5. 宅基地使用权没有期限限制，初始取得具有无偿性。

二、宅基地的取得

目前，我国农村宅基地使用权的取得，先由准备建房的农户向本集体经济组织提出用地申请，集体经济组织经过讨论，如果同意，将申请递交乡（镇）人民政府，由乡（镇）人民政府进行审核，报送县级人民政府批准。县级人民政府依法对农户申请进行审批，符合条件的，予以批准，县级人民政府批准后，农村集体经济组织向宅基地申请者无偿提供宅基地使用权，村民一户只能拥有一处宅基地，面积不得超过规定的标准。有学者指出，此种行政许可模式构建宅基地使用权设立的程序，与物权法法理不合。

三、宅基地使用权的效力

（一）宅基地使用权人的权利

1. 权利人有权在宅基地上建造房屋和其他附属物。

2. 权利人有权有限制的处分宅基地使用权。《物权法》第153条规定："宅基地使用权的取得、行使和转让，适用土地管理法等法律和国家有关规定。"宅基地使用权的流转受到严格限制。只能在本集体经济组织成员之间流转，而且受让人必须具备申请宅基地的条件。

（二）宅基地使用权人的主要义务

1. 宅基地使用权人必须按照批准的用途使用宅基地。根据宅基地使用权的目的，宅基地使用权人必须在批划的宅基地上建造房屋，不得擅自改变宅基地的用途，更不能买卖、出租或以其他形式非法转让宅基地。另外，宅基地使用权人必须在规定的期限内在宅基地上建造房屋，否则土地所有权人有权收回宅基地使用权。

2. 宅基地使用权人必须按照批准的面积建造房屋。宅基地使用权人不能采取任何非法手段多占土地作为宅基地。如果宅基地使用权人多占土地的，将按照非法占用土地追究法律责任。

3. 宅基地使用权人要服从国家、集体统一规划。因国家、集体统一规划需要变更宅基地时，宅基地使用权人不得阻挠，但是因变更宅基地给使用权人造成困难或损失时，应依法给予补偿。

学习单元五　地役权

思考

　　某郊区中学为方便师生乘坐地铁，与相邻研究院约定，学校人员有权借研究院道路通行，每年支付人民币 1 万元。据此，学校享有的是相邻关系？建设用地使用权？宅基地使用权？还是地役权？

　　通过下面的学习，您会明白，学校享有的是用益物权中的地役权。

一、地役权的概念和特征

地役权是指为自己土地的便利而使用他人土地的权利。为自己便利而使用他人的土地，称需役地，供他人土地便利而使用的土地，称供役地。享有地役权的人称为地役权人。供役地权利人则称为供役地人。

地役权的特征在于：

1. 地役权原则上是存在于土地上的用益物权。

2. 地役权是为需役地的便利而设定的用益物权。设定地役权的目的在于为自己土地的使用提供便利，以增加自己土地的效用，提高利用价值。

3. 地役权具有从属性。即地役权不得与需役地使用权或供役地使用权分离而单独存在。地役权作为从权利不得独立于需役地而单独转让或者抵押；需役地所有权或者使用权发生转移或抵押的，地役权随之转移、抵押。

> 《物权法》第 164 条规定："地役权不得单独转让。土地承包经营权、建设用地使用权等转让的，地役权一并转让，但合同另有约定的除外。"
>
> 第 165 条规定："地役权不得单独抵押。土地承包经营权、建设用地使用权等抵押的，在实现抵押权时，地役权一并转让。"

4. 地役权具有不可分性。地役权的不可分性，指地役权存在于需役地与供役地的全部，不得分割为各个部分或仅为一部分而存在。地役权是为需役地便利而设的，在地役权设定目的范围内，自然须利用供役地的全部，否则无法达到目的。例如，在供役地上设定通行地役权后，必须完全通行，才存在所谓的便利。如果供役地分割为三部分，由甲、乙、丙分别取得，各得通行1/3，则便利目的自然无法达到。不可分性旨在确保地役权的设定目的，为各国民法普遍承认。

> 我国《物权法》第166条规定："需役地以及需役地上的土地承包经营权、建设用地使用权部分转让时，转让部分涉及地役权的，受让人同时享有地役权。"
>
> 第167条规定："供役地以及供役地上的土地承包经营权、建设用地使用权部分转让时，转让部分涉及地役权的，地役权对受让人具有约束力。"

二、地役权与相邻关系

地役权是为自己土地便利而利用他人土地的权利；相邻关系是相邻不动产所有人和使用人间对不动产进行使用时，彼此间给予便利或接受限制而发生的权利义务关系。两者既有联系也有区别。相同之处主要表现在三个方面：

1. 产生原因主要都为调和不动产利用过程中的冲突。

2. 在权利内容方面有重合，比如往往都涉及通行、排水、通风、采光等问题。

3. 法律救济途径上都属于物权范畴。

但两者在本质上存在差异，其区别主要体现在：

	地役权	相邻关系
性质	用益物权	所有权制度的一部分
产生根据与限度	地役权合同（约定权利），限度自治，较大	法律直接规定（法定权利），最低限度的调整
调整范围	不一定相邻，需役地与供役地	相互毗邻的不动产所有人或使用人之间
有无对价	既可以有偿，也可以无偿	无偿
存续期限	一般有固定期限	一般无固定期限

1. 权利的性质不同。相邻权不是一种单独的物权，而是所有权的延伸和扩展，是所有权权能的体现。也正因为如此，《物权法》把第七章"相邻关系"规定在第二编"所有权"中。而地役权则是土地所有人使用别人土地的权利，属于他物权。《物权法》第三编"用益物权"中的第十四章设定了"地役权"制度，这也表明地役权是一种独立的用益物权。

2. 产生的根据与限度不同。相邻关系是基于法律的直接规定产生，一方合理行使自己的所有权，不得侵犯他人的权利，也可排除他人的不当妨害，这是所有权行使中的应有之义，是法律对邻近不动产人之间关系的一种最小限度的调节，比如，不得在楼梯间堆放杂物堵塞通道。地役权则是根据需役地人与供役地人自愿达成的协议而产生的，是地役权人通过利用他人的不动产而使自己的不动产获得更大的效益。

3. 调整范围不同。相邻关系必须发生在相互毗邻的不动产所有人或使用人之间，而地役权无此限制。

4. 有无对价不同。由于相邻权是法律直接规定的，故不涉及是否有偿问题。而地役权是合同约定的，地役权是否有偿，主要取决于当事人在地役权合同中的约定。如果是有偿的，就应当明确约定费用的数额以及支付的方式。

5. 期限不同。地役权通过合同，可设定期限，相邻关系一般无固定期限。

 建议

　　学习时，认真识记内容，您会发现，后三点区别可以说正是由前两点区别所引申出来的。正是因为地役权是用益物权，通过当事人之间订立合同，充分实现意思自治后进行约定，所以地役权内容十分广泛，想怎么约定就怎么约定，也无需发生在相互毗邻的不动产之间，可以有偿，也可以无偿，当然，既然限制了供役地权利人的权利，一般都是需要需役地的权利人给予补偿的，而且既然是通过约定设立，必然大都有期限限制。而相邻关系是所有权应有之旨，由法律直接规定，就只能是最低限度的保障，范围不宜过大，只能发生在毗邻不动产权利人之间，法律直接保障的权利无需支付对价，而且没有期限限制。

　　您能举出地役权和相邻关系的例子吗？

_____

_____

_____

三、地役权的取得

（一）地役权设立

　　《物权法》第158条规定："地役权自地役权合同生效时设立。当事人要求登记的，可以向登记机构申请地役权登记；未经登记，不得对抗善意第三人。"

1. 地役权合同。设定地役权合同是书面要式合同。我国《物权法》第157条第1款规定："设立地役权，当事人应当采取书面形式订立地役权合同。"

2. 登记作为地役权的对抗要件。地役权从设立地役权的合同生效时设立，但是未经登记的不得对抗善意第三人。

（二）地役权转让

由于地役权的从属性，地役权不得单独转让，但是转让需役地权利的，地役权一并转让，包括继承在内。

> 《物权法》第166条规定："需役地以及需役地上的土地承包经营权、建设用地使用权部分转让时，转让部分涉及地役权的，受让人同时享有地役权。"
>
> 第167条规定："供役地以及供役地上的土地承包经营权、建设用地使用权部分转让时，转让部分涉及地役权的，地役权对受让人具有约束力。"

 思考

甲公司在离海不远的地方建了一座酒店，在酒店上端的旋转餐厅就餐可以很好的欣赏海景。乙公司取得了酒店与大海之间的土地的建设用地使用权，甲公司担心乙公司修建高层建筑，会妨害旋转餐厅客人的视野，遂与乙公司约定，乙公司8年内不修建15米以上的建筑，甲公司每年向乙公司支付15万元，双方签订了书面形式的合同，但未进行登记。问：甲公司是否享有地役权？如果乙公司将该土地的建设用地使用权转让给不知情的丙公司，甲公司是否可禁止丙公司建高楼？

提示：甲公司享有地役权。甲公司的地役权没有登记，不具有对抗效力，甲公司无权禁止丙公司建高楼。

四、地役权的效力

（一）地役权人的权利

1. 对供役地的使用权。我国《物权法》第159条规定："供役地权利人应当按照合同约定，允许地役权人利用其土地，不得妨害地役权人行使权利。"

2. 从事附属行为的权利。地役权人为实现其权利，可在供役地上为必要的附属行为。例如地役权人与供役地权利人约定，可在供役地范围内取水，那么，供役地权利人应容忍地役权人从供役地上必要的通行。

3. 设置附属设施的权利。地役权人为实现其权利，可在供役地上修建一些必要的附属设施。例如取水可在供役地上修建水泵等。附属设施可由地役权人自行修建，也可由地役权人与供役地人共同修建，双方协商确定出资比例和管理方式。

（二）地役权人的义务

1. 合理使用并支付费用。

2. 补偿义务。地役权人因其行使地役权的行为对供役地造成变动、损害的，应当在事后恢复原状并补偿损害。

3. 维护设置并对供役地权利人合理使用设置的容忍。地役权人对于为行使地役权而在供役地修建的设施，如电线、管道、道路，应当注意维修，以免供役地人因其设施损坏而受到损害。另外，如无特殊约定，地役权人在不妨碍自己便利使用的前提下，应允许供役地权利人合理使用自己设置的工作物。

五、地役权的消灭

地役权是一种不动产物权，不动产物权的一般消灭原因，当然适用于地役权。以下是地役权消灭的几项特殊原因：

1. 需役地或供役地灭失。

2. 地役权目的事实已不能实现。

3. 供役地人依法解除地役权合同。

> 《物权法》第 168 条规定："地役权人有下列情形之一的，供役地权利人有权解除地役权合同，地役权消灭：①违反法律规定或者合同约定，滥用地役权；②有偿利用供役地，约定的付款期间届满后在合理期限内经两次催告未支付费用。"

4. 存续期间的届满或其他预定事由的发生。如果地役权设有期限的，那么期届满的地役权归于消灭；设定地役权的合同若附有解除条件的，条件成就时地役权也归于消灭。

 我要复习!

不定项选择题：红星公司紧挨城市主干道，南门旁边是很多路公交车的车站。红星公司的院墙长方形，院墙外围是一条公路，但是比较狭窄，且年久失修。化工研究院坐落在红星公司的北面，研究院的车辆和职工往返于单位和公交车站之间，只能绕行红星公司院外公路走，颇不方便。根据以上情况，回答下列问题：

1. 研究院专门开会讨论解决通行问题，会上提出了如下意见，其中正确的是（　　）。

A. 根据法律关于相邻关系的规定，研究院的车辆可以直接穿越红星公司至主干道

B. 研究院可以与市政府签订地役权，市政府作为土地所有权人的代表有权自主决定设立地役权

C. 研究院可以与红星公司签订地役权合同，取得通行权

D. 如果研究院取得地役权，必须向红星公司支付费用

2. 后研究院经与红星公司协商，签订了一份地役权合同，约定研究院拥有的车辆、员工可以从红星公司北门经红星公司厂区内南北大道后出南门，进入城市主干道和公交车站，研究院每年 7 月 1 日向红星公司支付 300 万元费用。合同未对其他细节进行约定，双方也未办理地役权登记，则（   ）。

A. 地役权自合同生效时设立

B. 因年久失修，红星公司厂区内南北大道上有一个坑，研究院有权将其填平

C. 如研究院的客户需要穿越红星公司厂区进入研究院，红星公司应当允许

D. 如研究院在某年的 7 月 1 日未能按时支付费用，红星公司有权径行解除合同，消灭地役权

解答： 1. C；2. AB。

提示： 相邻关系里的通行权有一个重要条件，即"必须"，也就是说最低限度的权利保障，这里研究院可以从马路上走，因而不能以相邻关系要求从红星公司内通行。《物权法》第 163 条规定："土地上已设立土地承包经营权、建设用地使用权、宅基地使用权等权利的，未经用益物权人同意，土地所有权人不得设立地役权。"地役权可以是有偿的，也可以是无偿的。有偿利用供役地，约定的付款期间届满后在合理期限内经两次催告未支付费用的，供役地权利人才可解除合同，消灭地役权。

📓 **我的笔记**

_____

_____

_____

_____

第六章　担保物权

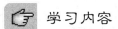 导　学

担保物权 {
1. 担保物权概述（担保物权的概念特征）
2. 抵押权（抵押权的概念特征、抵押权的设定、抵押权的效力、
　　抵押担保物权的实现、最高额抵押、浮动抵押）
3. 质权（质权概述、动产质权、权利质权）
4. 留置权（留置权的概念特征、留置权的成立条件、留置权的效力）
}

学习内容

学习单元一　担保物权概述

一、担保物权的概念与特征

担保物权是指以确保债权的清偿为目的，在债务人或第三人特定的财产或权利上所设立，当债务人不履行到期债务或者发生当事人约定实现担保物权的情形时，依法享有就担保财产优先受偿的权利。

以担保物权发生的原因为标准，担保物权可以分为约定担保物权和法定担保物权。抵押权和质权属于约定的担保物权，而留置权则是法定的担保物权。

担保物权具有如下特征：

1. 担保物权以确保债务的履行为目的。担保物权的设立，是为了保证主债务的履行，使得债权人对于担保财产享有优先受偿权，所以担保物权是对主债权效力的加强和补充。

2. 担保物权具有从属性。担保物权的从属性，指担保物权以主债权成立为前提，随主债权的转移而转移，并随主债权的消灭而消灭，具有成立、转移、

消灭上的从属性。《物权法》第 172 条规定，担保合同是主债权债务合同的从合同。主债权债务合同无效，担保合同无效，但法律另有规定的除外。

此外，我国《物权法》第 202 条规定，抵押人应当在主债权诉讼时效期间行使抵押权，未行使的，人民法院不予保护。但是，《担保法解释》第 10 条规定，担保物权在主债权诉讼时效届满之日起两年内不行使的，担保物权消灭。《物权法》的规定和《担保法解释》第 10 条的规定不一致，依据后法优于先法的原则，因为物权法对质权、留置权的行使期间没有规定，所以对抵押权应适用《物权法》第 202 条的规定，但对质权、留置权则应适用《担保法解释》第 10 条的规定。

 实践一下……

单选题：甲乙均为生产性企业，甲向乙借款 20 万元，并以自己的厂房设定抵押，下列表述正确的是（   ）。

A. 甲与乙之间的借款合同有效，抵押合同因办理登记而有效

B. 甲与乙之间的借款合同有效，抵押合同因未办理登记而无效

C. 甲与乙之间的借款合同无效，抵押合同无论是否办理登记均无效

D. 甲与乙之间的借款合同无效，但抵押合同办理了抵押登记而有效

解答：本题答案为 C。本题涉及对抵押权的从属性问题的理解。主债权无效，抵押权无效。担保合同是主债权债务合同的从合同，主债权债务合同无效，担保合同无效。本题中，甲与乙均为生产性企业，其借款行为违反金融法规，是无效民事行为。故不论抵押合同是否办理了抵押登记，均无效。

同时，需要注意的是：担保合同和担保物权是两个不同的法律问题：担保物权是物权内容，因此应符合物权法相关规定，如果以厂房设定抵押，担保物权须登记生效。而担保合同则是债权内容，由债权人和保证人签订，意思表示一致即可成立，一般也可生效，是否登记并不是合同生效要考虑的内容。

3. 担保物权具有不可分性。

《物权法》第 175 条规定："第三人提供担保，未经其书面同意，债权人允许债务人转移全部或者部分债务的，担保人不再承担相应的担保责任。"

担保物权的不可分性是指，担保物权所担保的债权的债权人得就担保物的全部行使其权利。这体现为债权一部分消灭，债权人仍就未清偿部分的债权对担保物全部行使权利；担保物一部分灭失，残存部分仍担保债权全部。分期履

行的债权，当已届履行期的部分未履行时，债权人就全部担保物享有优先受偿权。担保物权设定后，担保物价格上涨，债务人无权要求减少担保物，反之，担保物价格下跌，债务人也无提供补充担保的义务。主债务被分割或者部分转让的，抵押人仍以其抵押物担保数个债务人履行债务。但是，第三人提供抵押的，债权人许可债务人转让债务未经抵押人书面同意的，抵押人对未经其同意转让的债务，不再承担担保责任。

由于第三人提供担保责任，往往是基于对债务人的资产和信誉的信任。而在债务转移的情况下，新的债务人的履行能力并不确定，如果要求担保人继续就转移出去的债务承担责任，对担保人是不公平的。因此法律规定，在债务转移的情况下，只有征得担保人的书面同意，才可以要求担保人继续承担担保责任。当然，担保人仍应当对未转让部分的债务承担担保责任。而且此条规定的范围仅限于第三人提供担保的情形，如果是债务人自己提供的担保，则不适用《物权法》第175条的规定。

4. 担保物权具有物上代位性。《物权法》第174条规定了担保物权的物上代位性：担保期间，担保财产毁损、灭失或者被征收等，担保物权人可以就获得的保险金、赔偿金或者补偿金等优先受偿。被担保债权的履行期未届满的，也可以提存该保险金、赔偿金或者补偿金等。

二、担保合同

担保合同是担保权人和担保人之间为明确权利义务关系，担保债务的履行而订立的协议。

（一）担保合同中禁止流质条款

流质条款即当事人双方在设立担保合同时约定，当债务人不履行债务时，由债权人取得担保物所有权。直接在合同中约定不履行债务，所有权即转移的流质条款不利于双方当事人利益的实现与平衡，不利于保护债务人的利益。流质条款无效，但流质条款的无效并不影响担保合同其他内容的效力。

（二）担保合同无效及其法律后果

1. 主合同有效，担保合同因自身原因而无效时担保人的责任。债权人无过错时，担保人和债务人对主合同债权人的损失承担连带赔偿责任。债权人、担保人有过错时，担保人承担民事责任部分，不超过债务人不能清偿部分的1/2。

2. 主合同无效导致担保合同无效时担保人的责任。担保人无过错的，担保人不承担民事责任；担保人有过错的，担保人承担民事责任的部分，不超过债务人不能清偿部分的1/3。

三、担保物权的范围

关于担保物权的范围,《物权法》第 173 条规定,担保物权的担保范围包括主债权及其利息、违约金、损害赔偿金、保管担保财产和实现担保物权的费用。当事人另有约定的,按照约定。

四、担保物权的消灭

出现下列情形时,担保物权消灭:

1. 主债权消灭。主债权消灭,作为从权利的担保物权即终止,这是由于担保物权的从属性决定的。

2. 担保物权实现。无论债权是否得到全部清偿,只要已经实现了担保物权,担保物权就消灭。

3. 债权人放弃担保物权。债权人放弃担保物权,实际上是债权人抛弃物权。物权一旦抛弃,其权利消灭。

4. 法律规定担保物权消灭的其他情形。如担保物灭失且没有代位物存在的情形下,担保物权消灭。另外就质权及留置权来说,如果丧失了标的物的占有,则权利消灭。

学习单元二   抵押权

一、抵押权概述

抵押权是指债权人对于债务人或者第三人不移转占有而提供担保的财产,在债务人不履行债务或者发生当事人约定的实现抵押权的情形时,可就该财产折价或者就拍卖、变卖该财产所得价款优先受偿的权利。抵押权具有以下特征:

1. 抵押权是一种担保物权,是以确保债务的履行为目的的担保物权,具有从属性、不可分性和物上代位性。

2. 抵押权是不移转标的物占有的担保物权。是否移转标的物的占有是抵押权与质权的重要区别。由于抵押权的设定不需要移转占有,因此,抵押权的设定不能采用占有移转的公示方法,而必须采用登记或其他方法进行公示。

3. 抵押的标的物为债务人或者第三人提供的不动产、动产或权利。

4. 抵押权是以抵押财产的变价优先受偿的权利。即当债务人不履行债务时,债权人有权依照法律规定以抵押财产折价或者以拍卖、变卖该财产所得价款优先于其他债权人而受偿。这种优先受偿不是指在债务人不履行债务时直接移转抵押物的所有权,而是指在债务人不履行债务时,将抵押物变价,使抵押权人享有优先于其他债权人就抵押物变价后的价值的受偿权。

二、抵押权的设定

（一）抵押合同

抵押权的设定应当由双方当事人签订抵押合同。抵押合同应当采用书面形式，内容包括：被担保的主债权种类、数额；债务人履行债务的期限；抵押物的名称、数量、质量、状况、所在地、所有权权属或者使用权权属；抵押担保的范围；当事人认为需要约定的其他事项。抵押合同不具备上述内容的，可以由当事人补正。

当事人在债务履行期届满前，不得与抵押人约定债务人不履行到期债务时，抵押财产归债权人所有。如抵押合同有此条款，则该条款无效，即"流质条款无效"。流质条款无效不影响抵押合同其他条款的效力。比如，甲、乙订立借款合同一份，作如下约定：甲借给乙 20 万元，乙交付给甲家传翡翠手镯作担保，3 年后乙归还本金，甲归还该手镯，如乙无力还款，则该手镯归甲所有。甲、乙之间关于"如乙无力还款，则该手镯归甲所有"的约定就属于流质条款，流质条款无效，但并不影响抵押合同其他条款的效力。

（二）抵押当事人

抵押当事人包括抵押人和抵押权人。抵押权人就是指债权人，因为抵押权是担保主债权而存在的，所以只有被担保的主债权中的债权人才能成为抵押权人。抵押人即抵押财产的所有人，既可能是债务人，也可能是第三人。由于设定抵押权在性质上属于处分财产的行为，因此抵押人必须对设定抵押的财产享有所有权或处分权。

（三）抵押财产

1. 抵押财产条件。抵押财产是抵押权的标的物，是指抵押人用以设定抵押权的财产。抵押财产应满足以下条件：

（1）抵押物必须是可以转让的物，凡是法律禁止流通或强制执行的财产不得作为抵押物。

（2）抵押标的物必须特定。如果抵押标的物没有约定或者约定不明的，当事人可以对抵押合同进行补正。无法补正的，抵押合同不成立。

（3）抵押权设定前为抵押物的从物的，抵押权的效力及于抵押物的从物。但是，抵押物与其从物为两个以上的人分别所有时，抵押权的效力不及于抵押物的从物。

（4）抵押物因附合、混合或者加工使抵押物的所有权为第三人所有的，抵押权的效力及于补偿金；抵押物所有人为附合物、混合物或者加工物的所有人的，抵押权的效力及于附合物、混合物或者加工物；第三人与抵押物所有人为附合物、混合物或者加工物的共有人的，抵押权的效力及于抵押人对共有物享有的份额。

（5）在共有关系中就共同财产设定抵押，法律有特别规定：如果是按份共有，则按份共有人可以就其共有财产中享有的份额设定抵押；如果是共同共有，共同共有人应当征得其他共有人的同意才能设定抵押，否则抵押无效，如其他共有人知道或者应当知道而未提出异议的视为同意。

2. 可以抵押的财产范围。

> 《物权法》第180条规定："债务人或者第三人有权处分的下列财产可以抵押：①建筑物和其他土地附着物；②建设用地使用权；③以招标、拍卖、公开协商等方式取得的荒地等土地承包经营权；④生产设备、原材料、半成品、产品；⑤正在建造的建筑物、船舶、航空器；⑥交通运输工具；⑦法律、行政法规未禁止抵押的其他财产。抵押人可以将前款所列财产一并抵押。"

《物权法》第180条规定了可以用以抵押的财产范围：

（1）建筑物和其他土地附着物。土地附着物包括尚未与土地分离的农作物，但当事人以农作物和与其尚未分离的土地使用权同时抵押的，土地使用权部分的抵押无效。因为种植农作物的土地属于耕地的范畴，根据法律规定，属于不可以抵押的财产。

（2）建设用地使用权。对于建筑物和建设用地使用权的抵押，结合《物权法》第182条的规定，要注意几点：①以建筑物抵押的，该建筑物占用范围内的建设用地使用权同时抵押。以建设用地使用权抵押的，应当将抵押时该国有土地上的房屋同时抵押。即"地随房走，房随地走，房地一体"。即使抵押人未依照前款规定一并抵押的，未抵押的财产视为一并抵押。②如果以城市房地产设定抵押的，土地上新增的房屋不属于抵押物。抵押权实现时，可以依法将该土地上新增的房屋与抵押物一同变价，但对新增房屋的变价所得，抵押权人无权优先受偿。③集体所有的土地使用权不得单独抵押。以乡镇、村企业的厂房等建筑物抵押的，其占用范围内的土地使用权一并抵押。

（3）以招标、拍卖、公开协商等方式取得的荒地等土地承包经营权。

（4）生产设备、原材料、半成品、产品。此类动产既可以作为一般的动产抵押的标的物，还可以作为浮动抵押的标的物。

（5）正在建造的建筑物、船舶、航空器。另外，《担保法解释》第47条规定，依法获准尚未建造的或者正在建造中的房屋或者其他建筑物也属于可以抵押的标的物。

（6）交通运输工具。

（7）法律、行政法规未禁止抵押的其他财产。

另外法律还特别规定，抵押人可以将前面 7 项内容的财产一并抵押。

3. 不得用于抵押的财产范围。

> 《物权法》第 184 条规定："下列财产不得抵押：①土地所有权；②耕地、宅基地、自留地、自留山等集体所有的土地使用权，但法律规定可以抵押的除外；③学校、幼儿园、医院等以公益为目的的事业单位、社会团体的教育设施、医疗卫生设施和其他社会公益设施；④所有权、使用权不明或者有争议的财产；⑤依法被查封、扣押、监管的财产；⑥法律、行政法规规定不得抵押的其他财产。"

根据《物权法》第 184 条的规定，不得抵押的财产有：

（1）土地所有权。

（2）耕地、宅基地、自留地、自留山等集体所有的土地使用权，但是法律规定可以抵押的除外。这里的例外有两处：①以招标、拍卖、公开协商等方式取得的荒地等土地承包经营权可以抵押。②乡镇、村企业的建设用地使用权不得单独抵押。以乡镇、村企业的厂房等建筑物抵押的，其占用范围内的建设用地使用权一并抵押。故只能"地随房走"，不能"房随地走"，而且以这两种财产进行抵押的，在实现抵押权后，未经法定程序不得改变土地集体所有和土地用途。

（3）学校、幼儿园、医院等以公益为目的的事业单位、社会团体的教育设施、医疗卫生设施和其他社会公益设施。但是根据《担保法解释》的规定，如果学校、幼儿园、医院等以公益为目的的事业单位、社会团体，以其教育设施、医疗卫生设施和其他社会公益设施以外的财产为自身债务设定抵押的，人民法院可以认定抵押有效。

（4）所有权、使用权不明或者有争议的财产。所有权、使用权不明或者有争议，无法确定是否有处分权，因此不得抵押。

（5）依法被查封、扣押、监管的财产。但是已经设定抵押的财产被采取查封、扣押等财产保全或者执行措施的，不影响抵押权的效力。

（6）法律、行政法规规定不得抵押的其他财产。如以法定程序确认为违法、违章的建筑物。

三、抵押权的登记

抵押物登记的效力有两种情形：

1. 登记是抵押权的生效条件。《物权法》规定，如果以建筑物和其他土地附着物，建设用地使用权，以招标、拍卖、公开协商等方式取得的荒地等土地承包经营权，正在建造的建筑物这四种财产设定抵押的，应当办理抵押登记，抵押权自登记之日起设立。

> **注意：**①登记只是与抵押权的成立有关，与抵押合同的生效无关。因此抵押合同原则上自成立时生效。②抵押物登记记载的内容与抵押合同约定的内容不一致的，以登记记载的内容为准。

2. 登记具有对抗善意第三人的效力。当事人以《物权法》第180条规定的生产设备、原材料、半成品、产品，正在建造的船舶、航空器，交通运输工具设定抵押，抵押权自抵押合同生效时设立。未经登记，不得对抗善意第三人。因此对这些财产是否进行抵押登记，完全由当事人决定。只是如果没有登记，不能对抗善意第三人。

另外，根据《物权法》第181条和第189条规定，经当事人书面协议，企业、个体工商户、农业生产经营者可以将现有的以及将有的生产设备、原材料、半成品、产品抵押，债务人不履行到期债务或者发生当事人约定的实现抵押权的情形时，债权人有权就实现抵押权时的动产优先受偿。以这些动产抵押的，应当向抵押人住所地的工商行政管理部门办理登记。抵押权同样自抵押合同生效时设立；未经登记，不得对抗善意第三人。

 建议

记忆小窍门：

登记生效，主要是不动产：土地（使用权）＋房子（其他土地附着物）

登记对抗，主要是动产：动产＋交通运输工具（建造中和成品）

登记生效	(1) 建筑物和其他土地附着物； (2) 建设用地使用权； (3) 以招标、拍卖、公开协商等方式取得的荒地等土地承包经营权； (4) 正在建造的建筑物。
登记对抗	(1) 生产设备、原材料、半成品、产品； (2) 正在建造的船舶、航空器； (3) 交通运输工具。

思考

甲向乙借款 10 万元，双方约定，将甲的汽车抵押给乙，签订了书面抵押合同，但未办理登记。到期后因甲无力还款而引起纠纷。甲现有 10 万元，但还有债权人丙，欠丙 5 万元，亦已到期，抵押权是否生效？乙、丙的债权应如何受偿？

提示： 抵押权生效，但不具有对抗第三人的效力；乙、丙的债权按比例清偿。

实践一下……

1. 单选题： 甲公司向乙银行借款 500 万元，以其闲置的一处办公用房作担保。乙银行正好缺乏办公场所，于是与甲公司商定，由甲公司以此办公用房为乙银行设立担保物权。随后，甲公司向乙银行交付了办公用房。借款到期后，甲公司未能偿还，乙银行主张对办公用房行使优先受偿的权利。下列选项正确的是（　　）。

A. 乙银行有权这样做，因其对标的物享有抵押权

B. 乙银行有权这样做，因其对标的物享有质权

C. 乙银行有权这样做，因其对标的物享有同时履行抗辩权

D. 乙银行无权这样做，因其与甲公司之间的约定不能设定担保物权

解答： 甲公司向乙银行借款 500 万元，以其闲置的一处办公用房作担保的担保物权公示方法为登记，即在办公用房上设立抵押权以办理不动产抵押登记为设立要件。而甲公司虽与乙银行商定在办公用房上设立担保物权，并将该办公用房交付乙银行占有，但由于未办理登记所以抵押权并未设立，因此乙银行对该办公用房不享有担保物权，在借款到期，甲公司未能归还借款的情况下，乙公司亦无权对该办公用房优先受偿。本题正确答案为 D。

2. 多选题： 某房屋登记簿上所有权人为甲，但乙认为该房屋应当归乙所有，遂申请仲裁。仲裁裁决争议房屋归乙所有，但裁决书生效后甲、乙未办理变更登记手续。一月后，乙将该房屋抵押给丙银行，签订了书面合同，但未办理抵押登记。对此，下列说法正确的有（　　）。

A. 房屋应归甲所有　　　　　　B. 房屋应归乙所有

C. 抵押合同有效　　　　　　　D. 抵押权未成立

续

> **解答：** 本题答案为 BCD。
>
> **提示：** 大家还记得前面所有权部分的知识吧，《物权法》第 28 条规定："因人民法院、仲裁委员会的法律文书或者人民政府的征收决定等，导致物权设立、变更、转让或者消灭的，自法律文书或者人民政府的征收决定等生效时发生效力。"因此，仲裁裁决争议房归乙所有且裁决书生效后，房屋所有权即属于乙，应选 B。

四、抵押权的效力

抵押权的效力主要体现为抵押关系当事人的权利义务：

（一）抵押人的权利义务

1. 抵押人的权利。

（1）抵押物的占有权。抵押设定以后，除法律和合同另有约定以外，抵押人有权继续占有抵押物，并有权取得抵押物的孳息。因此原则上抵押权的效力不及于抵押物的孳息。但是，根据《物权法》第 197 条规定，债务人不履行到期债务或者发生当事人约定的实现抵押权的情形，致使抵押财产被人民法院依法扣押的，自扣押之日起抵押权人有权收取该抵押财产的天然孳息或者法定孳息，但抵押权人未通知应当清偿法定孳息的义务人的除外。

（2）抵押人对抵押物的收益权。

> 《物权法》第 190 条规定："订立抵押合同前抵押财产已出租的，原租赁关系不受该抵押权的影响。抵押权设立后抵押财产出租的，该租赁关系不得对抗已登记的抵押权。"

抵押权设定以后，由于抵押物仍然归抵押人占有，因此抵押人有权将抵押物出租。这里需要注意抵押权与租赁合同之间的关系：

第一，如果租赁在先，抵押在后，租赁合同在有效期内对抵押物的受让人继续有效。

第二，如果抵押权设定在先，租赁合同成立在后。则在抵押权实现时，租赁合同不得对抗已经登记的抵押权。当然，如果抵押权没有登记，则即使租赁合同在后，租赁合同仍得对抗抵押权。如果租赁权不得对抗抵押权，则承租人与抵押人的关系，按照下列规则处理：抵押人将已抵押的财产出租时，如果抵押人未书面告知承租人该财产已抵押的，抵押人对出租抵押物造成承租人的损失承担赔偿责任；如果抵押人已书面告知承租人该财产已抵押的，抵押权实现造成承租人的损失，由承租人自己承担。

（3）抵押人对抵押物的处分权。

> 《物权法》第191条规定："抵押期间，抵押人经抵押权人同意转让抵押财产的，应当将转让所得的价款向抵押权人提前清偿债务或者提存。转让的价款超过债权数额的部分归抵押人所有，不足部分由债务人清偿。抵押期间，抵押人未经抵押权人同意，不得转让抵押财产，但受让人代为清偿债务消灭抵押权的除外。"

抵押设定以后，抵押人并不丧失对抵押物的所有权，抵押人有权将抵押物转让给他人，但抵押人处分财产的权利受到如下限制：

第一，根据《物权法》规定，抵押期间，抵押人经抵押权人同意转让抵押财产的，应当将转让所得的价款向抵押权人提前清偿债务或者提存。转让的价款超过债权数额的部分归抵押人所有，不足部分由债务人清偿。抵押期间，抵押人未经抵押权人同意，不得转让抵押财产，但受让人代为清偿债务消灭抵押权的除外。从这条规定来看，抵押财产的转让是以抵押权人的同意为条件的。因此《担保法解释》第67条的规定因为与之抵触而无效。

第二，如果抵押物未经登记的，则抵押权不能对抗善意第三人。因此给抵押权人造成损失的，由抵押人承担赔偿责任。

第三，抵押物依法被继承或者赠与的，抵押权不受影响。

（4）抵押人对抵押物设定多项抵押的权利。抵押人可以就同一抵押物设定多个抵押权。在同一抵押物上有数个抵押权时，各个抵押权人应按照法律规定的顺序行使抵押权。

2. 抵押人的义务。抵押人的主要义务是妥善保管抵押物。在抵押期间，抵押人继续占有抵押物，故抵押人负保管义务，并应采取必要措施防止抵押物的毁损灭失和价值减少。

根据《物权法》第193条规定，抵押人的行为足以使抵押财产价值减少的，抵押权人有权要求抵押人停止其行为。抵押财产价值减少的，抵押权人有权要求恢复抵押财产的价值，或者提供与减少的价值相应的担保。抵押人不恢复抵押财产的价值也不提供担保的，抵押权人有权要求债务人提前清偿债务。需要注意的是：本条规定的情形是以抵押人有过错为前提的，如果抵押人没有过错但抵押物价值减少，则抵押权人并无增加担保或者要求提前清偿的权利。

（二）抵押权人的权利

1. 保全抵押物。在抵押期间，抵押权人虽未实际占有抵押物，但法律为了抵押权人的利益，赋予其保全抵押物的权利。如果抵押物受到抵押人或第三人的侵害，抵押权人有权要求停止侵害、恢复原状、赔偿损失。如果因抵押人的行为使抵押物价值减少，抵押权人有权要求抵押人恢复抵押物的价值，或者提供与减少的价值相当的担保。

2. 放弃抵押权、放弃或者变更抵押权的顺位。《物权法》第194条规定，抵押权人可以放弃抵押权或者抵押权的顺位。抵押权人与抵押人可以协议变更抵押权顺位以及被担保的债权数额等内容，但抵押权的变更，未经其他抵押权人书面同意，不得对其他抵押权人产生不利影响。债务人以自己的财产设定抵押，抵押权人放弃该抵押权、抵押权顺位或者变更抵押权的，其他担保人在抵押权人丧失优先受偿权益的范围内免除担保责任，但其他担保人承诺仍然提供担保的除外。对于本条内容，应当注意几点：①抵押权的变更是以不侵犯其他抵押权的权利为前提的，如果会侵犯其他抵押权人权利的，应当征得其他抵押权人的书面同意。②如果以债务人的财产设定的抵押，则抵押权人放弃或变更抵押权的，其他担保人在丧失权益的范围内免除担保责任，除非其他担保人继续承诺承担责任。

3. 优先受偿权。在债务人不履行债务时，抵押权人有权以抵押财产折价或者以拍卖、变卖抵押物的价款优先于普通债权人受偿。抵押物折价或者拍卖、变卖该抵押物的价款不足清偿债权的，不足清偿的部分由债务人按普通债权清偿。

五、抵押权的实现

所谓抵押权的实现，是指抵押物所担保的债权已到清偿期而债务人未履行债务时，抵押权人可以行使抵押权，以抵押物的价值优先受偿。

1. 抵押权的实现方式。

《物权法》第195条第1款规定："债务人不履行到期债务或者发生当事人约定的实现抵押权的情形，抵押权人可以与抵押人协议以抵押财产折价或者以拍卖、变卖该抵押财产所得的价款优先受偿。协议损害其他债权人利益的，其他债权人可以在知道或者应当知道撤销事由之日起1年内请求人民法院撤销该协议。"

根据此条规定，实现抵押权的方式有协议折价、拍卖和变卖多种方式。需要注意的是，如果以协议折价方式实现抵押权的，不得损害其他抵押权人的利益。协议损害其他债权人利益的，其他债权人享有撤销权，债权人的撤销权应当在知道或者应当知道撤销事由之日起1年内行使。

2. 多个物权并存时的清偿顺序。如果在同一物上并存数个抵押权或并存数个担保物权，会产生优先受偿权的顺位问题。关于优先受偿权位序，采取法定主义，由法律明确规定。

如果同一财产向两个以上债权人抵押的，拍卖、变卖抵押物所得的价款按照以下规定清偿：

（1）抵押权已登记的，按照登记的先后顺序清偿；顺序相同的，按照债权比例清偿。如果当事人同一天在不同的法定登记部门办理抵押物登记的，视为顺序相同。因登记部门的原因导致抵押物进行了连续登记的，以第一次登记的时间为准确定抵押顺序。

（2）抵押权已登记的先于未登记的受偿。

（3）抵押权均未登记的，按照债权比例清偿。

（4）顺序在后的抵押权所担保的债权先到期的，抵押权人只能就抵押物价值超出顺序在先的抵押担保债权的部分受偿。

当抵押权与其他物权并存时，也存在顺位问题：

（1）抵押权与质权并存。同一财产法定登记的抵押权与质权并存时，抵押权人优先于质权人受偿。

（2）抵押权与留置权并存。同一财产抵押权与留置权并存时，留置权人优先于抵押权人受偿。

> **记忆口诀**：留置权 > 登记的抵押权 > 质权 > 未登记的抵押权

如果债权人放弃债务人提供的抵押担保的，其他抵押人可以请求人民法院免除其应当承担的担保责任。抵押人承担担保责任后，可以向债务人追偿。

 实践一下⋯⋯

单选题：同升公司以一套价值100万元的设备作为抵押，向甲借款10万元，未办理抵押登记手续。同升公司又向乙借款80万元，以该套设备作为抵押，并办理了抵押登记手续。同升公司欠丙货款20万元，将该套设备出质给丙。丙不小心损坏了该套设备送丁修理，因欠丁5万元修理费，该套设备被丁留置。关于甲、乙、丙、丁对该套设备享有的担保物权的清偿顺序，排列正确的是（　　）。

A. 甲乙丙丁　　　　　　　　B. 乙丙丁甲

C. 丙丁甲乙　　　　　　　　D. 丁乙丙甲

解答：本题答案为 D。

3. 抵押权实现的期限。抵押权是用来担保债权的，因此当抵押权所担保的债权诉讼时效已经过，如何处理担保物权的法律效力就成为一个问题。根据

《物权法》第 202 条的规定，抵押权人应当在主债权诉讼时效期间行使抵押权；未行使的，人民法院不予保护。

六、最高额抵押

> 《物权法》第 203 条规定："为担保债务的履行，债务人或者第三人对一定期间内将要连续发生的债权提供担保财产的，债务人不履行到期债务或者发生当事人约定的实现抵押权的情形，抵押权人有权在最高债权额限度内就该担保财产优先受偿。最高额抵押权设立前已经存在的债权，经当事人同意，可以转入最高额抵押担保的债权范围。"

最高额抵押指为担保债务的履行，债务人或者第三人对一定期间内将要连续发生的债权提供担保财产，债务人不履行到期债务或者发生当事人约定的实现抵押权的情形时，抵押权人有权在最高债权额限度内就该担保财产优先受偿的情形。最高额抵押具有如下特征：

1. 最高额抵押是为将来发生的债权作担保。一般抵押必须先有债权，然后才能设定抵押权。债权不存在，抵押权也不存在，这是担保物权的从属性决定的。但最高额抵押权设定不以债权的已经存在为前提，而是对将来发生的债作担保。根据《物权法》规定，最高额抵押权设立前已经存在的债权，经当事人同意，可以转入最高额抵押担保的债权范围。

2. 担保债权的不特定性。一般抵押所担保的债权都是特定的，即债权类型特定、债权数额特定。但最高额抵押担保的债权则不特定，即将来的债权是否发生、债权类型是什么、债权额多少，均不确定。最高额抵押只有到决算期时，才能确定担保的债权。

3. 担保债权具有最高限额。

> 《物权法》第 204 条规定："最高额抵押担保的债权确定前，部分债权转让的，最高额抵押权不得转让，但当事人另有约定的除外。"

一般抵押在设定时债权已经确定，故不存在限额问题。最高额抵押在担保设定时债权不确定，但抵押物特定，抵押物价值确定。因此对抵押所担保的未来债权应当设定最高限额，以保护债权人和抵押人的利益。根据《物权法》规定，最高额抵押担保的债权确定前，部分债权转让的，最高额抵押权不得转让，但当事人另有约定的除外。

思考

甲公司经营副食品销售，长期从乙食品公司进货，双方在 3 月 1 日约定：甲乙之间年底结算货款，甲以其门面房在 100 万元的限度内为其欠乙公司的货款提供最高额抵押，12 月 31 日为债权确定日。双方办理了抵押登记，但没有就其他细节作出约定。问：

1. 假设乙公司打算在当年 7 月 1 日将其对甲公司债权中的一部分即 30 万元转让给丙公司，此行为是否合法？最高额抵押权是否随之转让？

提示：乙公司此时可以转让债权，但最高额抵押权不得转让。

2. 8 月 1 日，甲又将该门面房抵押给自然人丙，从丙处借款 50 万元，年底归还，双方办理了抵押登记。而由于进货量激增，9 月 1 日，甲乙双方决定调整最高债权额至 150 万元，12 月 31 日，甲乙确定的实际债权数额为 200 万元。甲无力偿还乙丙的到期债务，乙丙行使抵押权将甲的门面房拍卖，得价款 180 万元。则乙可以分得多少？

提示：本题涉及最高额抵押担保的债权确定前，抵押权人与抵押人变更协议的处理办法，请继续往下学习，您将得到正确解答。

3. 假设双方没有约定债权确定日期，则发生下列哪些情况时，最高额抵押所担保的债权确定？

A. 乙公司转产经营化工材料，不再与甲公司有业务往来

B. 因为违法经营，甲公司的门面房被查封

C. 两年后的 3 月份，乙公司请求确认债权

D. 一年后的 3 月份，甲公司请求确认债权

提示：本题涉及最高额抵押中债权数额的确定，同样需要您往下学习。

4. 对一定期限内连续发生的债权作担保。

《物权法》第 205 条规定："最高额抵押担保的债权确定前，抵押权人与抵押人可以通过协议变更债权确定的期间、债权范围以及最高债权额，但变更的内容不得对其他抵押权人产生不利影响。"

最高额抵押是对一定期限内连续发生的债权作担保，它适用于连续发生的债权法律关系，不适用于发生一个独立债权的情况。最高额抵押所担保的债权主要为连续发生的借款合同和商品交易合同。最高额抵押担保的债权确定前，抵押权人与抵押人可以通过协议变更债权确定的期间、债权范围以及最高债权额，但变更的内容不得对其他抵押权人产生不利影响。因此，上述思考题第 2

题中，乙可以分得 130 万。

最高额抵押的实现，必须具备两个条件：①抵押权担保的债权数额已确定；②债权已到履行期。故当事人除规定决算期外，还应当规定债的履行期限。但就最高额抵押而言，债权数额的确定是其中的主要问题。

根据《物权法》第 206 条的规定，抵押权人的债权在下列情况下确定：①约定的债权确定期间届满；②没有约定债权确定期间或者约定不明确，抵押权人或者抵押人自最高额抵押权设立之日起满 2 年后请求确定债权；③新的债权不可能发生；④抵押财产被查封、扣押；⑤债务人、抵押人被宣告破产或者被撤销；⑥法律规定债权确定的其他情形。因此，上述思考题第 3 题应选择 ABC。

抵押权人实现最高额抵押权时，如果实际发生的债权余额高于最高限额的，以最高限额为限，超过部分不具有优先受偿的效力；如果实际发生的债权余额低于最高限额的，以实际发生的债权余额为限对抵押物优先受偿。

七、浮动抵押

> 《物权法》第 181 条规定："经当事人书面协议，企业、个体工商户、农业生产经营者可以将现有的以及将有的生产设备、原材料、半成品、产品抵押，债务人不履行到期债务或者发生当事人约定的实现抵押权的情形，债权人有权就实现抵押权时的动产优先受偿。"
>
> 《物权法》第 189 条第 1 款规定："企业、个体工商户、农业生产经营者以本法第 181 条规定的动产抵押的，应当向抵押人住所地的工商行政管理部门办理登记。抵押权自抵押合同生效时设立；未经登记，不得对抗善意第三人。"

所谓浮动抵押，就是指商主体以自己现有的以及将来拥有的动产抵押，在债务人不履行债务时，债权人有权就约定实现抵押权时的动产优先受偿的抵押制度。

浮动抵押的抵押人只能是商主体，根据《物权法》的规定，只有企业、个体工商户和农业生产经营者才能成为抵押人，设定浮动抵押。

浮动抵押是就现有的或者将有的动产设定的抵押。浮动抵押的财产可以是现有的财产，也可以是将有的财产，但只能是动产，不动产上没有浮动抵押的设立。

浮动抵押采登记对抗主义。抵押权在抵押合同生效时设立，而非以登记为设立要件。但是如果没有办理登记，则不得对抗善意第三人。办理浮动抵押登记的机构是抵押人住所地的工商行政管理部门。

实践一下……

单选题：个体工商户甲将其现有的以及将有的生产设备、原材料、半成品、产品一并抵押给乙银行，但未办理抵押登记。抵押期间，甲未经乙同意以合理价格将一台生产设备出卖给丙。后甲不能向乙履行到期债务。对此，下列选项正确的是（　　）。

A. 该抵押权因抵押物不特定而不能成立

B. 该抵押权因未办理抵押登记而不能成立

C. 该抵押权虽已成立但不能对抗善意第三人

D. 乙有权对丙从甲处购买的生产设备行使抵押权

解答：本题答案为 C。

浮动抵押存在抵押财产的最后确定问题。《物权法》第 196 条规定，浮动抵押的抵押财产在下列情形之一发生时确定：①债务履行期届满，债权未实现；②抵押人被宣告破产或者被撤销；③当事人约定的实现抵押权的情形；④严重影响债权实现的其他情形。

学习单元三　质　权

一、质权概述

所谓质权，指债务人或者第三人将其动产或权利移交债权人占有，将该财产作为债的担保，当债务人不履行债务时或者发生当事人约定的实现抵押权的情形，债权人有权依法就该财产折价或拍卖、变卖所得优先受偿的权利。

作为担保物权，质权同样具备担保物权的特征，即从属性、不可分性、物上代位性。但与抵押权相比，还有自身的特点：

1. 质权分为动产质权和权利质权，用于质押的标的物可以是动产或者权利，不包括不动产。抵押的标的物既可以是动产也可以是不动产。

2. 质权的设定必须移转占有；抵押权的设定不要求移转抵押物的占有。

3. 由于质权移转标的物的占有，因此质权人虽然享有对标的物的所有权，但不能直接对质押物进行占有、使用、收益；抵押权的设定不要求移转占有，因此抵押人可以继续对抵押物占有、使用、收益。

二、动产质权

《物权法》第 208 条第 1 款规定："为担保债务的履行，债务人或者第三人将其动产出质给债权人占有的，债务人不履行到期债务或者发生当事人约定的实现质权的情形，债权人有权就该动产优先受偿。"

动产质权，是以动产作为标的物的担保。

（一）动产质权的设立

1. 出质人和质权人应当以书面形式订立质押合同。质押合同的内容应当包括如下条款：被担保的主债权种类、数额；债务人履行债务的期限；质物的名称、数量、质量、状况；质押担保的范围；质物移交的时间；当事人认为需要认定的其他事项。质押合同不完全具备上述内容时，当事人可以事后补正。

2. 移转动产的占有。动产质权，仅有质押合同的生效并不能发生质权，只有出质人将出质的动产移交给债权人占有，质权才能成立。在质押期间，质权人也必须控制质押物的占有。对于标的物的移转占有要注意以下几点：

（1）根据《物权法》的规定，标的物的占有移转是质权设立的条件，但不是质押合同的生效条件。

（2）出质人代质权人占有质物的，质权没有设立。债务人或者第三人未按合同约定的时间移交质物的，质权不能成立。但债权人可以要求质押合同的相对人承担违约责任。

（3）因不可归责于质权人的事由而丧失对质物的占有，质权人可以向不当占有人请求停止侵害、恢复原状、返还质物。

（4）出质人以间接占有的财产出质的，书面通知送达占有人时视为移交。占有人收到出质通知后，仍接受出质人的指示处分出质财产的，处分行为无效。

（5）质押合同中对质押的财产约定不明，或者约定的出质财产与实际移交的财产不一致的，以实际交付占有的财产为准。

实践一下……

单选题：甲向乙借款，并约定将自己的奥迪车出质给乙，乙因自己不会开车，要求甲将该车开回。后甲向丙借款，又将该车出质给丙。丙对该车进行了占有。因甲无力还款而引起纠纷。乙、丙均欲行使对该车的质权。下列表述正确的是（   ）。

A. 甲与丙之间的质押合同无效

B. 甲与乙之间的质押权有效

续

C. 乙可依法对抗丙的质权

D. 乙对抗丙的质权人民法院不予支持

解答：答案为 D。本题涉及质押的生效问题。甲与乙之间虽然签订了质押合同，但乙放弃了质物的占有，故乙的质权未生效。甲与丙之间签订了质押合同，且交付了质物的占有，故丙对该汽车享有质权。

3. 流质条款无效。和抵押合同一样，质权人在债务履行期届满前，不得与出质人约定债务人不履行到期债务时质押财产归债权人所有。如有这样的条款，则该条款无效，但该条款无效不影响质押合同其他部分的效力。

根据《物权法》规定，出质人与质权人可以协议设立最高额质权。最高额质权除适用动产质权的有关规定外，参照最高额抵押权的规定。

（二）动产质权的标的物

动产质权的标的物必须具备下列条件：①可让与性。法律禁止流通的物，不能作为质权的标的。②特定化。动产质权的标的物必须特定化。③出质人有处分权。但出质人以其不具有所有权但合法占有的动产出质的，法律保护善意质权人的权利。善意质权人行使质权给动产所有人造成损失的，由出质人承担赔偿责任。

 思考

甲与乙签订一份汽车租赁合同，在租赁期间内，乙因向丙借钱，将该汽车质押给丙，后甲、乙、丙之间发生纠纷。乙是否有权将租赁物汽车出质给丙？丙是否享有质权？如果丙行使了质权，给甲造成损害，应由谁赔偿？

提示：乙无权将租赁物出质给丙；丙作为善意第三人，可因善意而对该租赁物享有质权。善意质权人丙行使质权给动产所有人甲造成损失，由出质人乙承担赔偿责任。

动产质权的效力及于质物的从物。但是从物未随同质物移交质权人占有的，质权的效力不及于从物。

（三）动产质权的效力

1. 动产质权对出质人的效力。

（1）动产出质后，出质人仍享有质物的所有权，但其处分权受到限制。

《物权法》第 214 条规定："质权人在质权存续期间，未经出质人同意，擅自使用、处分质押财产，给出质人造成损害的，应当承担赔偿责任。"

（2）债务履行期届满，出质人请求质权人及时行使权利，而质权人怠于行使权利致使质物价格下跌的，由此造成的损失，质权人应当承担赔偿责任。

2. 动产质权对于质权人的效力。

（1）占有质物。对质物的占有，既是质权的成立要件，也是质权的存续要件。在债权得到清偿以前，质权人有权占有质物。质权人负有妥善保管质押财产的义务，因保管不善致使质押财产毁损、灭失的，应当承担赔偿责任。质权人在质权存续期间，未经出质人同意，擅自使用、处分质押财产，给出质人造成损害的，应当承担赔偿责任。

（2）收取质物的孳息。如果在质押合同中当事人没有特别约定质物的孳息收取，则质权人有权收取质物所生的孳息。质权人收取孳息，并非取得孳息所有权，而是将孳息作为质权标的。

 实践一下……

多选题：甲向乙借款，将自己所有的受孕母牛出质于乙，质押期间，母牛产下牛犊。对于该牛犊下列表述正确的是（　　　）。

A. 牛犊所有权归甲享有

B. 牛犊所有权归乙享有

C. 甲可基于牛犊所有权享有牛犊占有返还请求权

D. 甲对牛犊虽享有所有权，但不享有牛犊占有返还请求权

解答：答案为 AD。本题涉及质押期间质物所生孳息的权属问题。在质押期间，质物所生孳息，质权人享有收取权，但质物所生孳息的所有权仍为出质人享有，但由于因质权人享有收取权，质物的孳息与质物处于同等的地位，出质人的所有权受质权的限制，而不享有占有返还请求权。

（3）转质。转质，就是质权人在债权存续期间，为了对自己的债务提供担保，在该质物上设定新的质权，而将质物移转占有给第三人。经过同意的转质，称为承诺转质，承诺转质只能在原质权担保的债权范围内设定，超过的部分不具有优先受偿的效力。转质权的效力优先于原质权。未经同意的转质成为责任转质。未经同意的转质，质权人对因转质而发生的损害承担赔偿责任。

《物权法》第 214 条规定："质权人在质权存续期间，未经出质人同意，擅自使用、处分质押财产，给出质人造成损害的，应当承担赔偿责任。"

思考

　　甲向乙借款，将自己的奥迪车出质给乙，乙又擅自将该车转质给丙，丙因违章驾驶该车造成该车灭失，为此引起纠纷，问：乙是否有权将该车转质？损失应由谁承担？

　　提示：乙未经出质人同意，无权转质。造成的损失，应由乙承担赔偿责任。

　　（4）因不能归责于质权人的事由可能使质押财产毁损或者价值明显减少，足以危害质权人权利的，质权人有权要求出质人提供相应的担保；出质人不提供的，质权人可以拍卖、变卖质押财产，并与出质人通过协议将拍卖、变卖所得的价款提前清偿债务或者提存。

　　（5）债务履行期届满质权人未受清偿的，质权人可以一直占有质物，并以质物的全部价值行使权利。债务人履行债务或者出质人提前清偿所担保的债权的，质权人应当返还质押财产。

　　（6）质权人可以放弃质权。债务人以自己的财产出质，质权人放弃该质权的，其他担保人在质权人丧失优先受偿权益的范围内免除担保责任，但其他担保人承诺仍然提供担保的除外。

　　（7）优先受偿权。质权人有权就质物卖得的价金优先受偿，从而实现其债权。

建议

　　例解动产质权重难点：

　　王某向张某借钱，以自己新买的一台笔记本电脑提供质押担保，双方签订了书面合同，过了几天张某把笔记本电脑取走。双方还约定，张某可以用该笔记本电脑练习打字，但是不能上网。

　　那么，质押合同从成立时生效，质权须自王某向张某交付电脑时才成立。如果质权人将质物返还于出质人后，以其质权对抗第三人的，人民法院不予支持。

　　如果张某用该电脑上网中了病毒，系统瘫痪，应当承担赔偿责任。因为质权人在质权存续期间，未经出质人同意，擅自使用、处分质押财产，给出质人造成损害的，应当承担赔偿责任。

　　如果王某交付给张某的电脑是范某的，王某并不享有所有权，张某并不

续

> 知情，仍能成立质权，如果给范某造成损失，由王某承担赔偿责任。因为动产质权适用善意取得制度，即出质人以其不具有所有权但合法占有的动产出质的，不知出质人无处分权的质权人行使质权后，因此给动产所有人造成损失的，由出质人承担赔偿责任。

三、权利质权

权利质权指以可转让的权利为标的物的质权。权利质权本身未作特殊规定的，应适用动产质权的有关规定。

（一）权利质权的标的

能够作为权利质权标的的权利应当具备下列条件：①必须是财产权；②必须是可以让与的权利。设定权利质权的目的在于就该权利受偿，因此如果权利不能让与，则不能设定权利质权。

> 《物权法》第223条规定："债务人或者第三人有权处分的下列权利可以出质：①汇票、支票、本票；②债券、存款单；③仓单、提单；④可以转让的基金份额、股权；⑤可以转让的注册商标专用权、专利权、著作权等知识产权中的财产权；⑥应收账款；⑦法律、行政法规规定可以出质的其他财产权利。"

 实践一下

单选题： 根据《物权法》的规定，下列哪一类权利不能设定权利质权？
（　　）
　　A. 专利权　　　　　　　B. 应收账款债权
　　C. 可以转让的股权　　　D. 房屋所有权
解答： 本题答案为D。

（二）权利质权的设立

汇票、支票、本票、债券、存款单、仓单、提单	书面合同，交付凭证或登记
基金份额、股权	书面合同，证券登记结算机构或工商行政管理部门登记
知识产权中的财产权	书面合同，主管部门登记
应收账款	书面合同，信贷征信机构登记

1. 有价证券的质权。以汇票、支票、本票、债券、存款单、仓单、提单出质的，当事人应当订立书面合同。质权自权利凭证交付质权人时设立。没有权利凭证的，质权自有关部门办理出质登记时设立。对于这类权利质权，注意以下几点：

（1）必须在汇票、支票、本票上背书记载"质押"字样，否则不能对抗善意第三人。

（2）必须在公司债券上背书记载"质押"字样，否则不得对抗公司和第三人。

（3）以存款单出质的，签发银行核押后又受理挂失并造成存款流失的，应当承担民事责任。

（4）以票据、债券、存款单、仓单、提单出质的，质权人再转让或者质押的无效。

（5）汇票、支票、本票、债券、存款单、仓单、提单的兑现日期或者提货日期先于主债权到期的，质权人可以兑现或者提货，并与出质人协议将兑现的价款或者提取的货物提前清偿债务或者提存。

（6）权利凭证的交付是权利质权的成立要件，但不是权利质押合同的生效条件。

2. 可以转让的基金份额、股权的质权。《物权法》规定，以基金份额、股权出质的，当事人应当订立书面合同。以基金份额、证券登记结算机构登记的股权出质的，质权自证券登记结算机构办理出质登记时设立；以其他股权出质的，质权自工商行政管理部门办理出质登记时设立。

对于这类权利质权，注意以下几点：

（1）必须是依法可以转让的基金份额、股票。而且质权的效力及于基金份额、股票的法定孳息。

（2）以基金份额、证券登记结算机构登记的股权出质的，质权自证券登记结算机构办理出质登记时设立。基金份额、股权出质后，不得转让，但经出质人与质权人协商同意的除外。出质人转让基金份额、股权所得的价款，应当向质权人提前清偿债务或者提存。

（3）以非由证券登记结算机构登记的股权出质的，质权自工商行政管理部门办理出质登记时设立。

由于此类权利的质押是以可以转让为前提的，因此还应当符合《公司法》关于股权转让的相关规定，如《公司法》第 142 条规定，股份有限公司发起人持有的本公司股份，自公司成立之日起 1 年内不得转让。股份有限公司公开发行股份前已发行的股份，自公司股票在证券交易所上市交易之日起 1 年内不得转让。而公司董事、监事、高级管理人员在任职期间所持本公司股份自公司股票上市交易之日起 1 年内不得转让。且在离职后半年内，不得转让其所持有的本公司股份。公司章程有特别规定的，从其规定。

3. 知识产权的质押。依法可以转让的商标专用权、专利权、著作权中的财产权可以质押。对于这类权利质权，注意以下几点：

（1）知识产权的内容既包括财产权，也包括人身权，但设定质权的知识产权仅限于可以转让的财产权。

（2）设定质权后，未经质权人同意不得转让或者许可他人使用。未经同意的转让或者许可他人使用，给质权人或者第三人造成损失的，由出质人承担民事责任。

（3）以知识产权设定质权，应当向有关管理部门办理出质登记，才能使得质权设立。

（4）以附着知识产权的物品出质时，要注意区分是属于动产质权，还是权利质权。如果是权利质权，必须经过登记程序。

4. 应收账款的质押。根据《物权法》第 228 条的规定，以应收账款出质的，当事人应当订立书面合同。质权自信贷征信机构办理出质登记时设立。应收账款出质后，不得转让，但经出质人与质权人协商同意的除外。出质人转让应收账款所得的价款，应当向质权人提前清偿债务或者提存。

5. 依法可以质押的其他权利。这类权利主要是一般债权，但法律规定或其性质决定不可转让的债权和当事人约定不得让与的债权不可质押。

学习单元四　留置权

一、留置权的概念与特征

《物权法》第 230 条规定："债务人不履行到期债务，债权人可以留置已经合法占有的债务人的动产，并有权就该动产优先受偿。前款规定的债权人为留置权人，占有的动产为留置财产。"

留置权是指债权人合法占有债务人的动产，在债务人不履行到期债务时，债权人有权依法留置该财产，并有权就该财产折价或者以拍卖、变卖该财产的价款优先受偿的权利。

留置权具有如下特征：

1. 留置权属于担保物权，因此具有担保物权的从属性、不可分性和物上代位性等担保物权的特征。

2. 留置权属于法定的担保物权。留置权只有在符合法律规定的条件时产生，不同于约定的担保物权抵押和质押，并非依当事人约定产生。但当事人可以通过合同约定排除留置权的适用。

二、留置权的成立条件

留置权作为法定的担保物权必须符合法定的条件才能成立。留置权的成立条件是：

1. 债权人合法占有债务人的动产。债权人合法占有债务人的动产，是留置权成立的最基本的要件，只有如此，才有发生留置权的可能。①留置权的标的必须是动产。对不动产不能产生留置权。②债权人应当合法占有债务人的动产。占有不仅要求直接占有，而且应当是合法占有。③该财产为债务人所有。第三人的动产，不能充作留置物。如果债权人合法占有债务人交付的动产时，不知债务人无处分该动产的权利，法律保护债权人的利益，债权人善意取得留置权。因此债权人可以行使留置权。④留置权的标的，除了留置物本身以外，还包括从物、孳息和代位物。根据《物权法》规定，留置的财产为可分物的，留置物的价值应当相当于债务的金额。留置物为不可分物的，留置权人可以就其留置物的全部行使留置权。

2. 占有的动产与债权属于同一法律关系。

> 《物权法》第 231 条规定："债权人留置的动产，应当与债权属于同一法律关系，但企业之间留置的除外。"

占有的动产与债权有牵连关系是指合法占有的物是债权发生的原因。如保管费请求权的发生，与保管的标的物之间存在牵连关系。《物权法》规定，债权人留置的动产，应当与债权属于同一法律关系，但企业之间留置的除外。因此，对于企业之间的留置权的行使，可以不以同一债权债务关系为要件。

3. 债权已届清偿期且债务人未按规定履行义务。只有在债权已届清偿期，债务人仍不能履行义务时，债权人才可以留置债务人的动产。

4. 当事人在合同中没有相反的约定，也不得与债权人的义务相抵触。

 实践一下……

多选题：小贝购得一个世界杯指定用球后兴奋不已，一脚踢出，恰好落入邻居老马家门前的水井中，正在井边清洗花瓶的老马受到惊吓，手中花瓶落地摔碎。老马从井中捞出足球后，小贝央求老马归还，老马则要求小贝赔偿花瓶损失。对此，下列选项正确的是（　　　）。

续

A. 小贝对老马享有物权请求权

B. 老马对小贝享有物权请求权

C. 老马对小贝享有债权请求权

D. 如小贝拒绝赔偿，老马可对足球行使留置权

解答：本题为一道物权综合考查题，请尝试选出您认为正确的答案。

提示：物权请求权是指基于物权而产生的请求权，当物权人在其物被侵害或有可能遭受侵害时，有权请求恢复物权的圆满状态或防止侵害。其权利主要包括：返还原物请求权；排除妨碍请求权；妨害防止请求权；停止侵害请求权等。本题中，小贝拥有对足球的所有权，足球被老马占有时，其有权请求老马返还原物，故应选 A。小贝的侵权行为导致老马损失花瓶，老马依法享有侵权损害赔偿的权利，该权利属于债权请求权，故不选 B 而应选 C。

《物权法》第 231 条规定："债权人留置的动产，应当与债权属于同一法律关系，但企业之间留置的除外。"据此，即便小贝拒绝赔偿，老马也显然不享有留置权，故不选 D。

三、留置权的效力

（一）留置权人的权利义务

1. 留置权人的权利。留置权人的权利行使分为两个层次：①留置标的物。债权人在其债权没有得到清偿前，有权留置债务人的财产，并给债务人确定一个履行期限。根据《物权法》的规定，该履行期限应当为两个月以上。②优先受偿，即债务人超过规定的期限仍不履行其债务时，留置权人可依法以留置物折价或拍卖、变卖所得价款优先受偿。具体表现为：

（1）占有权。留置权人占有权的内容包括两个方面的内容，一方面可以对抗债务人即留置物的所有人或原占有人，另一方面，可以对抗债的法律关系以外的第三人，当其留置物被第三人非法侵夺时，留置权人有权行使占有物返还之诉请求返还。

（2）留置物孳息收取权。留置权人在占有留置物期间内，有权收取留置物的孳息。如果孳息是金钱，则可直接以其充抵债务；如果孳息是其他财产，留置权人享有将孳息变价优先受偿的权利。

（3）优先受偿权。留置权人在留置债务人的财产后，债务人逾期仍不履行的，债权人可以与债务人协议以留置物折价，也可以依法拍卖、变卖留置物。留置权人有权就留置财产变价所得优先受偿。

2. 留置权人的义务。留置权人的主要义务有：①妥善保管留置物，因保管

不善致使留置物灭失或毁损的，留置权人应当承担民事责任；②返还留置物。在留置权所担保的债权消灭或者债务人另行提供担保时，债权人应当返还留置物。

 思考

张三的奶牛病了，到兽医李四处治疗，医疗费200元，张三觉得太贵，不愿意支付，李四遂将奶牛扣下，告诉张三如果10天内不交200元钱，就把奶牛卖了抵债，张三不同意，独自回家去了。问：10天后，张三仍不交医疗费，李四能否直接将奶牛卖掉，扣除200元后，剩余部分归还张三？

提示： 根据《物权法》第236条第1款规定："留置权人与债务人应当约定留置财产后的债务履行期间；没有约定或者约定不明确的，留置权人应当给债务人两个月以上履行债务的期间，但鲜活易腐等不易保管的动产除外。债务人逾期未履行的，留置权人可以与债务人协议以留置财产折价，也可以就拍卖、变卖留置财产所得的价款优先受偿。"李某提出张某应10日内支付医疗费，但是张某未同意，因此李某并未就留置奶牛后的债务履行期限达成一致，李某应当确定不少于2个月的债务履行期间，张某逾期不付费，李某才有权行使自己的留置权，所以10天后李某不能直接变卖奶牛抵偿自己的医疗费。

（二）债务人的权利义务

留置权成立以后，债务人仍然享有留置物的所有权。但是，债务人对留置物的权利要受到很多的限制，如不能直接行使对留置物的占有、使用、收益的权利，也不能将该财产出质等。债务人的主要义务是在留置权发生后，不得阻碍留置权人行使留置权，并支付因留置物而支出的必要费用。

 实践一下……

多选题： 2010年3月刘某将一幅价值8万元的名画送到某装裱店装裱，由于刘某未按期付给装裱店费用。装裱店通知刘某应在30日内支付其应付的加工费，但刘某仍未能按期交付，装裱店遂将画变价受偿，扣除了费用后，将其差额退还给刘某。下列表述正确的有（　　）。

A. 黄某与装裱店之间的合同系加工承揽合同

B. 装裱店对该画有留置权

续

C. 黄某应承担违约责任

D. 装裱店变价受偿行为完全合法

解答： 答案为 **ABC**。本题涉及承揽合同、留置权、违约责任问题。依合同法规定，承揽合同是指承揽人按照定作人的要求完成工作，交付工作成果，定作人给付报酬的合同；当事人一方不履行合同义务或者履行合同义务不符合约定的，应当承担违约责任。因承揽合同发生的债权，债务人不履行债务的，债权人有留置权。债权人留置债务人财产后，应当确定 2 个月以上的期限，通知债务人在该期限内履行债务。

我要复习!

附：物权结构图

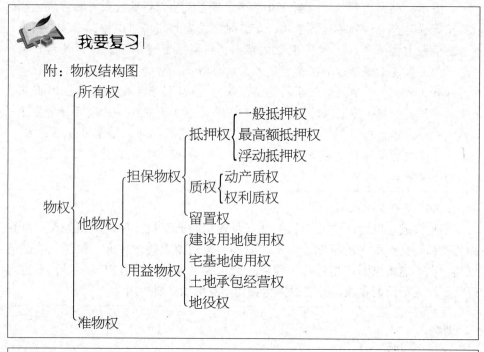

我的笔记

第七章 占　　有

 导　学

学习本章须识记占有概念，区分有权占有和无权占有，直接占有和间接占有，善意占有与恶意占有，自主占有与他主占有；理解善意占有人与恶意占有人的返还义务；合理运用占有保护相关知识解决实践问题。

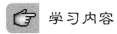 学习内容

一、占有概念

占有，是指民事主体对物进行管领而形成的事实状态。不管主体对物的管领是否具备据为己有的意思，只要客观上的控制状态形成，且主观上有占有的意思就可以构成占有。

法律研究占有，是为了维持社会秩序，对占有进行合法权利的推定，并保护占有人的占有诉权。占有对于善意取得制度来说也是很重要的。

有的标的物只能是物，对于物之外的财产权只能成立准占有，不能成立占有。

二、占有的种类

分类标准	种　类
依有无占有的权源	有权占有和无权占有
依占有人是否直接占有其物	直接占有和间接占有
在无权占有中，依占有人主观心态	善意占有和恶意占有
依占有人是否有所有的意思	自主占有和他主占有

（一）有权占有与无权占有

> 《物权法》第 241 条规定："基于合同关系等产生的占有，有关不动产或者动产的使用、收益、违约责任等，按照合同约定；合同没有约定或者约定不明确的，依照有关法律规定。"

根据占有人是否具有本权，可将占有分为有权占有和无权占有。有权占有是指基于法律或合同的规定而享有对某物进行占有的权利。《物权法》第 241 条即为有权占有的规定。无权占有则指没有权源的占有，如小偷占有赃物等。

关于有权占有和无权占有，我们可以举例予以说明：老王将其所有的房屋出租给老张，物权是权利人直接支配物的权利，租期内，老王作为房屋所有人，可以基于房屋所有权对老张主张返还请求权，但是，老张可以以其属于有权占有为由主张抗辩权。如果，老张未经老王同意，就将该房屋转租给小方。承租人未经出租人同意转租的，出租人可以解除合同。因此，出租人老王可以解除租赁合同，且能够基于对房屋享有的所有权请求小方返还房屋，小方为无权占有，就不能基于与老张的租赁关系进行有效的抗辩了。

（二）直接占有与间接占有

根据占有人是否直接占有其物，可将占有分为直接占有和间接占有。直接占有是指直接对物进行事实上的管领的控制。而间接占有指并不直接占有某物，但因为可以依据一定的法律关系而对直接占有某物的人享有返还占有请求权，而对物形成间接的控制和管理。如 A 将自己的房屋出租给 B，B 作为承租人直接占有该物，则 B 对该物是直接占有，A 通过 B 的占有取得间接占有。

（三）善意占有与恶意占有

根据占有人主观心理状态的不同，可将无权占有进一步分为善意占有和恶意占有。善意占有指不法占有人在占有他人财产时，不知道或者不应当知道其占有是非法的占有。恶意占有指不法占有人在占有他人财产时明明知道或者应当知道其占有行为属于非法但仍然继续占有。

（四）自主占有与他主占有

分类依据为占有人是否以所有的意思对占有物加以占有。以所有的意思占有的称为自主占有。自主占有通常包括三种情况：①占有人是物的所有权人；②占有人误以为自己为所有人；③占有人将他人之物拒为己有。例如抢劫犯对其所抢之物的占有，由于是以所有人的意思占有该物的，属于自主占有。而其他的占有称为他主占有。

实践一下……

单选题： 甲遗失一部相机，乙拾得后放在办公桌抽屉内，并张贴了招领启事。丙盗走该相机，卖给了不知情的丁，丁出质于戊。对此，下列说法不正确是（ ）。

    A. 乙对相机的占有属于无权占有

    B. 丙对相机的占有属于他主占有

    C. 丁对相机的占有属于自主占有

    D. 戊对相机的占有属于直接占有

解答： 答案为 B。本题考查对占有种类概念的理解，如果您觉得选择起来还有难度，请再学习一遍概念。

三、占有的推定

（一）事实的推定

占有的事实推定又称为占有的状态推定。根据证据法规则，任何人为了自己的利益主张事实存在的，应当承担举证责任。但是对于占有，各国都规定了一些事实推定，免除占有人的举证责任。因为要对占有的各种状态都予以证明，不仅事实上难以操作，而且与法律为维持现状而设占有制度的宗旨相矛盾。占有事实的推定主要规则如下：

1. 对占有意思的推定。占有的意思很难从外部把握，法律只能采取一定技术方法来操作，推定就是各国在占有制度中普遍使用的方法。各国对占有的推定一般采"所有的意思说"，即推定为"自主占有"。对于是否善意，一般采取善意无过失推定，除非能证明是恶意或是有过失的占有。

2. 对占有期间的推定。如果能证明在前后两个时间段都占有，则推定中间为无间断的继续占有，占有人无需负举证责任，如果反对者想推翻，则必须举证。这里需要说明的是，占有虽一时失去，但又恢复的，应视为继续的占有。

（二）权利的推定

占有制度的目的，在于通过对外形的占有事实的保护，确保交易安全。故占有的效力要有权利推定制度的辅佐，即占有人在占有物上行使的权利推定为合法。当然在现实中大多数的占有总是有本权作为基础的，没有权利而占有标的物并非常态。权利推定可以产生下列效力：①一般占有的情况存在，推定占有人享有本权，受权利推定的占有人，免除举证责任。除非相对人提出证据。②权利的推定，不但占有人自己可以援用，而且第三人也可以援用。③权利的推定属于消极性的，占有人不得利用此项推定作为其行使权利的依据，也就是说，权利的推定只是免除占有人的举证责任，表彰权利的存在，并不能使占有人确实地取得某项权利。

四、无权占有人与返还请求权人的关系

> 《物权法》第242条规定："占有人因使用占有的不动产或者动产，致使该不动产或者动产受到损害的，恶意占有人应当承担赔偿责任。"
>
> 《物权法》第243条规定："不动产或者动产被占有人占有的，权利人可以请求返还原物及其孳息，但应当支付善意占有人因维护该不动产或者动产支出的必要费用。"
>
> 《物权法》第244条规定："占有的不动产或者动产毁损、灭失，该不动产或者动产的权利人请求赔偿的，占有人应当将因毁损、灭失取得的保险金、赔偿金或者补偿金等返还给权利人；权利人的损害未得到足够弥补的，恶意占有人还应当赔偿损失。"

无权占有人与返还请求权人的关系，是指无权占有人在与真正权利人请求返还占有物时所发生的权利和义务关系。

1. 善意占有人的权利义务。善意占有一般只返还现存利益，也就是说，如果在占有物灭失或毁损时，只限于基于占有物的灭失或毁损所得到的利益，如保险金、赔偿金等。因不可归责于占有人的原因而致占有物灭失或毁损时，善意占有人不负赔偿责任。返还原物时，善意占有人可请求所有人支付保管、保存占有物所支付的必要费用和因改良占有物所支出的有益费用。

2. 恶意占有人的权利义务。恶意占有人除应返还现存占有物外，还应就已经灭失或毁损的占有物负全部赔偿责任。恶意占有人保管占有物所支付的费用，无权请求返还。

实践一下……

多选题：某日暴雨倾盆，山洪暴发，老张在村边的河里发现一头顺流而下的山羊，老张将羊打捞起来，带回家中据为己有。几天后，老李找到老张，说山羊是自己帮王某看管的，要求老张归还山羊，下列说法正确的是（ ）。

A. 老张应向老李返还山羊

B. 老张应向老李返还山羊，不必返还自己从山羊剪下的羊毛

C. 老张无权要求老李支付喂羊的费用

D. 老张有权要求老李支付喂羊的费用

续

> **解答：** 答案为 AC。根据《物权法》第 243 条规定，无权占有人在返还占有物时，应返还原物及其孳息，善意占有人有权要求扣除其因维护该不动产或动产支出的必要费用，恶意占有人则没有此项权利。老张应向老李返还羊和羊的孳息羊毛。老张是恶意占有，无权要求老李支付喂羊的费用。

五、占有的保护

根据《物权法》第 245 条的规定，占有的不动产或者动产被侵占的，占有人有权请求返还原物；对妨害占有的行为，占有人有权请求排除妨害或者消除危险；因侵占或者妨害造成损害的，占有人有权请求损害赔偿。占有人返还原物的请求权，自侵占发生之日起 1 年内未行使的，该请求权消灭。

 实践一下……

多选题： 甲向乙借款 5000 元，并将自己的一台笔记本电脑出质给乙。乙在出质期间将电脑无偿借给丙使用。丁因丙欠钱不还，趁丙不注意时拿走电脑并向丙声称要以其抵债。下列哪些选项是正确的？（　　）

A. 甲有权基于其所有权请求丁返还电脑

B. 乙有权基于其质权请求丁返还电脑

C. 丙有权基于其占有被侵害请求丁返还电脑

D. 丁有权主张以电脑抵偿丙对自己的债务

解答： 本题答案为 ABC。

六、占有的取得和消灭

（一）占有的取得

占有的取得也分为原始取得和继受取得两种形式。原始取得要求具备两个条件，即管领的事实和自己占有的意思。继受取得则可以通过事实上的交付、简易交付、占有改定、指示交付等方式实现。

（二）占有的消灭

占有和其他物权一样，因标的物的消灭而消灭。另外直接占有可以因为放弃占有意思或者管领的丧失而消灭。

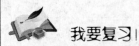 我要复习！

多选题：甲盗走乙的一条宠物狗，甲将该宠物狗作为生日礼物送给了不知情的丙。2个月后，该宠物狗产下一黑一白两只小狗，黑色小狗由于丙疏于照看出生不久便死亡。请问以下说法中正确的是（   ）。

A. 乙有权要求丙返还宠物狗

B. 乙有权要求丙返还白色小狗

C. 乙有权就黑色小狗的死亡要求丙承担赔偿责任

D. 丙善意取得宠物狗的所有权

解答：答案为 AB。

提示：丙是善意占有还是恶意占有？丙取得狗时支付合理对价了吗？如果甲没有把宠物狗送给丙，而是自己喂养，乙能否要求甲就黑色小狗的死亡承担赔偿责任？

📓 我的笔记

_____

_____

_____

_____

_____

_____

_____

_____

_____

_____

_____

_____

第三编

债权总论

第八章　债的概述

导　学

学习本章需要对债进行概括式理解，整体把握；明晰债的概念、特征与要素；债的种类和意义。

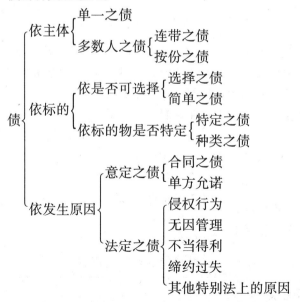

学习内容

学习单元一 债的概念、特征与要素

一、债的概念

> 《民法通则》第 84 条第 1 款规定："债是按照合同的约定或者依照法律的规定，在当事人之间产生的特定的权利和义务关系，享有权利的人是债权人，负有义务的人是债务人。"

债是特定当事人之间请求为特定行为的民事法律关系。在债的关系中，一方享有请求对方为一定给付的权利，即债权，该方当事人称为债权人；另一方负有向对方为一定给付的义务，即债务，该方当事人称为债务人。民法上的债不同于民间所称的债，后者仅指债务，且一般专指金钱债务。现代民法中的债的概念既包括债务，也包括债权，是债权和债务的结合。

二、债的特征

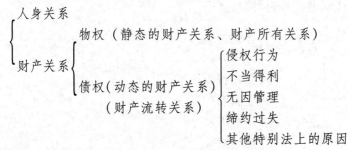

建议

在学习债的特征前，您可以结合民法总论和物权法的相关基本知识点，记住下面的知识结构图，它将有利于您在今后的学习中，更加深刻地理解债权在整个民法体系中的地位，更加方便地解决生活中的案例。

民法调整对象：平等主体之间的财产关系和人身关系。

人身关系

财产关系 ── 物权（静态的财产关系、财产所有关系）

债权（动态的财产关系）（财产流转关系） ── 侵权行为、不当得利、无因管理、缔约过失、其他特别法上的原因

（一）债反映财产流转关系

债的关系属于财产关系，债权属于财产权。也就是说，债权不同于人身权，是具有直接的经济利益内容的法律关系。同时，债反映的财产关系是动态的财

产关系，既财产流转关系。这也是债权与物权的主要区别，物权反映的是静态财产关系，即财产的归属、利用关系。

（二）债是特定当事人之间的民事法律关系

债的关系是特定主体之间的法律关系，其权利主体和义务主体都是特定的。也就是说，债权人只能向债务人主张权利，而债务人也只能向债权人负担义务。这种权利义务是相对的，所以，民法理论将债权称为对人权和相对权，有别于物权的对世权和绝对权。

（三）债的客体是债务人的特定行为

债的客体即债权债务共同指向的对象，是债务人应为的一定行为（也可称为标的）。债的关系通常与一定的财物、智力成果或劳务相联系，但债的客体只能是行为，财物、智力成果或劳务是行为的载体，即标的物。

（四）债的目的须通过债务人的特定行为来实现

债的目的是一方从另一方取得一定的财产权益。这一目的只能通过债务人的给付才能达到，没有债务人为其应为的特定行为，债权人的权利便不能实现。而物权人的权利则可直接行使。

三、债的要素

建议

　　学习债的要素，首先应该回忆民事法律关系的要素（构成要件），债作为一种民事法律关系，它的要素同样包括主体、内容、客体。那么，请将基本知识放在债的具体关系中，您将会很好地理解债的具体要素。

（一）债的主体

债的主体，是指参与债的法律关系的当事人，即债权人和债务人。自然人、法人、合伙等任何民事主体都可以成为债的主体。债权人和债务人可以是单数，也可以是复数。当债权人或债务人一方有数人时，就分别称为多数债权人或多数债务人，他们之间的债务，也就称为多数人之债。

（二）债的内容

民事法律关系的内容是权利和义务，因此，债的内容即债权和债务。

1. 债权。债权是债权人享有的请求债务人为特定行为的权利。债权具有以下特征：

（1）债权为请求权。债权是典型的请求权，而不属于支配权，债权人取得利益，只能通过请求债务人为给付来完成。债权人既不能直接支配债务人应给付的特定物，也不能直接支配债务人的人身，亦无法直接支配债务人的给付行为。这是债权与物权的本质区别，物权为支配权，即权利人可直接支配物而实现其利益。

（2）债权为相对权。债的特点之一是主体的特定性，债权债务仅存在于特定人之间。因而债权人只能向特定的债务人主张权利，为对人权，也正是在此意义上，债权为相对权。对于债务人以外的第三人，因其与债权人间并不存在债权债务，债权人不能向其主张权利。

 实践一下……

单选题：甲与乙签订了一份大米买卖合同，甲为卖方，乙为买方。同时约定：甲将大米发货给丙，因为乙与丙之间也签订过一份大米购销合同，乙为卖方，丙为买方。现甲发给丙的大米存在质量问题，为此引起纠纷。丙应向（   ）。

A. 甲追究违约责任

B. 乙追究违约责任

C. 甲和乙追究违约责任

D. 甲或乙追究违约责任

解答：答案为 B。本题考查债的相对性，乙与丙签订了合同，二者之间成立了债的法律关系，虽然是由第三人甲履行的，但由于债权的相对性，丙也只能向相对人乙请求承担违约责任。

（3）债权具有相容性与平等性。债权的相容性与平等性，是指同一标的物上可以成立内容相同的数个债权，也就是数个债权人对于同一债务人先后发生数个债权时，不存在排他性和优先性，各个债权具有同等的效力。也正因为债权具有平等性，在债务人破产时，债务人的各个债权人不论其债权发生先后只能按其比例参加破产财产的分配。

2. 债务。债务是指债务人依当事人约定或法律规定，债务人向债权人为特定行为的义务。债务通常具有特定性。在任何债中，债务的义务人和义务的内容都是特定的。债的内容一经特定化，非经当事人协商或依法律规定，不得随意加以更改。

（三）债的客体

民事法律关系的客体又称标的，是权利、义务指向的对象。债的客体即指债权和债务共同指向的对象——债的给付这种行为。从债权人方面来看，是请求债务人为一定给付的行为，从债务人方面来看，则是为一定给付的行为。

我要复习!

1. 您一定要知道的（如果已掌握请打√）

债的概念及特征 □

债权的特征 □

2. 基本知识练习

单选题： 下列关系中，为民法上债的关系的是（ ）。

A. 甲对乙予以关照，乙对甲所欠的人情债

B. 甲与乙共同出资购买一辆汽车所形成的关系

C. 甲死亡，其继承人乙丙对甲的遗产形成的关系

D. 甲向乙购买房屋而形成的买卖关系

解答： 答案为 D。此题的难点是区分物权与债权的关系。人情债不属于法定之债，甲乙共同出资购买汽车形成物权中的共有关系，对遗产的继承属继承关系，只有买卖关系属于债的关系。法定之债发生的主要原因有合同之债，侵权之债，不当得利之债，无因管理之债等。

3. 深入理解

结合债的特征，思考债权与物权的区别：

（1）功能不同。债反映动态的财产流转关系；物权则维护静态的财产归属关系。

（2）主体范围不同。物权的权利人是特定的，但是义务人是不特定的多数人；债权的债权人和债务人都是特定的。

（3）客体不同。债的客体是行为，即履行行为或者称之为给付行为；而物权的客体是物。注意在债权中有时以交付物为内容，此时该物不是债权的客体，客体仍然是该交付行为，此物只能被称作标的物。

（4）权利性质不同。物权是支配权、对世权和绝对权；债权是请求权、对人权和相对权。

（5）权利的实现方式不同。债权人的权利的实现一般须依靠债务人的行为；物权人对自己的财产可依法直接占有、使用、收益和处分，不需借助他人的行为，就可以实现自己的权利。

（6）效力不同。物权具有优先力、追及力、排他力；债权则具有平等性，即同一个标的物上有两个债权并存，原则上当事人不分成立的先后均平等受偿。

续

> （7）原则不同。物权实行物权法定原则，而债权的产生特别是合同关系的产生以合同自由为原则。

学习单元二　债的分类

根据不同的标准债可以分为不同的类型。

一、单一之债与多数人之债

根据债的主体双方人数是单一的，还是多数的，债可以分为单一之债和多数人之债。单一之债是指债的双方主体都仅为一人的债。多数人之债是指债的双方主体均为二人以上或其中一方主体为二人以上的债。

注意区分单一之债与多数人之债的法律意义：单一之债当事人之间的权利、义务比较简单明了，而多数人之债当事人之间的关系比较复杂，既有双方主体间的关系，也有主体一方内部之间的关系，如合伙债权债务关系。

二、连带之债与按份之债

在多数人之债中，依据多数人一方当事人相互之间的权利义务关系，可划分为按份之债与连带之债。

按份之债指债的一方主体为多数人，各自按照一定的份额享有权利或承担义务的债。按份债权的各个债权人只能就自己享有的份额请求债务人履行和接受履行，无权请求和接受债务人的全部给付。按份债务的各债务人只对自己分担的债务份额负清偿责任，债权人无权请求各债务人清偿全部债务。

连带之债则是指债的主体一方为多数人，多数人一方当事人之间有连带关系的债。《民法通则》第87条规定的即为连带之债："债权人或者债务人一方人数为二人以上的，依照法律的规定或者当事人的约定，享有连带权利的每个债权人，都有权要求债务人履行义务；负有连带义务的每个债务人，都负有清偿全部债务的义务，履行了义务的人，有权要求其他负有连带义务的人偿付他应当承担的份额。"连带之债包括连带债权和连带债务，债权人一方为多数人且有连带关系的，为连带债权；债务人一方为多数人的为连带债务。

在按份之债中，任一债权人接受了其应受份额义务的履行或任一债务人履行了自己应负担份额的义务后，与其他债权人或债务人均不发生任何权利义务关系。在连带之债中，连带债权人的任何一人接受了全部义务履行，或连带债务人的任何一人清偿了全部债务时，原债归于消灭，但连带债权人或连带债务人之间则会产生新的按份之债。

建议

　　学习连带之债应结合其在现实生活中的具体表现理解它的作用与实质。

　　连带之债包括连带债权和连带债务两种情况，但实践生活中，连带债务的情况较为广泛，连带债权相对较少。因为连带债权每个债权人都有权请求债务人履行义务，债务人可向任何一个债权人清偿全部债务，债务人一旦向其中一位债权人清偿了全部债务，债务人债务即归于消灭，其他债权人只能按他们的内部份额约定，要求接受债务人全部给付的债权人偿付自己享有的债权份额，如此一来，如果接受债务人履行的债权人不讲诚信，则其他债权人难以受偿。而相反，连带债务人中每个债务人都负有清偿全部债务的义务，在某种意义上就意味着连带债务各债务人全部财产都担保着债权人的债权，能确保债权人债权的满足，偿付完毕之后才在债务人内部进行份额分割。我国民法在一些实践情形中明确规定了债务人的连带责任，比如合伙债务，各合伙人应承担连带责任，各合伙人即为连带债务人。

三、简单之债与选择之债

　　根据债的标的有无选择性，债可分为简单之债和选择之债。简单之债又称不可选择之债，指债的标的是单一的，当事人只能以该种标的履行，并不具有选择余地的债。选择之债是相对于不可选择之债而言的，是指债的标的为两项以上，当事人可以从中选择其一来履行的债。

　　区别简单之债与选择之债的意义在于选择之债存在选择权之确定的问题。对于选择之债必须有一方要有选择权，否则无法履行。对于选择权当事人有约定的依据约定，没有约定的属于债务人，债务人不行使选择权的，选择权转移至债权人。

四、特定之债与种类之债

　　根据标的物的性质，即债的客体所指向的标的物在债成立时是否特定化，债可分为特定之债和种类之债。

　　特定之债是指以特定物为标的物的债。特定物具有特定化的特点，因此，特定之债的标的物在债成立时必须确定、存在，并不能为其他物所代替。特定的标的物既可以是独一无二之物，如唐伯虎的名画，也可以是以当事人的主观意志选定的特定物，如从很多奥迪车中经试驾后选定了其中某一辆。种类之债是指以种类物为标的物的债，种类物以度量衡加以确定，可以用同种类同数量的物替代，比如合同中约定债务人向债权人交付某品种的大米若干斤。因此，种类之债的标的在债发生时，尚未特定化，甚至尚不存在，只有在交付时才加以确定。

区分特定之债与种类之债的法律意义在于以下几点：①在特定之债中，除非债务履行前标的物已灭失，债务人不得以其他标的物代为履行；而种类之债由于可以同种类同数量的物替代，则无此问题。②确定标的物所有权转移时间及风险责任分担不同。特定之债除法律另有规定外，当事人可约定标的物所有权转移时间及风险责任分担，而种类之债标的物所有权及其意外灭失风险则只能自交付时起转移。③标的物灭失后债务人履行义务不同。特定之债以特定物为履行标的，若该物灭失，则发生履行不能，债务人履行义务灭失，如对此负有责任，则承担债务不履行的责任。种类之债，由于标的物可替代，因而一般不发生履行不能，债务人仍负有交付替代物的履行义务。

五、意定之债与法定之债

思考

《民法通则》第 84 条第 1 款规定："债是按照合同的约定或者依照法律的规定，在当事人之间产生的特定的权利和义务关系，享有权利的人是债权人，负有义务的人是债务人。"依此条规定，债发生的原因可分为合同约定之债和法律规定之债，为何在理论中我们通常称为意定之债和法定之债，而非合同之债和法定之债？

提示：因为除合同外，其他法律行为也可发生债，比如遗嘱行为就可以引起债的发生，但其并不是合同行为，也不是依法律规定而产生的。因此，债发生的原因依债是否由当事人自己意思而发生分为法律行为和法律规定。以法律行为产生的债通常称意定之债，依法律规定而产生的债通常称法定之债。

债发生的原因是指引起债产生的法律事实。根据债的发生原因的不同，可将债划分为意定之债和法定之债。

意定之债是基于当事人的法律行为产生的，主要包括合同之债，另外还有单方法律行为而发生的债，主要是对表意人具有相应约束力的单方允诺，比如悬赏广告。意定之债是民事主体积极主动参与民事活动的表现，充分体现了意思自治。法定之债是依据法律规定而直接发生的债，又称为非合同之债，包括侵权行为之债、不当得利之债、无因管理之债和基于缔约过失所产生之债等。

区分法定之债与意定之债，具有重要的法律意义：①意定之债的内容由当事人在不违背法律的强制性规定和公序良俗的条件下自由商定；而法定之债的类型、内容等只能由法律加以规定，当事人不能约定变更法律关系的规定，也就是合同之债贯彻意思自治原则，而在法定之债中，债的发生及效力均为法定。②法定之债与意定之债有不同的成立要件和法律特征，因而适用不同的法律进行调整。可以说，在债的所有分类中，根据债发生的原因所作出的分类实践性最强，运用最为广泛，在下面的章节中还将进行分析。

我要复习！

1. 您一定要知道的（如果已掌握请打√）

债的分类标准 ☐

连带之债的概念 ☐

特定之债与种类之债的概念及在实践中的意义 ☐

意定之债与法定之债的种类 ☐

2. 基本知识练习

多选题：甲与农机公司签订一份购买一台编号为 999 号东方红牌拖拉机的合同。甲与农机公司发生了债的关系，从性质上讲，该债属于（　　）。

A. 法定之债　　　　　　　B. 单一之债

C. 简单之债　　　　　　　D. 选择之债

解答：答案为 BC。根据本章所学习的概念，可以很容易的确定出这是约定之债（合同之债）、单一之债、简单之债。那么，请回忆一下，对本学习单元的基本概念，您记住了吗？

我的笔记

第九章 债的发生原因

导　学

　　学习本章需要对债发生的原因进行理解，识记合同、单方允诺、侵权行为、无因管理、不当得利、缔约过失等概念，并能以债的不同发生原因区分并解决实践生活中出现的若干纠纷。理解无因管理与不当得利之债的基本制度与理论，包括无因管理的概念、成立要件，无因管理之债的内容，无因管理的效力；不当得利的概念、构成要件以及效力等内容，要求能应用无因管理与不当得利的基础知识解决具体案例。

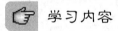

学习内容

学习单元一　债的具体发生原因

　　在前一单元中我们学习了债的发生基于特定的法律事实，这些能够引起债的关系产生的各种法律事实被称之为债的发生原因。债可以基于当事人的法律行为而发生，也可以基于法律行为以外的法律规定而发生。能够产生债的法律事实主要包括以下几种：

　　一、合同

　　合同是平等主体的自然人、法人、其他组织之间设立、变更、终止民事权利义务关系的协议，合同依法成立并生效后即在当事人之间依据合同的约定产生债权债务关系。合同是债主要的发生原因，在债法中具有举足轻重的地位，《合同法》是民法体系中非常重要的部门法。

　　基于合同所产生的债，称为合同之债，合同双方当事人都要依据合同约定承担相应的民事权利义务，如合同当事人一方不履行合同义务或者履行合同义务不符合合同约定，则应对相对方承担相应的违约责任。承担违约责任的方式主要有以下几种：

1. 继续履行。

2. 采取补救措施。采取补救措施指履行债务的标的物品质不符合合同约定的条件，在不需继续履行而只需采取适当补救措施即可达到合同目的时所采用的方式，通常表现为修理、重作、更换。

3. 赔偿损失。违约损害范围不得超过违反合同一方在订立合同时预见到或者应当预见到的因违反合同可能造成的损失。当事人一方违约后，对方应当采取适当措施防止损失的扩大；没有采取适当措施致使损失扩大的，不得就扩大的损失要求赔偿。

4. 支付违约金。违约金是对损害赔偿额的预先约定，约定的违约金低于造成的损失的，当事人可以请求人民法院或者仲裁机构予以增加；约定的违约金过分高于造成的损失的，当事人可以请求人民法院或者仲裁机构予以适当减少。

5. 定金责任。

二、单方允诺

单方允诺，是指表意人向相对人作出的为自己设定某种义务，使对方取得某种权利的意思表示。根据民法的意思自治原则，民事主体在不违反社会公序良俗的前提下，可以任意处分自己的财产或权利，这种法律行为只要不违反法律的禁止性规定，就应当受到法律的承认和保护。单方允诺是表意人单方作出意思表示即发生法律效力，不需要任何人的任何表示。遗憾的是，虽然司法实务中纷纷出现因单方允诺产生的纠纷，但我国《民法通则》未对单方允诺作出明确规定，实践中除悬赏广告等特殊情形外，也缺乏统一的认识。

单方允诺具有如下特征：首先，其是表意人单方的意思表示，不需要相对方对其意思表示进行承诺；其次，单方允诺是为表意人为己方设定义务，为相对方设定权利，不需要相对人付出对价；再次，单方允诺一般是向社会上不特定的人发出，凡是符合单方允诺中所列的条件的人，都可以成为相对人，取得表意人所允诺的权利；最后，单方允诺只有在相对人符合条件时方可发生，单方允诺之债并不是在表意人作出表意时即成立，在表意人作出意思表示时，相对人是不确定的，由于债的关系的主体都应是特定的，因而只有当具备条件的相对人出现时，单方允诺之债才对双方当事人生效。悬赏广告即为最典型的单方允诺形式，表意人单方向社会不特定的人作出意思表示，为自己设定义务，只要符合允诺所列的条件的人出现，就可以成立单方允诺之债，受到法律保护。

应当注意的是，单方允诺不同于单务合同。单务合同是指仅有一方负担给付义务的合同，但其却是双方法律行为，必须双方当事人意思表示一致才能成立，如赠与合同。

思考

肯 德 基 秒 杀 门

肯德基"秒杀门"留给我们的思考

2010 年 4 月，肯德基发放"秒杀电子优惠券"，发现秒杀时间未到，而优惠券已经流出，故声明停止优惠活动。手持优惠券的消费者遂起诉肯德基，要求赔偿。纠纷虽然以肯德基公司公开道歉，原告与肯德基公司的和解而撤诉，但其中的若干法律问题仍值得我们深思。

有观点认为，肯德基发放优惠券是一个单方允诺的单方法律行为，不属于双方的合同关系，因此不存在格式合同，即霸王条款之说。根据单方允诺行为相关规定，消费者在符合条件使用优惠券时，单方允诺行为才生效，肯德基不得反悔，否则应承担违反单方允诺的民事责任。但本事件中，秒杀时间没到即出现优惠券，显然是一个重大变故事件导致单方允诺失去目的，因此肯德基可以声明停止活动。在法律上，如果在符合单方允诺条件的相对人出现之前，肯德基取消活动，可不承担法律责任，但在商业上，活动有漏洞，造成许多信赖肯德基者的利益损失，应予道歉。我国立法应该考虑对单方允诺及情势变更进行明确规定，使实践中类似情况有法可依。

有观点则从双方法律行为角度进行分析，认为肯德基事件属于双方法律行为即合同行为，依照我国《合同法》的规定，合同的成立要经过要约和承诺两个阶段。《合同法》第 14 条规定："要约是希望和他人订立合同的意思表示，该意思表示应当符合下列规定：①内容具体确定；②表明经受要约人承诺，要约人即受该意思表示约束。"第 15 条规定："要约邀请是希望他人向自己发出要约的意思表示。寄送的价目表、拍卖公告、招标公告、招股说明书、商业广告等为要约邀请。商业广告的内容符合要约规定的，视为要约。"第 21 条规定："承诺是受要约人同意要约的意思表示。"

因此，所谓要约邀请，又称要约引诱，是指一方邀请对方向自己发出要约的意思表示。其与要约之间的区别在实践中比较复杂，一般依照要约的构

续

成要件进行区别，如果具备一内容具体确定；二表明经受要约人承诺，要约人即受该意思表示约束这两个条件，则可认定为要约而非要约邀请。

就肯德基案而言，肯德基的优惠券上明确标注了 6 项条款。这些条款明示了该优惠券的优惠食品项目和价格、使用地点、使用时段、使用期限、使用方式，内容明确具体，符合合同成立的一般条款。因此，这些条款应当属于要约而非要约邀请，受要约人同意即构成承诺，合同生效。

肯德基餐厅作为合同的一方，应当依法履行合同义务，其不予履行的行为就构成违约，应当承担违约责任。消费者作为合同的相对方，依照我国《合同法》的规定有权要求肯德基餐厅承担违约责任，其中包括要求继续履行合同。

您比较支持哪种看法？请提出您的意见与想法。如果您支持第一种观点，请试想一下，如果您是立法者，您将如何在法律中规定单方允诺？

 思考

一对夫妇在杭州某珠宝商场选中一条 4800 元的珍珠项链，品名标为"天然淡水黑珍珠"。售货员在介绍商品时特意向二人强调，本店商品绝无假货，如有质量问题，商场愿意按店内贴出的告示"假一罚十"。该夫妇当即付足价款买下了该款项链，该珠宝商场也开具了正式发票。后来，经鉴定结果表明该项链经染色处理，并非天然形成。于是该夫妇将珠宝商场告上法庭，要求退货并赔偿鉴定费等损失，还要求按购物款的 10 倍支付赔偿金，一场纠纷由此而起。商场应该赔偿并无太大争议，但应赔偿多少是本案争论的焦点，尤其是是否应当支付 10 倍罚金，更是引起理论界与实践界的热议。请仔细思考，谈谈您的看法及理由。

三、侵权行为

侵权行为是指加害人由于过错侵害他人的财产权和人身权，依法应当承担民事责任的行为，以及依法律特别规定应当承担民事责任的其他侵权行为。在民事活动中民事主体的合法权益受法律的保护，侵权行为发生后，加害人负有赔偿受害人损失的义务，受害人享有请求加害人赔偿损失的权利，因此，因侵权行为的实施在受害人与侵害人间形成债权债务关系，侵权行为亦为债的发生原因，属于依据法律规定所产生的法定之债的范畴。

四、无因管理

无因管理，是指没有法定的或约定的义务，为避免他人利益受到损害而对他人的事务进行管理或者服务的行为。因无因管理行为虽然违反禁止干预他人事务的原则，但却是一种有利于本人，有利于社会的互助行为，所以法律为鼓励这一行为而赋予其阻却违法性。根据法律规定，无因管理行为发生后，管理人与被管理人之间也就发生债权债务关系，管理人得向被管理人请求支付为管理事物所支出的费用、遭受的损失和所承担的债务，被管理人有义务偿还。该项请求权即为无因管理之债。

五、不当得利

不当得利，是指没有合法根据而获得利益并使他人利益遭受损失的事实。发生不当得利的事实时，因为一方取得利益没有合法的根据，是不正当的，另一方因此而受到损害。所以，依法律规定，取得不当利益的一方为得利人，得利人应将所获利益返还于受损失的一方，受损害人有权请求得利人返还该不当得利，双方因此形成债权债务关系，即不当得利之债。

六、缔约过失

 思考

甲去商场买服装，正准备试穿的时候，不慎踩着香蕉皮而滑倒摔伤。甲和商场间能否产生债的关系，具体原因是什么？

提示： 首先，思考甲和商场间是否存在侵权行为。如果主张侵权损害赔偿，须证明侵权行为的四个构成要件：商场存在侵害行为；存在损害事实；侵害行为与损害事实间存在因果关系；行为人主观上有过错。如果甲无法证明商场存在过错，比如香蕉皮是刚扔的，商场的清洁卫生非常好，保洁人员认真负责，制度完善，就不能以侵权的原因要求商场赔偿。

其次，甲和商场间是否存在合同关系。如果主张原因为违约行为，则须证明甲和商场之间存在合同。注意，甲还在试穿，甲和商场签订合同了吗？

通过下面的阅读，您会发现，缔约过失责任可以很好地解决问题。

缔约过失责任又称先契约责任，是指在当事人缔结合同过程中具有过失，从而导致合同不成立、无效或者被撤销所产生的责任。基于这样，使当事人遭受损害而产生的债权债务关系，就称为因缔结过失所生之债。

缔约过失责任特点在于以下几点：①缔约过失责任发生在合同订立阶段。只有在合同尚未成立，或者虽已成立，但因为不符合法定有效要件而被确认无效或可撤销时，才可能发生缔约过失责任。如果过失责任发生在合同生效后，则认定为违约责任。②一方违背了基于诚实信用原则产生的先契约义务。在缔约阶段当事人产生了特殊的信赖关系，基于该信赖，法律赋予对方特殊注意要求，当事人依诚实信用原则负有协助、保密、告知、忠实等义务，即先契约义务。如果违反该义务，则可能产生缔约过失责任。③造成了相对方信赖利益的损失，违反先契约义务一方主观上有过失。④违反先契约义务与损失之间有因果关系。

我国《民法通则》和《合同法》均未明确界定缔约过失责任的概念，但学界普遍认为，《合同法》第42、43条就是对缔约过失责任的法律规定。《合同法》第42条规定："当事人在订立合同过程中有下列情形之一，给对方造成损失的，应当承担损害赔偿责任：①假借订立合同，恶意进行磋商；②故意隐瞒与订立合同有关的重要事实或者提供虚假情况；③有其他违背诚实信用原则的行为。"第43条规定："当事人在订立合同过程中知悉的商业秘密，无论合同是否成立，不得泄露或者不正当地使用。泄露或者不正当地使用该商业秘密给对方造成损失的，应当承担损害赔偿责任。"

根据《合同法》的规定，缔约过失责任的承担形式是损害赔偿。赔偿损失的范围原则上不超过实际损失，具体内容主要包括：缔约费用，比如差旅费、合同草案审查费等；为准备履行合同产生的费用；履行合同而发生的费用等。

 实践一下……

单选题：甲因疏于注意，将原已灭失的名画售于不知情的乙，乙为此买下昂贵储物柜存放名画，甲应承担什么责任？（　　）

A. 买卖合同因标的不能而无效，甲无需承担任何责任

B. 买卖合同因标的不能而无效，但甲承担侵权责任

C. 买卖合同成立并生效，甲承担给付不能的合同责任

D. 买卖合同标的不能而无效，甲承担缔约过失责任

解答：答案为D。

提示：合同标的物自始客观不能的，该合同无效。合同标的物嗣后不能的，合同有效，但合同相对人承担违约责任。注意，甲和乙签订合同时，标的物就不存在。

 思考

甲公司在与乙公司协商购买某种零件时提出，由于该零件的工艺要求高，只有乙公司先行制造出符合要求的样品后，才能考虑批量购买。乙公司完成样品后，甲公司因经营战略发生重大调整，遂马上通知乙公司：本公司

续

已不需此种零件，终止谈判。问：甲公司的行为是否构成缔约过失，是否应当赔偿乙公司的损失？

提示： 注意题目中的表述："只有先制作样品，才能考虑批量购买"、"遂马上通知乙公司不需要此种零件"，甲公司的行为违反诚实信用原则了吗？有无假借订立合同，恶意进行磋商或是故意隐瞒与订立合同有关的重要事实或者提供虚假情况？答案是否定的。

因此，甲公司的行为并无不当，不应赔偿乙公司的任何损失。

七、其他原因

合同、无因管理、不当得利、侵权行为是债的发生的主要原因，除此以外，其他的法律事实也会引起债的发生。例如，拾得遗失物会在拾得人与遗失物的所有人之间产生债权债务关系等。

 我要复习！

1. 您一定要知道的（如果已掌握请打√）

债发生的原因种类 ☐

意定之债与法定之债的区别 ☐

2. 深入理解（结合思考题）

让我们结合夫妇买珍珠项链这道思考题来感受一下合同和单方允诺基本知识点在实践中的运用。

提示： 在此，我将列举一些处理意见，给您提供一定的参考，其中，可能还结合了民法总论中的基本知识点，请认真体会每种处理办法的不同之处。

让我们先来看一下《合同法》第54条的规定："下列合同，当事人一方有权请求人民法院或者仲裁机构变更或者撤销：①因重大误解订立的；②在订立合同时显失公平的。一方以欺诈、胁迫的手段或者乘人之危，使对方在违背真实意思的情况下订立的合同，受损害方有权请求人民法院或者仲裁机构变更或者撤销。当事人请求变更的，人民法院或者仲裁机构不得撤销。"

如果将夫妇买珍珠案纠纷确定为双方法律行为——合同行为，则可出现如下处理意见：

续

　　第一，根据《合同法》第 54 条的规定，商家珠宝店在合同订立过程中采取了欺诈手段，故意隐瞒了项链的真实情况，虚构了不真实的情况使合同相对方陷入了认识的错误，并为此遭受了损失。这对夫妇可以欺诈为由主张合同可撤销，撤销买卖合同，使合同自始无效，双方返还，恢复原状。因合同已经被撤销，商家就应当承担顾客由于合同无效结果所导致的不利益部分，即支付顾客付出的价款和鉴定费，而不包括因合同的成立和生效所获得的各种利益未能获得的部分，很难得到"假一罚十"的结果。

　　第二，同样依据《合同法》的规定，但夫妇二人作为受损害方并不以欺诈为由请求人民法院撤销合同，而是选择以商家违反合同订立时约定的"天然黑珍珠"为由，要求商家承担违约责任，赔偿自己因签订此合同受到的实际损失。毫无疑问，支付的价款和鉴定费都属于实际损失，而承诺的 10 倍赔偿是否应予以给付，学界存在不同的看法，有学者认为，"假一罚十"条款应当界定为违约金。《合同法》第 114 条第 2 款规定："约定的违约金低于造成的损失的，当事人可以请求人民法院或者仲裁机构予以增加；约定的违约金过分高于造成的损失的，当事人可以请求人民法院或者仲裁机构予以适当减少。"本案违约金是否过分高于损失，要考虑的因素包括当事人的身份和地位，是否存在过错及违约者经济承受能力等诸多因素，以保护弱势群体的利益为原则进行处理，对于商家而言，既然告示了假货 10 倍赔偿，作为商家取信于消费者而作出的承诺，就应当诚实信用履行自己的承诺，10 倍赔偿并不过分高，应予以支持。也有学者虽然支持"假一罚十"条款违约金的性质，但认为违约损害赔偿是一种补偿性救济，而非惩罚性救济，《消费者权益保护法》所规定的双倍赔偿是违约救济的例外情形，是一种较为严格的违约救济方式，对于惩罚性赔偿的适用既要谨慎也要适度，因此，在约定的违约金高于受损害人实际损失的情况下，当然可以向法院提出适当减少，总之，不得过分高于实际损失。

　　第三，选择适用《消费者权益保护法》第 49 条规定的处罚性赔偿："经营者提供商品或者服务有欺诈行为的，应当按照消费者的要求增加赔偿其受到的损失，增加赔偿的金额为消费者购买商品的价款或者接受服务的费用的 1 倍。"夫妇二人以消费者的身份，以《消费者权益保护法》保护自己的利益，得到双倍赔偿。

　　最后，值得我们关注的是，上述三种处理办法都是以商家与顾客的行为属于双方法律行为来定性解决的。其实，商家"假一罚十"的承诺与商家与

续

顾客之间的买卖合同属于不同的两个法律行为。"假一罚十"属于单方承诺，即单方允诺的法律行为，完全吻合单方允诺的构成要件，商家自愿向社会上不特定的人作出意思表示，承诺货物的真实性，表示如有违反，承担10倍赔偿，为自己设定了义务，愿意受此约束，在有满足条件的相对人出现时，就应当根据单方允诺行为的要求而生效。顾客与商家之后产生的合同行为并不影响商家先前的单方允诺行为。遗憾的是，我国立法中由于并没有明确规定单方允诺行为，实践中，主要还是以双方合同行为处理，对"假一罚十"条款的性质大多还是认定为合同的违约金，至于是否由司法机关酌情减少，并未在实践界得到统一。

学习单元二 无因管理之债

一、无因管理的概念

《民法通则》第93条规定："没有法定的或者约定的义务，为避免他人利益受损失进行管理或者服务的，有权要求受益人偿付由此而支付的必要费用。"

无因管理，是指没有法定的义务或者约定的义务，为避免他人的利益受到损失而进行管理和服务的行为。

管理他人事物的人称为管理人，其事物被他人管理的人称为本人或受益人。无因管理之债是基于管理人在无法定或约定义务的前提下为避免本人利益受损，自愿管理本人事务或为本人提供服务时在管理人与本人间产生的特定权利义务关系。无因管理行为虽然违反了禁止干预他人事物的原则，但其实质是一种有利于他人，有利于社会的互助行为，所以法律为鼓励这一行为而赋予其阻却违法性。

建议

记忆概念时，有一个小窍门，可通过"无因管理"字面意思入手——无因＋管理，即没有法定或约定原因＋为他人利益管理事务，非常简单。

二、无因管理的构成要件

（一）没有法定或者约定的义务

无因管理中的"无因"就是指"没有法定或者约定的义务"。大家回忆一下前面学过的知识点——债产生的原因可分为法定之债和约定之债，因此，没有原因就是指既没有法律直接规定的义务，也没有基于自己自由意思而设定的义务。

（二）须有为他人谋利的意思

为他人谋利益的意思，简称管理意思，即指欲使管理事务所生利益归于本人，通过自己的管理行为增加本人利益或避免本人发生损失的主观意思。无法律或约定上的义务管理他人事务本属违法行为，法律之所以认定无因管理为合法行为，其根本原因即在于这种行为符合

建议

学习无因管理构成要件需要和其概念紧密结合，这样，您将体会到掌握延续知识点的乐趣。无因管理构成要件不就是概念层层递进的详细阐述么？

善良风俗。例如：拾得遗失物后，如果拾得人及时通知失主或者发布招领公告，则拾得人为遗失物支出的必要费用可以认定为无因管理；反之，拾得人侵占遗失物的，则不可能构成无因管理。

（三）须为管理"他人"事务

管理人管理的事务必须是他人事务，此为无因管理成立基本条件。如将自己的事务误认为他人的事务而管理，即使目的是为他人避免损失，也不能构成无因管理。

无因管理之事务，可以是有关财产的事项，也可以是非财产的事项，但应当是适宜成为债的客体的事务。下列事项不能成为无因管理的对象：①违法事项，如代为清偿赌债；②不能发生债的关系的纯道德、友谊或宗教的事项，如代友接待客人；③依照法律规定必须由本人亲自办理或经本人授权才能办理的事项，如结婚登记等。

思考

通过您所掌握的无因管理的概念和构成要件，请在您所认为属于无因管理的选项后面打个√。

下大雪清扫雪路，避免行人跌伤 ☐

路遇受伤者主动送至医院治疗，并支付车费 ☐

将自己的马误认为他人的马而进行饲养 ☐

旅客运输合同中，司乘人员代管旅客物品 ☐

提示：上述选项中，只有第二项属于无因管理，三个构成要件完全符合，其余各项均因欠缺无因管理的构成要件而无法成立为民法上的无因管理，究竟缺什么，通过前面的学习，您知道了吗？

三、无因管理之债的内容

建议

在这一部分中，您首先需要回忆民法总论中的一个知识点，即民事法律关系的内容是什么，对，就是权利和义务。那么，在无因管理之债中的内容也应该是相关的权利和义务，也就是管理人和本人的权利和义务。

思考

一个深冬的傍晚，甲发现一头走失的羊，将其关在自家羊圈中进行喂养，找寻失主前来认领，未曾预料第三日晚狂降大雪，将羊圈压塌，甲奋起救羊，但未果，羊还是被压死，甲还因此受伤，花去医疗费100元。第二天，甲请人将羊屠宰，屠宰费50元，羊肉羊皮共卖得价款900元，如果该活羊价值1200元。后羊主人乙得知此事后，认为甲侵权，要求甲赔偿自己的损失，甲也要求乙偿付自己的受伤治疗费用100元和照顾羊的报酬50元，喂养的草料费30元，为此发生纠纷，本案应如何处理？

在学习完下面的知识点后即可得出答案。

（一）管理人的权利和义务

1. 管理人的权利。在无因管理成立后，管理人不得向本人要求支付报酬，但有权要求本人承担下列费用：

（1）偿还管理人管理事务所支出的必要费用及其利息，主要表现为直接的支出费用。

（2）管理人为本人负担必要的债务时，本人应清偿该债务。

（3）管理人因管理事务而遭受损失时，本人负责赔偿。比如在灭火过程中导致管理人的服装烧毁。

2. 管理人的义务。

（1）适当管理义务。①管理人不应违背本人的管理意思。管理人在进行事务管理时，不得违背本人明示的或可推知的管理意思。但管理人为本人尽公益上的义务或为其履行法定抚养义务时，尽管违反本人明示或可推知的意思，仍为适当管理。②管理人应依有利于本人的方法进行管理。

（2）通知义务。管理人应将管理事务的事实及时通知给本人，这是管理人的从属义务。管理开始时，除管理人确实无法通知本人之外，均应及时通知本人。通知后，除有紧迫情况外，应听候本人的指示。

（3）报告、计算义务。报告、计算义务主要包括以下内容：及时报告管理事务的进行状态，管理关系终止时，明确报告其始末；管理事务所取得的物品、钱款及孳息交付本人。

管理人违反上述管理义务时，应分不同情况处理：①无因管理成立，但管理人管理方法、措施不当，给本人造成损害的，若管理人有故意或重大过失的，应负赔偿责任；若管理人为一般过失，则应免除或减轻管理人的责任。②管理人员有管理意思，但其管理事务却违反本人的管理要求或社会常识，使管理效果不利于本人，即不构成无因管理。管理人如有过错，应按侵权行为负赔偿责任。

（二）本人的权利和义务

在无因管理之债中，管理人的权利便是本人的义务，管理人的义务便是本人的权利；反之亦然。这里强调的是，本人负有的义务主要是管理费用偿还义务、损害赔偿义务和清偿债务等。

 我要复习！

好，无因管理的基本知识点学习完了，让我们结合前面提出的这道思考题来复习一下吧。

1. 您一定要知道的（如果已掌握请打√）

无因管理概念及构成要件 ☐

无因管理中管理人应尽到何种义务 ☐

无因管理中管理人哪些支出应由本人偿付 ☐

2. 深入理解（结合思考题）

在案例分析题中，我们应结合问题整理出案例给予的信息，找出争议点，方便解答和处理纠纷。因此，对此案例，可提出以下要点：

（1）甲照顾拾来的羊是否构成无因管理？

（2）后甲救羊未果致使羊死亡，是否应赔偿乙？

（3）甲救羊受伤的费用是否由乙承担？

（4）甲应否要求乙支付报酬？应偿付给乙哪些款项？

提示：（1）根据无因管理构成要件，甲照顾拾来的羊并寻找失主认领，没有法定或约定义务，为避免失主利益受损失而管理了失主事务，应构成无因管理。

续

> （2）无因管理中，管理人有适当管理的义务，其管理事务未违反社会常识，管理方法、措施并无不当，且无故意或重大过失，不应负赔偿责任。本案中，甲在无因管理时将羊置于羊圈，管理方法得当，也无故意或重大过失，不应负赔偿责任。
>
> （3）无因管理中管理人因管理事务而遭受损失时，本人负责赔偿。因此甲受伤的费用 100 元应由乙支付。
>
> （4）无因管理管理人不得请求支付报酬，所以甲不能要求乙偿付报酬 50 元。管理人管理事务所支出的必要费用及其利息、为本人负担必要的债务应由本人支付。因此，甲可将该羊皮羊肉卖得的 900 元在扣除屠宰费 50 元和草料费 30 元后返还给乙。

学习单元三　不当得利之债

一、不当得利的概念

> 《民法通则》第 92 条规定："没有合法根据，取得不当利益，造成他人损失的，应当将取得的不当利益返还受损失的人。"

不当得利是指没有法律或合同上的根据取得利益而使他人受到损失的事实。因不当得利事实而发生的债，即为不当得利之债。在不当得利之债中，因他方不当得利而受到财产损失的一方是债权方。

二、不当得利的构成要件

（一）须一方获得利益

一方获得利益是构成不当得利的必要条件。若不具备此条件，即一方当事人只使他方的财产受到损害，自己并未从中获得利益，则可能会发生损害赔偿责任，但不能发生不当得利返还责任。

一方取得财产利益，是指因一定的事实结果而获得或增加了财产或利益上的积累。因精神利益不能返还，受益人获得的利益限于财产利益，即可以用金钱价值来衡量的利益，精神利益不属于这里的利益范畴。

建议

记忆理解不当得利的概念和构成要件也可参照前面无因管理中的建议。不当＋得利（既然一方获得了利益，当然有一方会受到损失，两者也会有关系）。您想到了什么记忆的好方法没？

判断受益人是否受有财产利益，一般以其现在的财产或者利益与如果没有与他人之间发生利益变动其所应有的财产或利益总额比较来判断。凡是现在财产状况或利益较以前增加，或者应减少而未减少，为受有利益；如果既有得利又有损失的，损益抵消后剩余有利益的，也为受有利益。具体而言，取得财产利益的表现形式为财产或利益的积极增加和财产或利益的消极增加，即因财产或利益本应减少而未减少所得的利益。

（二）必须他方受损失

他方受损失，是不当得利成立的另一必要条件，指因取得利益而使他人受到财产损失。仅仅有一方受有财产上的利益，而未给他人带来损失，不发生利益返还，则不成立不当得利。如，甲投资兴建广场，邻居乙的房屋价值剧增，乙获有利益但未给甲带来损失，乙对甲而言不成立不当得利。

（三）必须获利与受损之间有因果关系

受益人取得利益与受损人所受损失之间的因果关系，是指受损人的损失是受益人的受益所造成的结果。只要他方的损失是由获得不当利益造成的，或者说没有不当利益的获取，他人就不会造成财产的损失，均应认定受益与损失间有因果关系。因此，因果关系既不要求他方受到的损失与一方接受的利益同时发生，也不要求两者的范围或表现形式相同。受益大于损失，或损失大于受益，它只影响义务人返还义务的范围；并且受损人所受的损失与受益人所得的利益，其形态也不必相同，如无权处分他人之物，张三将李四交予自己保管的电脑在二手市场以1000元卖给不知情的王五，受益的无权处分人张三获得的是物的价金，而物的原所有人李四丧失的是该物所有权，但张三的处分行为获利和李四的损失仍成立因果关系，李四可基于不当得利要求张三返还1000元。

（四）获利须没有合法根据

取得利益致他人损失之所以成立不当得利，原因在于利益的取得既无法律直接规定，亦无合同约定，我国《民法通则》称为"没有合法根据"。若一方得利造成他方损失有合法根据，当事人之间的关系就受到法律的认可和保护，不发生不当得利问题。

思考

通过您所掌握的无因管理的概念和构成要件，请在您所认为属于无因管理的选项后面打个√。

王五将车停于停车场后去吃饭，张红未经王五同意主动为王五洗车后，以不当得利为由要求支付洗车费 ☐

续

甲将乙丢弃的电脑拾回家，经维修，完全可正常使用，甲乙之间构成不当得利 ☐

　　将公交车售票员多补的 40 元钱据为己有，构成不当得利 ☐

　　甲捡得乙的一块手表，拒不归还，甲乙之间构成不当得利 ☐

　　提示： 第三、四项为不当得利，思考一下原因。

三、不当得利之债的内容

不当得利之债的内容，就是受损方返还不当得利请求权和获利方返还不当得利的义务。

（一）不当得利返还请求权

由于不当得利之债中一方当事人没有合法根据而使自己获利并使他人受损，为此，受损一方得有权请求获利一方返还不当得利。至于不当得利的范围，《民通意见》第 131 条规定："返还的不当利益，应当包括原物和原物所生的孳息。利用不当得利所取得的其他利益，扣除劳务管理费用后，应当予以收缴。"

思考

2006 年 4 月 21 日晚 10 时，许霆到广州市黄埔大道西平云路上的一家商业银行的 ATM 取款机上取款，他本想取款 100 元，结果 ATM 出钞 1000 元，而银行卡存款账户里却只被扣除 1 元。于是，许霆连续用自己的借记卡取款 54 000 元。当晚许霆的同伴郭安山得知后，两人随即再次前往提款，之后反复操作多次。后经警方查实，许霆先后取款 171 笔，合计 17.5 万元；郭安山则取款 1.8 万元。事后，二人各携赃款潜逃。事发后，郭安山主动自首后被判处有期徒刑 1 年，而潜逃 1 年被抓获的许霆一审被广州市中院以盗窃罪判处无期徒刑，二审改判有期徒刑 5 年，并处罚金 2 万元，追缴许霆的犯罪所得 173 826 元，发还受害单位。

　　曾引发学界广为关注的"许霆案"如今已经告一段落，其行为是否应构成盗窃罪需要我们在刑法学的学习中加以思考。但仅就民事法律关系而言，学者较统一地认为，许霆的行为满足不当得利的构成要件，应成立不当得利，其所得及孳息应返还银行。您是否赞成这一观点呢？

实践一下……

单选题： 某甲向银行取款时，银行工作人员因点钞失误多付给1万元。甲以这1万元作本钱经商，获利5千元，其中2千元为其劳务管理费用成本。一个月后银行发现了多付款的事实，要求甲退回，甲不同意。下列有关该案的哪一表述是正确的？（   ）

A. 甲无需返还，因系银行自身失误所致

B. 甲应返还银行多付的1万元

C. 甲应返还银行多付的1万元，同时还应返还1个月的利息

D. 甲应返还银行多付的1万元，同时还应返还1个月的利息及3000元利润

解答： 答案为C。甲应当返还的不当利益包括原物即银行多付给的1万元和原物所生的孳息。至于某甲利用1万元经商获得的利润并扣除劳务管理费用后的3千元应当予以收缴，而不是返还给银行。

（二）不当得利返还范围

一般说来，债务人返还利益范围以其所得为准，不以受损失人损失的范围为准。但在实际处理上，则应根据受益人取得利益的主观状态区分不同情况：

1. 受益人为善意，即在受益人取得利益时不知道没有合法根据，其返还利益的范围以利益存在的部分（现存利益）为限；如利益已不存在，则不负返还义务。所谓现存利益不限于原物的固有形态，如果形态改变，其财产价值仍然存在或者可以代偿，仍然属于现存利益。

2. 受益人为恶意，即在取得利益时明知没有合法根据，其返还利益的范围应是受益人取得利益时的数额，即使该利益在返还之时已经减少甚至不复存在，不免除返还义务。

3. 受益人在取得利益时为善意，嗣后为恶意的，其返还范围应以恶意开始之时存在的利益为准。

（三）不当得利返还请求权与其他请求权的关系

1. 不当得利请求权与所有物返还请求权的关系。在一方侵占他人财物，或者一方基于无效行为给付他人财物，标的物的所有权从法律意义上并不发生转移，因此成立所有物返还请求权。在此情况下，发生返还原物请求权与不当得利请求权的竞合。因不当得利返还请求权为债权请求权，所有物返还请求权为物权请求权，所以，权利人可据此选择。

2. 不当得利请求权与侵权损害赔偿请求权。侵权行为可能与不当得利发生

竞合，于是产生不当得利请求权和侵权损害赔偿请求权的竞合。在此情况下，当事人可选择行使任一种请求权。

我要复习!

1. 您一定要知道的（如果已掌握请打√）

不当得利的概念及构成要件 ☐

不当得利返还请求权及返还的范围 ☐

2. 深入理解

理解区分不当得利返还请求权与其他请求权。

多选题： 甲将出国，将其价值 2000 元的电脑托其好友乙保管。乙将该电脑高价卖给丙，因乙能说会道，得价金 4000 元。甲归国后，发现电脑已被乙卖掉。甚是气愤，请问甲得对乙主张以下哪些权利? (　　)

A. 得向乙主张违约责任　　　　　　B. 得主张乙构成无因管理

C. 得主张乙构成不当得利　　　　　　D. 得主张乙构成侵权

答案： ACD。这道题在学界存在争议，也有学者反对不当得利与其他请求权的竞合，认为不当得利的构成要件之一为获利没有合法的依据，而本题可以主张违约或是侵权，即为有依据，因此只能选 AD。本书持赞成请求权竞合说，因为不当得利构成要件强调的是获利没有合法的依据，题目中甲和乙之间只有保管协议，而无授权卖电脑的协议，甲向乙主张的违约责任只能是保管协议的违约。乙的获利 4000 元，和甲的损失之间有因果关系，但乙并无合法依据获利，所以甲当然可依不当得利要求乙返还获利的 4000 元。

我的笔记

_____

_____

_____

_____

_____

_____

第十章　债的履行

 导　学

　　学习本章须识记债的适当履行，不履行及不适当履行等基本概念，能理解债的不履行中拒绝履行和履行不能的区别并以此解决生活中的具体案例。

 学习内容

　　《民法通则》第84条第2款规定："债权人有权要求债务人按照合同的约定或者依照法律的规定履行义务。"

　　债的履行，指的是债务人按照合同约定或者法律规定，履行自己所承担的义务，使债权人的债权得以实现的行为。债是特定当事人之间的债权债务关系，只有通过债的履行，债的内容才得以实现，当事人的目的才能达到，因此，债的履行是债法律效力表现的必然结果。债的履行主体在改选债务时应当依照法律规定，遵循全面履行、诚实信用原则。

学习单元一　债的适当履行

　　债的适当履行，指债务人按照债的内容，在债务履行期届满时全部地、适当地履行，即债的履行主体、履行标的、履行期限、履行地点和履行方式、履行费用都是适当的、完全的，否则不能成立有效的给付。

一、履行主体

　　债的履行主体指履行债务和接受债务履行的人。因债是特定当事人间的权利义务关系，因此，在一般情况下，债是由当事人实施特定行为来履行的，也就是由债务人履行债务，由债权人接受债务人的履行。但在某些情况下也可以由第三人代替债务人履行，或由第三人代替债权人履行。然而，并非所有债务

都可以由第三人代为履行。但依法律规定或者当事人的约定，或者依照债的关系的性质，须由当事人亲自履行的债，不得由第三人代替履行，否则就为不适当履行。

当债的履行主体涉及第三人时，往往由债的当事人在合同中加以约定而形成。《合同法》第 64 条规定："当事人约定由债务人向第三人履行债务的，债务人未向第三人履行债务或者履行债务不符合约定，应当向债权人承担违约责任。"第 65 条规定："当事人约定由第三人向债权人履行债务，第三人不履行债务或者履行债务不符合约定，债务人应当向债权人承担违约责任。"依此规定，第三人代替履行时，第三人只是履行主体，而不是债的当事人。因此，于第三人代债权人接受履行时，债务人未向第三人履行或履行不当的，应向债权人承担责任；在第三人代替债务人履行时，债务人须对第三人的代替履行行为负责。

 实践一下……

单选题： 甲公司要运送一批货物给收货人乙公司，甲公司的法定代表人丙电话联系并委托某汽车运输公司运输。汽车运输公司安排本公司司机刘某驾驶。在运输过程中，因刘某的过失发生交通事故，致货物受损。乙公司因未能及时收到货物而发生损失。乙公司应向谁要求承担损失？（　　　）

A. 甲公司　　　　　　　　B. 丙

C. 刘某　　　　　　　　　D. 汽车运输公司

解答： 答案为 A。此题属于当事人约定由第三人向债务人履行，当事人一方因第三人原因造成违约的，应当向对方承担违约责任，此条也符合债的相对性原理。当事人一方和第三人间的纠纷，依照法律规定或者按照约定解决。

二、履行标的

通说认为，债的履行标的是指债的给付对象，即债务人向债权人履行给付义务时具体交付的对象，履行标的可以是物，如货物，也可以是完成工作，还可以是提供劳务等。

债务人应当按照债的标的履行，不得随意以其他的标的代替，这是实际履行的基本要求。只有在法律规定或合同约定允许债务人以其他标的来代替债的标的履行时，债务人才可以其他标的为履行。

1. 债务人以给付实物履行债务的，债务人交付标的物的数量、质量应当符合法律的规定或合同的约定。如果合同中对标的物质量规定不明确，又不能达成补充协议的，按照合同有关条款或者交易习惯也不能确定的，则按照国家标准、行业标准履行；没有国家标准、行业标准的，应当按照通常标准或者符合债的目的的特定标准履行。

2. 以完成一定工作或提供劳务履行义务的，债务人应当按照合同约定的或者法律规定的数量和质量完成工作或者提供劳务。

3. 履行标的为货币的，除法律另有规定外，必须用人民币计算和支付。除国家允许的现金交易外，法人间的经济往来，必须通过银行转账结算。

4. 在支付标的为价款或酬金时，当事人应按照合同约定的标准和计算方法确定的价款来履行；如果对价款或酬金约定不明确，应执行政府定价或者政府指导价的，按照规定履行；不属于应执行政府定价或者政府指导价的，应按照订立合同时履行地的市场价格履行。逾期交货的，遇价格上涨时，按原价格执行；价格下降时，按新价格执行。逾期提货或逾期付款的，遇价格上涨时，按新价格执行；价格下降时，按原价格执行。

三、履行期限

履行期限，是指债务人向债权人履行义务和债权人接受债务人履行的时间。履行期限可以是具体的某一日期，也可以是某一期间。债的当事人应在合同约定的或者法律规定的期限内履行，如果合同中约定的期限不明确，当事人又协商不成的，则合同债务人可以随时向债权人履行，债权人也可以随时要求债务人履行义务，但应当给对方必要的准备时间。债务人在必要的准备时间内履行的，债的履行期限即为适当。双方互有对待给付义务的债，除另有规定外，双方应当同时履行。在分期履行的债中，债务人应当在每一期的履行期限内履行。

债务人在履行期限届满后履行，称为债的逾期履行，又称迟延履行。债务人在履行期限届满前就履行自己的义务称为债的提前履行。经债权人同意的提前履行，应视为双方对履行期限的变更，其履行便是适当的。未经债权人同意，原则上是不能提前履行债务的。

四、履行地点

履行地点是债务人履行债务和债权人接受履行的地点。履行地点关系到履行费用的负担，当事人应按照约定的或者规定的地点履行。履行地点约定不明确的，给付货币的，应在接受给付的一方所在地履行；交付不动产的，在不动产所在地履行；其他标的则在履行义务一方所在地履行。

五、履行方式

履行方式是指法律规定或合同约定的债务人履行义务的方式。债的性质和内容不同，其履行方式也不同。凡要求一次性履行的债务，债务人不得分批履行；反之，凡要求分期分批履行的债务，债务人也不得一次性履行。履行方式没有明确规定或者约定的，应依诚实信用原则确定，按照有利于实现债的目的的方式履行。

六、履行费用

在债务履行过程中所发生的费用，当事人有约定时按约定负担。如果履行费用负担不明确的，由履行义务一方负担。

学习单元二 债的不履行和不适当履行

债权为请求权，债权人的利益需通过债务人履行债务的行为才能得到满足。因此，法律必然要求债务人按照法律的规定或者合同的约定全面履行所负的债务，使债权得以实现。我国立法将不履行债务的形式分为两种，即债的不履行和不适当履行。所谓债的不履行，是指债务人根本未实施任何旨在清偿债务的给付行为，包括拒绝履行和履行不能；债的不适当履行是指债务人虽实施了给付行为，但其履行不符合当事人的约定或法律的规定，包括迟延履行和瑕疵履行，前者是给付在时间上有瑕疵，后者则包括除迟延履行外的一切不适当履行的行为样态。

虽然不履行债务有诸多样态，但其结果只有一个，即未能满足债权。因而不履行债务的情况发生时，债的关系依然存在。为此，法律就需另设补救措施以救济该债权。这一补救措施就是债的不履行的强制性后果，包括强制实际履行、损害赔偿、违约金责任等。

一、债的不履行

思考

市民张女士看上一套总价 80 万元的二手房，很高兴地与房东签订了普通购房合同，支付了 10 万元定金，并约定好下周一去办理房屋过户手续。第二天，房东认为房价卖得太低，要求解除合同，愿意承担违约责任，承担定金双倍罚则，但张女士坚持想要房屋。如果您是张女士的诉讼代理人，您认为本案应如何处理？请认真学习下列基本知识点，结合债的履行不能与拒绝履行基本知识点，仔细思考，谈谈您的看法。

（一）履行不能

履行不能，指债务人由于某种原因，事实上已不可能履行债务。履行不能使债的目的客观上无法实现，因而导致债务消灭或转化为损害赔偿之债，债权人无法请求继续履行。

履行不能的原因多种多样，如特定标的物灭失、债务人失去劳动能力等。

一般认为，是否履行不能应依社会观念判定。凡社会观念认为债务事实上已无法强制执行，即属于履行不能。即使尚有履行的可能，但如果履行将必须付出不适当的代价，或需冒生命危险，或因此而违反更重大的义务，依照诚实信用原则，也应认为属于履行不能。但履行不能不包括下列情形：①履行困难；②债务人缺乏资金；③选择之债中尚有可选择的给付；④货币之债和利息之债。

履行不能的法律后果，因其是否可归责于债务人而有所不同：

第一，在因可归责于债务人的事由而致履行不能时，债务人免除履行原债务的义务，但应承担不履行的责任；债权因合同而生者，债权人可解除合同并请求损害赔偿。如经债权人同意，债务人也可以其他标的物代替原标的物履行，即代物清偿。

第二，在不可归责于债务人的事由而致履行不能时，债务人免除履行原债务的义务，且不承担债务违反的责任；在双务合同，债权人免除对待给付的义务，对待给付已经履行的，可依不当得利请求返还；履行不能由第三人造成或标的物已加入保险的，债务人虽可免除履行原债务的义务，但债权人得请求其让与对第三人或保险人的损害赔偿请求权或交付其取得的赔偿金。

（二）拒绝履行

拒绝履行是指债务人能够履行债务而故意不履行。构成此种不履行形态的条件为：①须有合法的债务存在；②债务人向债权人作出拒绝履行的意思表示，这种拒绝可以是明示的，也可以是默示的，如债务人将特定标的物移转给第三人；③拒绝履行表示须于履行期到来之后作出；④拒绝履行无正当理由；⑤债务人有履行能力。

拒绝履行的法律后果为：①债权人可解除合同，并请求支付违约金或赔偿损失，或债权人得诉请法院强制执行，并请求支付违约金或赔偿损失；②在双务合同中，债务人丧失同时履行抗辩权，债权人有先为履行义务的，得拒绝自己的履行；③在有保证担保的债，债权人得请求保证人履行保证义务；在有物的担保的债，债权人可依法行使担保物权。

二、债的不适当履行

（一）迟延履行

迟延履行包括给付迟延（债务人的迟延）和受领迟延（债权人的迟延）两种。

1. 给付迟延。给付迟延，是指债务人在履行期限到来时，能够履行而没有按期履行债务。其构成要件为：①须有债务存在；②履行须为可能；③须债务履行期已届满；④须因可归责于债务人的事由而未履行；⑤须无法律上的正当理由。

给付迟延的法律后果为：①债权人可诉请强制执行。②债务人赔偿因迟延而给债权人造成的损失。③在给付迟延后，如遇有不可抗力致使合同标的物毁损，债务人须承担履行不能的责任，不得以不可抗力为由主张免责。但如债务人能证明即使没有给付迟延，损失仍将发生的，则可免责。④当事人一方迟延履行其主要债务，经催告后在合理期限内仍未履行，或当事人一方迟延履行债务致使不能实现合同目的的，当事人可以解除合同并请求赔偿损失。

2. 受领迟延。受领迟延，是指债权人对于债务人的履行应当受领而不为受领。其构成要件为：①须有债权存在；②须债务人的履行需要债权人的协助；③须债务已届履行期且债务人已履行或提出履行；④须债权人未受领给付，且迟延受领无正当理由。

在迟延受领的情况下，债权人应依法支付违约金，因此给债务人造成损害，则应负损害赔偿责任。债务人得依法自行消灭其债务，如以提存的方式消灭债务。

（二）瑕疵履行

瑕疵履行是指债务人虽然履行，但其履行存在瑕疵，即履行不符合规定或约定的条件而致减少或丧失履行的价值或效用的情形。瑕疵履行的债务人有积极的履行行为，只是由于债务人履行有瑕疵，使债权人的利益遭受损害，故可称为积极的债务违反。其法律后果为：①瑕疵能补正的，债权人有权拒绝受领，要求补正，并不负受领迟延责任。因标的物的补正而构成债务人迟延的，债务人应当承担迟延给付的责任。标的物虽能补正但对债权人已无利益的，债权人得解除合同。经债权人催告而债务人不为补正的，债权人得诉请法院强制执行。②瑕疵不能补正的，债权人得拒绝受领，请求全部不履行的损害赔偿，并可解除合同。债权人如仍愿受领，则可请求部分不履行的损害赔偿。

当债务人的瑕疵履行使债权人的其他人身利益或财产利益受到损害时，便构成加害给付。因加害给付而致债权人的其他利益遭受损害的，无论是人身伤害还是财产损失，无论是既得利益的损失还是可得利益的丧失，债务人均应赔偿。此时实际上已构成了侵权责任与债的不适当履行责任的竞合，债权人可选择行使请求权。

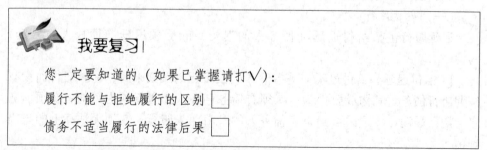

我要复习！

您一定要知道的（如果已掌握请打√）：

履行不能与拒绝履行的区别 ☐

债务不适当履行的法律后果 ☐

我的笔记

第十一章   债的保全与担保

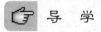 导　学

学习本章需要理解债的保全制度中债权人的代位权和撤销权的基本知识，灵活运用债的担保制度中保证及定金规定。

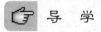 学习内容

学习单元一   债的保全

债的保全	债权人的代位权——→债务人怠于行使其到期债权，给债权人造成损害	
	债权人的撤销权	债务人放弃其到期债权或者无偿转让财产，对债权人造成损害
		债务人以明显不合理的低价转让财产，对债权人造成损害，并且受让人知道该情形

一、债的保全的概念与特征

债的保全是债权人为防止债务人的财产不当减少而危害其债权，通过直接维持债务人的财产状况，对债的关系以外的第三人所采取的保护债权的法律措施。

债权是一种相对权，债的效力原则上不对债的双方当事人以外的第三人发生效力，但为确保债权人的权利实现，当债务人财产不当减少而影响到债权人利益时，设置了债的保全制度，突破了债的相对性规则，使债的效力对外扩及至第三人。

我国《民法通则》对债的保全未作规定，但《合同法》第 73~75 条对此作

出了明确规定。债的保全制度表现为两种制度，即债权人的代位权和债权人的撤销权。

二、债权人的代位权

（一）债权人代位权的概念和特征

思考

甲是一个生产企业，甲向乙提供了 200 万元的借款，丙又欠乙 300 万元工程款。问：甲是否有权利要求丙向自己清偿 200 万元？

结合生活中的常识，您认为应该如何处理呢，甲能否直接向丙要求清偿 200 万元？在学习完下面债权人代位权的知识后，您将得到正确答案。

建议

在学习债权人代位权的基本知识之前，给大家介绍一个学习的小窍门，请您再次认真地阅读《合同法》第 73 条并充分理解这条的规定，好，能记住了吗？您将非常惊喜地发现，其实下面的内容不再复杂难懂，都是围绕此条进行分解，进行运用。在记好第 73 条的基础上学习，您将得到事半功倍的效果。

《合同法》第 73 条规定："因债务人怠于行使其到期债权，对债权人造成损害的，债权人可以向人民法院请求以自己的名义代位行使债务人的债权，但该债权专属于债务人自身的除外。代位权的行使范围以债权人的债权为限。债权人行使代位权的必要费用，由债务人负担。"

债权人代位权，是指债务人怠于行使其对第三人享有的权利而危及债权人债权实现时，债权人为保全自己的债权，有权以自己的名义代债务人之位行使属于债务人的权利。债权人代位权具有以下特征：

1. 债权人代位权的行使，针对的是债务人怠于行使到期债权的消极行为。债权人的代位权是为保全债权的，行使的目的是使债务人应增加的财产能够增加，从而保障债权人利益的实现。因此，若债务人自己积极行使了自己的权利，则债权人不能行使代位权，若债务人的债权尚未到期，债权人也不能行使代位权。

2. 债权人代位权是债权人以自己的名义对债务人的义务人行使权利。债权人行使代位权是行使自己的权利，而不是作为债务人的代理人行使债务人的权利。

3. 代位权只能通过向法院提起诉讼才能有效行使。

（二）债权人代位权的成立要件

1. 债权人对债务人的债权合法并到期。合法债权的存在，是代位权存在的基础。

2. 债务人对第三人享有权利。代位权是债权人以自己的名义代替债务人行使债务人对第三人的权利。如果债务人没有对第三人的权利，代位权无从谈起。此外，债务人对第三人的权利须为已存在的财产权，将来存在的、非财产权均不能为代位权的标的。另外，具有专属性的、不得让与的权利，也不能成为债权人代位权的标的。

3. 债务人怠于行使其到期债权，且对债权人的债权造成危险。如果债务人积极行使其对第三人的财产权利，债权人的代位权不能成立。只有在债务人既不履行对债权人的到期债务，又不以诉讼或仲裁的方式向第三人主张其已到期的债权，且自己的财产不足以清偿债权人债权，对债权人债权造成危险时，才能由债权人代位行使。

4. 债权人代位权的行使范围以保全债权的必要为标准。债权人代位权行使的范围，应以保全债权人债权的必要为限度，即以债权人的债权为限。因此，若债务人享有数项权利时，债权人就某一项权利行使代位权已可满足清偿其债权需要，则不得再对债务人的其他权利行使代位权。

（三）债权人代位权的行使

债权人代位权的行使主体必须是债权人，并且债权人应以诉讼的方式，向法院提起。债权人行使代位权，主要是行使债务人对第三人的请求权，原则上债权人不得请求第三人向自己履行债务，因为第三人对债权人并无给付义务。因行使代位权而增加的财产，应为债务人的责任财产，是全体债权人的共同担保，提起代位权诉讼的债权人不得从中优先受偿，但如果债务人拒绝受领，债权人可以代位受领，但受领后此财产仍归于债务人的责任财产。

（四）债权人代位权的效力

债权人代位权的效力主要体现在三个方面：

1. 对于债务人的效力。债权人代位权行使的效果直接归属于债务人。

2. 对于第三人的效力。债权人代位权的行使是代债务人行使对第三人的权利，于此情形下第三人的地位不能较债务人自己行使权利时不利。因此，第三人于代位权行使前发生的对抗债务人的抗辩权，均可用于对抗债权人。而第三人对债权人本人的抗辩权，却不可在债权人行使代位权时对抗债权人。

3. 对于债权人的效力。债权人行使代位权是代债务人行使权利，所得的财产为债务人的一般财产，债权人不能优先受偿，债权人代位权行使的必要费用，由债务人承担。因此，债权人因行使代位权所付出的费用，得请求债务人偿还，并得就此费用的偿还请求对第三人的给付物成立留置权。

 实践一下……

到现在为止，债权人代位权的基本知识您已经学习完了，回顾本部分开始时提出的那道思考题，您会发现，甲向乙提供了 200 万元的借款，丙又欠乙 300 万元工程款这种生活中常见的纠纷，并不都能以债权人代位权来解决。

为了检验您的学习成果，请您合上前面的书页，默写债权人代位权的构成要件：

_____

_____

_____

_____

结合债权人代位权构成要件，您将得出下列结论：

1. 债权人代位权的行使需要债权人对债务人的债权合法并到期。甲不是金融企业，无权放贷，按照目前法律的规定，甲乙之间的合同是无效的，利息应当予以追缴，但乙对于本金是应当返还的。所以，甲对乙要求返还 200 万元的本金的债权是合法的到期债权，依据的是不当得利返还请求权。

2. 债务人对第三人享有权利。丙又欠乙 300 万元工程款，符合要求。

3. 债务人怠于行使其到期债权，且对债权人的债权造成危险。因此，只有在债务人乙既不履行对债权人甲 200 万的到期债务，又不以诉讼或仲裁的方式向第三人丙主张其已到期的债权 300 万元，且自己的财产不足以清偿债权人债权，对债权人债权造成危险时，才能由债权人代位行使。

4. 债权人代位权的行使范围以保全债权的必要为标准。不能向丙要求支付 300 万，只能要求偿付 200 万。

值得注意的是，甲即使满足上述条件，能以自己的名义向丙行使代位权，也必须以向法院起诉的方式来行使，且胜诉后，丙向乙支付 200 万，这 200 万由乙的全体债权人共同受偿，即使甲代位受领 200 万，也不能优先受偿。

实践一下……

单选题： 关于债权人的代位权，下列说法错误的是（   ）。

A. 其行使范围以债权人的债权为限

B. 债权人须以自己名义行使代位权

C. 行使代位权的必要费用，由债务人负担

D. 就因此所得到的利益，代位权人有权优先受偿

解答： 答案为 D。本题考察的都是基本知识点，如果您没能选择出正确答案，说明您对基本知识掌握还不够，请再认真阅读一下教材吧。

三、债权人的撤销权

（一）债权人撤销权的概念

建议

通过前面的学习，您已经体会到理解法条的重要性了吧，债权人的撤销权同样也可以用相同的方法进行学习。

《合同法》第 74 条规定："因债务人放弃其到期债权或者无偿转让财产，对债权人造成损害的，债权人可以请求人民法院撤销债务人的行为。债务人以明显不合理的低价转让财产，对债权人造成损害，并且受让人知道该情形的，债权人也可以请求人民法院撤销债务人的行为。撤销权的行使范围以债权人的债权为限。债权人行使撤销权的必要费用，由债务人负担。"

债权人撤销权，又称废罢诉权，是指当债务人所实施的减少其财产的行为危害债权实现时，债权人为保全债权得请求法院予以撤销该行为的权利。作为债的保全方式之一，债权人的撤销权同样是为防止因债务人的责任财产减少而致债权不能实现的现象出现。因债权人撤销权的行使是撤销债务人与第三人间的行为，从而使债务人与第三人间已成立的法律关系被破坏，当然地涉及第三人。因此，债权人的撤销权也为债的关系对第三人效力的表现之一。

（二）债权人撤销权的成立要件

债权人撤销权的成立要件可分为客观要件与主观要件，并且依债务人所为的行为是否有偿而有所不同。

1. 客观要件。撤销权成立的客观要件为债务人实施了危害债权的行为。具体说来如下：

　　第一，债务人须于债权成立后实施危害债权的行为。在债权成立前，债务人行为并不存在危害债权的可能。

　　第二，债务人实施了使其财产减少的行为。《合同法》仅包括了放弃到期债权，无偿转让财产或以明显不合理的低价转让财产的行为，规定过窄，《合同法解释（二)》作出了更全面的规定，但债务人的下列行为不得作为撤销权的标的：事实行为、无效行为、非以财产权为标的的行为、以提供劳务为目的的行为、以禁止扣押物为标的的行为等。因此，债务人放弃其未到期债权且又无其他财产清偿其到期债务，以明显不合理高价收购他人财产等行为，债权人也应该可以撤销。

　　第三，债务人行为必以财产为标的。非以财产为标的的行为，因与责任财产无关，故无行使撤销权的必要。

　　第四，须债务人的行为有害债权。所谓有害债权，是指债务人的行为足以减少其一般财产而使债权不能完全受清偿。若债务人为其行为虽使其财产减少但仍有其他财产，不影响其对债权的清偿时，债权人就不能干涉债务人的行为。

 实践一下……

　　单选题：下列行为中，可以作为债权人撤销权标的的是（　　　）。

　　A. 债务人某甲在其父死亡后，拒绝接受继承的行为

　　B. 债务人某乙在不能清偿对债权人所负债务时，将其机器设备无偿赠送给与其有同类业务的兄长

　　C. 债务人某丙捡到他人的钱包又将其返还给他人，并且还拒绝他人给付他酬金的行为

　　D. 债务人某丁自己本身就比较贫困，却还收养了一个孤儿的行为有可能害及债权

　　解答：答案为 B。

　　2. 主观要件。债权人撤销权成立的主观要件是债务人与第三人主观上有恶意。主观恶意，即债务人或第三人在实施民事行为时知道或应当知道该行为有害于债权人之债权仍照样实施的心理状态。对于撤销权的主观要件，依债务人所为的行为是有偿或无偿而有所不同。有偿行为的撤销，须以恶意为要件，无偿行为的撤销，只需客观要件即可，不探讨是否存在恶意。

实践一下……

单选题： 甲向乙借款 50 万元做生意，后来生意亏损 70 多万元。甲有一栋房子价值 18 万元，其余财产价值只有 10 万元。借款到期后乙向甲要求偿还，甲却将自己的房子作价 1 万元卖给了亲弟弟丙，则下列判断正确的是（　　）。

A. 如果丙不知甲欠钱的情况，则乙只能行使代位权

B. 只有在丙明知房屋买卖有害于乙的债权的情况下，乙才可以行使代位权

C. 不论丙是否知道房屋买卖有害于乙的债权，乙均可行使撤销权

D. 若丙明知房屋买卖有害于乙的债权，则乙可行使撤销权

解答： 答案为 D。

（三）债权人撤销权的行使

债权人的撤销权由债权人以自己的名义依诉讼方式为之而不得直接向债务人或第三人行使。

债权人行使撤销权应以何人为被告，依对撤销权性质的认识不同而有不同。一般认为，应视不同情形而定：当债务人的行为为单方行为时，应以债务人为被告，可将受益人列为第三人；当债务人的行为为双方行为时，应以债务人、受益人为共同被告。

债权人的撤销权受除斥期间的限制，债权人应于权利行使期间内行使，否则，除斥期间届满后，债权人的撤销权即消灭。《合同法》第 75 条规定："撤销权自债权人知道或者应当知道撤销事由之日起 1 年内行使。自债务人的行为发生之日起 5 年内没有行使撤销权的，该撤销权消灭。"

（四）债权人撤销权的效力

债权人撤销权以判决撤销而发生效力，其效力及于债务人、受益人及债权人。

对于债务人，债务人的行为一经撤销，视为自始无效。例如，为财产赠与的，视为未赠与；为放弃债权的，视为未放弃。

对于受益人，已受领债务人的财产的，应当返还。原物不能返还的，应当折价返还其利益。受益人已向债务人支付对价的，得向债务人主张返还不当得利。

对于债权人，行使撤销权的债权人得请求受让人将所得利益返还给债务人，也得请求直接返还给自己。但是撤销权的行使，其效力及于全体债权人。受益人返还的财产为债务人的所有债权的一般担保。因此行使撤销权的债权人不得从受领的给付物中优先受偿。如该债权人依强制执行程序请求受偿时，全体债权人可要求参与按比例分配。

我要复习！

1. 您一定要知道的（如果已掌握请打√）

债权人代位权的概念与构成要件 ☐

债权人撤销权的概念与构成要件 ☐

债务人以明显不合理的低价转让财产，对债权人造成损害，只有受让人知道该情形的，债权人才可以请求人民法院撤销债务人的行为 ☐

2. 基本知识练习

单选题：甲公司向乙商业银行借款 10 万元，借款期限为 1 年。到期后，由于甲公司经营不善，无力偿还借款本息。但丙公司欠甲公司到期货款 20 万元，甲公司却不积极向丙公司主张支付货款。为此乙商业银行请求法院执行丙公司财产以偿还甲公司借款。对此案看法正确的是（　　）。

A. 乙商业银行可以直接向丙公司行使代位权

B. 乙商业银行应通过向法院提起诉讼来行使代位权

C. 乙商业银行应以甲公司的名义行使代位权

D. 乙商业银行行使代位权的请求数额以 20 万元为限

解答：答案为 B。请在选项后写明您选择的理由。

多选题：甲欠乙 5000 元，乙多次催促，甲拖延不还。后乙告知甲必须在半个月内还钱，否则起诉。甲立即将家中仅有的值钱物品九成新电冰箱和彩电各一台以 150 元价格卖给知情的丙，被乙发现。下列说法正确的是(　　)。

A. 乙可书面通知甲、丙，撤销该买卖合同

B. 如乙发现之日为 2010 年 5 月 1 日，则自 2011 年 5 月 2 日起，乙不再享有撤销权

C. 如乙向法院起诉，应以甲为被告，法院可以追加丙为第三人

D. 如乙的撤销权成立，则乙为此支付的律师代理费、差旅费应由甲、丙承担

解答：答案为 BCD。《合同法解释（一）》第 26 条规定："债权人行使撤销权所支付的律师代理费、差旅费等必要费用，由债务人负担；第三人有过错的，应当适当分担。"由于第三人丙对于甲以明显不合理的低价处分财产是知情的，因此有过错，应当适当分担撤销权的费用。

学习单元二　债的担保

担保分为物权担保与债的担保，债的担保主要包括保证与定金。

一、保证

（一）保证的概念和种类

《民法通则》第89条第1项规定："保证人向债权人保证债务人履行债务，债务人不履行债务的，按照约定由保证人履行或者承担连带责任；保证人履行债务后，有权向债务人追偿。"

《担保法》第6条规定："本法所称保证，是指保证人和债权人约定，当债务人不履行债务时，保证人按照约定履行债务或者承担责任的行为。"

1. 保证的概念。保证是指第三人与债权人约定，当债务人不履行或不能履行其债务时，该第三人按照约定履行债务或者承担责任的担保方式。"第三人"称作保证人，保证人只能是债务人以外的第三人，保证人以其自身信用担保债务人履行债务，在债务人不履行债务时，保证才生效；债权人既是主合同的债权人，又是保证合同中的债权人。

2. 保证的法律性质。

（1）从属性。保证合同是主合同的从合同，保证债务是主债务的从债务。其主要表现为以下方面：

第一，成立上具备从属性。保证以主合同的成立为前提。债权人要求保证人承担保证责任的，不仅要证明保证债务的存在，还须证明主债务的存在。

第二，保证的范围和强度从属于主债务。由保证的目的所决定，保证的范围和强度原则上与主合同债务相同，不得大于或强于主合同债务。

第三，保证的变更、消灭从属于主债务。主合同债务消灭时，保证债务也随之消灭，例如，主合同债务因适当履行而消灭时，保证债务也随之消灭。主合同债务变更时，保证债务一般随之变更，但不得增加其范围和强度。《担保法》第24条规定："债权人与债务人协议变更主合同的，应当取得保证人书面同意，未经保证人书面同意的，保证人不再承担保证责任。保证合同另有约定的，按照约定。"

值得注意的是，最高人民法院出台的司法解释却与《担保法》存在一定冲突，《担保法解释》第30条规定：保证期间，债权人与债务人对主合同数量、价款、币种、利率等内容作了变动，未经保证人同意的，如果减轻债务人的债务的，保证人应当对变更后的合同承担保证责任，如果加重债务人的债务的，保证人对加重的部分不承担保证责任；债权人与债务人对主合同履行期限作了变动，未经保证人书面同意的，保证期间为原合同约定的或者法律规定的期间。债权人与债务人协议变动主合同内容，但并未实际履行的，保证人仍应当承担保证责任。有学者指出，如果实践出现这种情况，应以司法解释来处理比较合理，因为其更加明确而且更具可操作性。

（2）独立性。保证债务虽从属于主合同债务，但并非主合同债务的一部分，而是独立于主债务的单独债务。因此，保证合同可以约定保证债务仅担保主合同债务的一部分，保证债务的范围和强度可以不同于主合同债务，可以有自己独立的变更或消灭原因。此外，保证合同还可以单就保证债务约定违约金。基于保证合同所发生的抗辩权，保证人可以单独行使。

（3）补充性或连带性。依据《担保法》第17、18条等条款的规定，保证分为一般保证和连带责任保证。在一般保证中，先由主债务人履行其债务，只有在对其财产强制执行而无效果时才由保证人承担保证责任。在主合同纠纷未经审判或者仲裁，并就主债务人的财产依法强制执行无效果前，保证人对债权人可拒绝承担保证责任。这是补充性的保证。在连带责任保证中，不存在上述履行的前后限制，主债务人不履行债务时，债权人可以请求主债务人履行债务，也可以请求保证人在其保证范围内承担保证责任。

3. 保证的方式。

（1）一般保证与连带责任保证。依保证人在保证关系中所处地位的不同，保证可分为一般保证与连带责任保证。

一般保证，是指当事人在保证合同中约定，债务人不能履行债务时，由保证人承担保证责任的保证。连带责任保证，则是指当事人在保证合同中约定保证人与债务人对债务承担连带责任的保证。这两种保证之间最大的区别在于保证人是否享有先诉抗辩权。

在一般保证情况下，保证人享有先诉抗辩权，又称检索抗辩权，即一般保证的保证人在主合同纠纷未经审判或者仲裁，并就债务人财产依法强制执行仍不能履行债务前，对债权人可以拒绝承担保证责任。而连带责任保证的保证人则不享有先诉抗辩权，债务人在主合同规定的债务履行期届满没有履行债务的，债权人可以要求债务人履行债务，也可以要求保证人在其保证范围内承担保证责任。当事人对保证方式没有约定或者约定不明确的，按照连带责任保证承担保证责任。

先诉抗辩权在下列情况下不得行使：①债务人住所变更，致使债权人要求其履行债务发生重大困难。此处所谓重大困难情形，包括债务人下落不明、移居境外，且无财产可供执行。住所变更的时间，必须是在保证合同成立之后，而不能是成立之前或当时。②人民法院受理债务人破产案件，中止执行程序。③保证人以书面形式放弃先诉抗辩权。

思考

1999年5月，张某因经营需要，向孙某借款5万元并订有借款合同。合同约定期为2年，李某为张某的借款承担一般担保责任。2000年6月，张某还给孙某3万元。2000年8月，张某因急需资金，又向孙某借款5万元，并约定与前次未还借款到期一并还清。双方均未告知李某。2年期满，张某拒不归还所欠7万元欠款。因此，孙某要求李某偿还借款。

（1）李某的担保是何种担保方式？李某应承担怎样的责任？

（2）如果张某无力清偿，李某应偿还多少借款？为什么？李某承担责任后，能否向张某追要？

提示：（1）李某的担保属于一般担保。李某享有先诉抗辩权，孙某只能先起诉张某或对张某提起仲裁，并就张某的财产依法强制执行，如果仍不能满足其债权，才能要求保证人李某承担保证责任。

（2）李某应偿还2万元借款。因为本案中，李某所担保债务的范围为第一次借款的5万元，当张某偿还孙某3万元后，李某的保证责任也随之减少为2万元。至于张某的第二次借款，属于订立新的借款合同，李某并不知晓，不承担保证责任。因此，李某仅负有向孙某承担2万元借款的保证责任。李某给付后，有权向债务人张某行使追偿权。

（2）单独保证与共同保证。以保证人的人数为标准，保证可分为单独保证和共同保证。

单独保证是指由一个保证人担保同一债权的保证。除非另有指明，通常所说的保证是指单独保证。而共同保证则是指由数个保证人担保同一债权的保证。共同保证具体而言：一是保证人必须二人以上，可以是自然人、法人或法律认可的其他组织；二是数个保证人担保同一债务，如果数个保证人分别保证各自的债务，彼此之间无关联，仍为单独保证，而非共同保证。

《担保法》第12条规定："同一债务有两个以上保证人的，保证人应当按照保证合同约定的保证份额，承担保证责任。没有约定保证份额的，保证人承担连带责任，债权人可以要求任何一个保证人承担全部保证责任，保证人都负有担保全部债权实现的义务。已经承担保证责任的保证人，有权向债务人追偿，或者要求承担连带责任的其他保证人清偿其应当承担的份额。"此条规定了共同保证的两种基本形态，即按份共同保证和连带共同保证及其不同效力。

《担保法解释》第 19 ~ 21 条进一步对共同保证作了如下规定：①两个以上保证人对同一债务同时或分别提供保证时，各保证人与债权人没有约定保证份额的，应当认定为连带共同保证。连带共同保证的保证人以其相互之间约定各自承担的份额对抗债权人的，人民法院不予支持。②连带共同保证的债务人在主合同规定的债务履行期届满时没有履行债务的，债权人可以要求债务人履行债务，也可以要求任何一个保证人承担全部保证责任。连带共同保证的保证人承担保证责任后，向债务人不能追偿的部分，由各连带保证人按其内部约定的比例分担。没有约定的，平均分担。③按份共同保证的保证人按照保证合同约定的保证份额承担保证责任后，在其履行保证责任的范围内可对债务人行使追偿权。

 实践一下……

单选题： 甲公司向银行贷款 1000 万元，乙公司和丙公司向银行分别出具担保函："在甲公司不按时偿还 1000 万元本息时，本公司承担保证责任。"关于乙公司和丙公司对银行的保证债务，下列哪一表述是正确的？（   ）

A. 属于选择之债　　　　　　B. 属于连带之债

C. 属于按份之债　　　　　　D. 属于法定之债

解答： 答案为 B。本题除考察按份之债与连带之债外，还结合了前面所学习到的债的分类的基本概念。乙、丙公司属于共同连带保证，因为 2 个以上保证人对同一债务同时或分别提供保证时，各保证人与债权人没有约定保证份额的，应当认定为连带共同保证。选择之债是指债的标的为 2 项以上，当事人可以选择其一，本题明显履行标的只有一种，无选择性。保证人与债权人签订协议，承担保证责任，属于意定之债。

（二）保证的设立

1. 保证人的资格。

（1）保证人具有代为清偿能力。《担保法》第 7 条规定："具有代为清偿债务能力的法人、其他组织或者公民，可以作保证人。"

代为清偿既包括代为金钱性质的清偿，也包括代为履行其他给付。《担保法解释》第 13 条规定："保证合同中约定保证人代为履行非金钱债务的，如果保证人不能实际代为履行，对债权人因此造成的损失，保证人应当承担赔偿责任。"

需指出的是，此条关于保证人资格的基本要求并非强制性规定，故不能以保证人不具有代偿能力为由认定保证合同不具有法律效力。为此，《担保法解释》第 14 条规定："不具有完全代偿能力的法人、其他组织或者自然人，以保证人身份订立保证合同后，又以自己没有代偿能力要求免除保证责任的，人民法院不予支持。"

（2）提供保证的主体合格。根据《担保法》的规定，除法律另有规定者外，凡具有代为清偿债务能力的法人、其他组织或者公民，都可以作为保证人。对于可作为保证人的"其他组织"，《担保法解释》第 15 条规定了下列类型：依法登记领取营业执照的独资企业、合伙企业；依法登记领取营业执照的联营企业；依法登记领取营业执照的中外合作经营企业；经民政部门核准登记的社会团体；经核准登记领取营业执照的乡镇、街道、村办企业。

（3）禁止提供保证的主体。根据《担保法》及其司法解释，下列主体不得作为保证人：① 未经国务院批准的国家机关。国家机关不得为保证人，但经国务院批准为使用外国政府或者国际经济组织贷款进行转贷的除外。② 学校、幼儿园、医院等以公益为目的的事业单位、社会团体。但从事经营活动的事业单位、社会团体可以担任保证人。③ 企业法人的分支机构、职能部门。企业法人的分支机构有法人书面授权的，可以在授权范围内提供保证。

2. 保证合同的内容。保证合同，是指保证人与债权人约定，在主债务人不履行其债务时由保证人承担保证债务的协议。保证合同是单务合同、无偿合同、诺成性合同、要式合同、附从合同。保证合同应当包括以下内容：

（1）被保证的主债权种类与数额。保证人与债权人可以就单个主合同分别订立保证合同，也可以协议在最高债权额限度内就一定期间连续发生的借款合同或者某项商品交易合同订立一个保证合同，即最高额保证。

（2）债务人履行债务的期限。债务人履行债务的期限是衡量债务人是否违约的标准之一，也是保证人是否实际承担保证责任的因素之一，因而应该明确规定。

（3）保证的方式。保证方式包括一般保证方式和连带责任保证方式。

（4）保证担保的范围。保证担保的范围依当事人在保证合同中的约定，无约定时按《担保法》第 21 条规定处理，即包括主债权及利息、违约金、损害赔偿金和实现债权的费用。

（5）保证期间。保证期间为保证责任的存续期间，关系到保证人与债权人之间的债权债务能否行使或履行，也是确定保证债务与诉讼时效关系的依据，因而保证合同应明确规定。无此规定的，在一般保证场合，"保证期间为主债务履行期届满之日起 6 个月"；在连带责任保证的情况下，"债权人有权自主债务履行期届满之日起 6 个月内要求保证人承担保证责任"。

对保证期间，还需要注意以下事项：① 保证期间不因任何事由发生中断、中止、延长的法律效果；② 保证合同约定的保证期间早于或者等于主债务履行期间的，视为没有约定，保证期间为主债务履行期满之日起 6 个月；③ 保证合同约定保证人承担保证责任直至主债务本息还清时为止等类似内容的，视为约定不明，保证期间为主债务履行期届满之日起 2 年；④ 主合同对主债务履行期限没有约定或者约定不明的，保证期间自债权人要求债务人履行义务的宽限期届满之日起计算。

（6）双方认为需要约定的其他事项。

3. 保证合同的形式。根据《担保法》第 13 条规定，保证合同应当采取书面形式，既可以由保证人与债权人单独订立保证合同；也可以订立保证条款出现在主合同中；还可以保证人身份在债权人与债务人签订的主合同上签章；或单方面出具保证承诺书，债权人接受且未提出异议。

（三）保证的效力

1. 保证担保的范围。保证担保的范围即保证债务的范围，或称保证责任的范围。根据《担保法》第 21 条的规定，保证担保的范围包括主债权及利息、违约金、损害赔偿金和实现债权的费用。保证合同另有约定的，按照约定。当事人对保证担保的范围没有约定或者约定不明确的，保证人应当对全部债务承担责任。

2. 保证人与主债权人的关系。

（1）债权人的权利。债权人对保证人享有请求承担保证责任的权利。该权利的行使以主债务不履行为前提，以保证责任已届承担期为必要。一般保证中，债权人只有在就主债务人财产强制执行仍不能完全受偿时，才得请求保证人承担保证责任，否则保证人可行使先诉抗辩权；连带责任保证则只要主债务人于债务履行期限届满时未完全履行债务，债权人即可请求保证人承担责任。

（2）保证人的权利。保证人对债权人享有的只是抗辩权或其他防御性的权利，具体包括：

第一，主张债务人权利的权利。保证具有从属性，因而主债务人对于债权人所有的抗辩或其他类似的权利，如撤销权和抵销权，保证人均可主张。

第二，基于保证人的地位特有的抗辩权。基于保证人的地位而特有的抗辩权，即先诉抗辩权，一般保证的保证人享有此项权利。

第三，基于保证人自己一般债务人的地位享有的权利。在保证关系中，保证人是债务人，因而一般债务人应有的权利，保证人也应享有。例如：保证债务未届清偿期，保证人有权抗辩。

实践一下……

单选题： 2000 年 12 月，甲公司向银行贷款 100 万元用于设备改造，并约定如挪作他用，银行有权解除合同。乙公司对该贷款提供了担保。2001 年 2 月，甲公司将贷款用于购买高级轿车，银行解除合同。当时银行仅贷出 50 万元。由于甲公司无力还贷，银行要求乙公司承担责任。乙公司的担保如何处理？（   ）

A. 因主合同解除，乙公司的担保责任也归于消灭

B. 乙公司负担 50 万元贷款的担保责任

C. 乙公司应负担 100 万元贷款担保责任

D. 乙公司不负担保责任

解答： 答案为 B。根据《担保法解释》第 10 条的规定："主合同解除后，担保人对债务人应当承担的民事责任仍应承担担保责任。但是，担保合同另有约定的除外。"注意，前面讲到保证人可以行使债务人的抗辩权对抗债权人，此处主合同的解除，并非是债务人行使的解除权，保证人不能以此对抗债权人。

3. 保证人与主债务人的关系。保证人与主债务人的关系，主要表现为保证人的求偿权。只要保证人已经对债权人承担了保证责任，主债务人对债权人因保证而免责且保证人履行保证债务无过错，保证人即可向主债务人要求清偿主债务人因保证人清偿受免责部分和保证人履行保证债务时必要的支出。

二、定金

建议

学习债的担保中的定金理论，主要是要求很好地理解定金双倍罚则。

（一）定金的概念和种类

1. 定金的概念。定金是指合同当事人为了确保合同的履行，依据法律规定或者当事人双方的约定，由当事人一方在合同订立时或订立后、履行前，按合同标的额的一定比例，预先给付对方当事人的金钱或其他代替物。定金属于金钱担保。定金是通过一方当事人向对方当事人交付一定数量的金钱或其他代替物，将合同履行与否与该金钱或其他代替物的得失挂钩，使当事人心理产生压力，从而积极而适当地履行债务，以发挥担保作用。

当事人交付留置金、担保金、保证金、订约金、押金或者订金等，但没有

约定定金性质的，当事人主张定金权利的，人民法院不予支持。

2. 定金的种类。

（1）违约定金。违约定金是指交付定金的当事人若不履行债务，接受定金的当事人可以予以没收的定金。我国《担保法》第 89 条规定："当事人可以约定一方向对方给付定金作为债权的担保。债务人履行债务后，定金应当抵作价款或者收回。给付定金的一方不履行约定的债务的，无权要求返还定金；收受定金的一方不履行约定的债务的，应当双倍返还定金。"此条所规定的定金，符合违约定金的基本特征。

（2）立约定金。立约定金也称为订约定金，是指为担保合同订立而设立的定金。《担保法解释》第 115 条规定："当事人约定以交付定金作为订立主合同担保的，给付定金的一方拒绝订立主合同的，无权要求返还定金；收受定金的一方拒绝订立合同的，应当双倍返还定金。"

（3）成约定金。成约定金是指作为合同成立或生效要件的定金。《担保法解释》第 116 条规定："当事人约定以交付定金作为主合同成立或者生效要件的，给付定金的一方未支付定金，但主合同已经履行或者已经履行主要部分的，不影响主合同的成立或者生效。"

（4）解约定金。解约定金是指用以作为保留合同解除权的代价的定金，即交付定金的当事人可以抛弃定金以解除合同，而接受定金的当事人也可以双倍返还定金而解除合同。对此，《担保法解释》第 117 条也予以确认。

（二）定金的成立

思考

甲、乙签订一份买卖合同，标的额为人民币 10 万元，定金 5 万元，后甲向乙交付 3 万元定金。合同履行时乙违约，应返还甲多少钱？

根据《担保法》的规定，定金应当以书面形式约定，定金合同从实际交付定金之日起生效，以实际交付为准。

定金的数额由当事人约定，但不得超过主合同标的额的 20%，超过部分人民法院不予保护。实际交付的定金数额多于或者少于约定数额，视为变更定金合同。收受定金一方提出异议并拒绝接受定金的，定金合同不生效。定金合同是从合同，其成立或有效以主合同的成立或有效为前提。主合同无效或被撤销时，定金合同不发生效力，主合同因解除或其他原因消灭时，定金合同也消灭。

（三）定金的效力

定金作为合同担保方式之一，其担保功能主要是通过定金处罚来实现的，定金的效力也与此相关。定金的效力因定金的种类不同而不同。

1. 定金一旦交付，定金所有权发生转移。

2. 当事人一方不履行合同或者拒绝履行合同时，适用定金罚则，即给付定金的一方无权要求返还定金；收受定金的一方则应当双倍返还定金。

3. 如果因当事人一方迟延履行合同或者有其他违约行为，并不能当然适用定金罚则，只有在致使合同目的不能实现时，才可以适用定金罚则，当然法律另有规定或者当事人另有约定的除外。

4. 当事人一方不完全履行合同的，应当按照未履行部分所占合同约定内容的比例，适用定金罚则；因不可抗力、意外事件致使主合同不能履行的，不适用定金罚则；因合同关系以外第三人的过错，致使主合同不能履行的，适用定金罚则，受定金处罚的一方当事人可以依法向第三人追偿。

5. 如果在同一合同中，当然人既约定定金，又约定违约金的，在一方违约时，当然人只能选择适用定金或是违约金，不能同时适用两个条款。

 实践一下……

1. **单选题**：甲与乙订立了一份苹果购销合同，约定：甲向乙交付20万公斤苹果，货款为40万元，乙向甲支付定金4万元；如任何一方不履行合同应支付违约金6万元。甲因将苹果卖与丙而无法向乙交付苹果，乙提出的如下诉讼请求中，既能最大限度保护自己的利益，又能获得法院支持的诉讼请求是（　　）。

A. 请求甲双倍返还定金8万元

B. 请求甲双倍返还定金8万元，同时请求甲支付违约金6万元

C. 请求甲支付违约金6万元，同时请求返还支付的定金4万元

D. 请求甲支付违约金6万元

解答：答案为 C。您的选择正确吗？仔细想想理由是什么。提示一下，根据法律规定，定金、违约金只能选择一项行使，看似8万大于6万，但仔细想想却不是这样。您想清楚了吗？

2. **多选题**：甲厂与乙厂签订了一份购销合同，合同总价款20万元，甲厂向乙厂支付定金3万元，一方违约需支付总价款3%的违约金。后该合同因乙厂超越经营范围，被宣告无效，则下列表述正确的是（　　）。

A. 乙厂应返还甲厂定金6万元

B. 乙厂应返还甲厂定金3万元

续

C. 乙厂应支付甲厂违约金 6000 元

D. 甲厂无权要求乙厂支付违约金 6000 元

解答： 此题迷惑性较大。请您仔细思考，正确答案在后面的练习中公布。

 我要复习！

1. 您一定要知道的（如果已掌握请打√）

保证的概念与法律性质 ☐

一般保证与连带保证 ☐

单独保证与共同保证 ☐

一般保证的先诉抗辩权 ☐

2. 深入理解

甲乙双方拟订的借款合同约定：甲向乙借款 11 万元，借款期限为 1 年。乙在签字之前，要求甲为借款合同提供担保。丙应甲要求同意担保，并在借款合同保证人一栏签字，保证期间为 1 年。甲将有担保签字的借款合同交给乙。乙要求从 11 万元中预先扣除 1 万元利息，同时将借款期限和保证期间均延长为 2 年。甲应允，双方签字，乙依约将 10 万元交付给甲。下列哪一表述是正确的？（   ）

A. 丙的保证期间为 1 年　　　　B. 丙无须承担保证责任

C. 丙应承担连带保证责任　　　　D. 丙应对 10 万元本息承担保证责任

解答： 本题为司法考试题，给出的正确答案是 B，但有答题者提出异议，他们认为，根据最高人民法院司法解释的规定，未经同意增加保证人责任的，保证人对增加的部分不承担保证责任，并非绝对不承担保证责任。您的看法呢？

让我们来看一看参考答案的解释：根据司法解释，主合同中虽然没有保证条款，但是，保证人在主合同上以保证人的身份签字或者盖章的，保证合同成立。本题中，保证人丙虽然在第一份主合同中以保证人的身份签字了，但是该签字是在债权人乙签字之前进行的，后债权人乙并没有在此份合同书上签字或盖章，该份主合同及保证合同最终没有成立。后甲、乙经过协商改变了原来约定的主合同内容，相当于订立一份新的合同，将借款期限和保证期间作了延长，但没有再次让丙在主合同上以保证人的身份签字或盖章，因此，对于新约定的内容，丙不承担保证责任。您认为呢？

对于前面甲厂与乙厂签订 20 万购销合同这道思考题，正确答案为 **BD**。您选择对了吗？

本题的难点与关键点在于，合同因超越经营范围而无效。无效的合同自始没有法律约束力，因该合同取得的财产，应当予以返还。有过错的一方应当赔偿对方因此所受到的损失，双方都有过错的，应当各自承担相应的责任。

我的笔记

第十二章　债的移转和消灭

本章理论性较强，须识记债的移转的概念，债权让与的概念、要件及效力，债务承担的概念、要件及效力，债权债务概括承受的概念，债消灭的具体原因及其概念，并能进行实践运用。

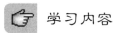

学习单元一　债的移转

一、债的移转概述

债的移转，即指在债的内容与客体保持不变的情形下，债的主体发生变更。

债的要素为主体、客体和内容。债的三要素不可或缺，三要素中的任何一项发生变化，债也就发生变化。因此，广义的债的变更，包括债的主体变更、债的客体变更和债的内容的变更。狭义的债的变更，仅指债的内容或客体的变更。现代民法理论所称债的变更多指狭义的变更，而将债的主体变更称为债的移转。债的移转，实质即债的当事人的改变，由新的债权人或债务人代替原债权人或债务人，债的内容不变。

根据变更的主体的不同，债的移转分为债权人的变更——债权让与和债务人的变更——债务承担。如果第三人同时承受债权债务，则构成债的概括承受。

二、债权让与

思考

李某向王某催还借款 2 万元，宽限期届满后，王某未能归还。李某得知

续

同村周某欠王某 3 万元，但尚未到期，李某想起了债法中"代位权"的规定，就向王某提出要向周某主张"代位权"，王某表示同意，并通知了周某，要求周某向李某归还 2 万元。请思考：本案例中涉及的法律关系属于债的保全中的代位权吗？如果不是，又属于何种规定？

提示： 首先，请您回忆一下上一章学习到的内容，债权人的代位权需要哪些构成要件？您想起来了吗？债权人代位权的行使须以诉讼的方式向法院主张，不能单独以意思表示行使，且只有在债务人怠于行使到期债权时，债权人才能主张代位权。本题中，周某的欠款尚未到期，李某向王某提出直接要向周某主张所谓"代位权"，不符合债法中代位权的规定。

那么，李某还有什么权利可以主张呢？其实，本案属于债权让与，李某与王某达成债权让与的合议，通知了周某，债权让与就会对周某发生效力。让我们在下面的学习内容中认真体会债权让与的知识点吧。

（一）债权让与的概念

债权让与即债权移转，也就是债权主体变更。

（二）债权让与的要件

1. 须存在有效债权。债权让与不得改变债权内容，如果因标的不存在或者标的不能而导致债权让与无效，让与人对受让人因此而产生的损失，应负赔偿责任。

2. 被让与的债权应具有可转让性。因债权为财产权，一般具有可让与性，债权人得将其债权让与他人。但是并非所有的债权都具有可让与性。对于不具有可让与性的债权，债权人不得转让。按照《合同法》第 79 条的规定，以下三类债权不得转让：

（1）依合同性质原则上不得让与的债权，包括以下几种：①以特定债权人为基础的债权，例如，离退休金债权。②以特定人为对象提供劳务的债权等，例如对特定人进行家教的债权。③基于当事人间特别信任关系的债权，例如，雇佣、委托、借用、租赁关系中的债权，原则上不得让与。④属于从权利的债权，不得单独让与。因为从权利随主权利的转移而转移，性质上不能与主权利分离而单独为让与。

（2）债的当事人双方约定不得转让的债权。债权人与债务人双方可以约定不得转让债权，但其约定不得违反法律的强行性规定。

（3）依照法律规定不得转让的债权。例如，对于依照法律规定应由国家批准的合同债权，其让与仍应经原批准机关批准，否则不能发生让与的效力。

3. 让与人与受让人须就债权转让达成合意。债权让与时，让与人与受让人应订立债权让与合同。该债权让与合同应具备合同的有效要件。

4. 须通知债务人。《合同法》第 80 条规定："债权人转让权利的，应当通知债务人。未经通知，该转让对债务人不发生效力。债权人转让权利的通知不得撤销，但经受让人同意的除外。"依此规定，债权

建议

注意：债权让与的要件，看似较为复杂，其实可总结为一句话记忆：债权人将自己可转让的有效债权通过签订合同转给他人，通知债务人即可。

让与不以债务人的同意为生效要件，但应通知债务人。关于通知的形式，原则上书面合同的债权让与应采取书面形式；法律法规有特别规定的，应当遵循其规定。

思考

为什么在债权让与中，仅通知债务人即可，而无需债务人同意？

提示：债权让与合同为转让人与受让人间意思表示一致的协议，因此，债务人不为债权让与合同的当事人。从法律行为的一般原理上说，债务人的意思不能影响债权让与合同的效力。但因债权转让合同所转让的债权与债务人有关，于转让生效后，债务人须向受让人履行债务，因此债权让与合同是涉及债务人的合同，需要通知债务人这个转让的事实。对于这个问题的理解，能很好的帮助您理解并熟记债权让与中的通知程序。

（三）债权让与的效力

债权让与的效力是指债权让与所发生的法律效果，可分为内部效力与对外效力两个方面。

建议

学习债权让与的内部效力，关键点就是，受让人成为了新的债权人。记住这点，您会发现下面的知识点都是围绕这个中心阐述的。

1. 债权让与的内部效力。债权让与的内部效力是指债权让与在转让人与受让人间发生的法律效果，主要包括以下方面：

（1）债权及相关从权利转让于受让人。《合同法》第 81 条规定："债权人转让权利的，受让人取得与债权有关的从权利，但该权利专属于债权人自身的

除外。"

（2）让与人应使受让人能够完全行使债权。债权的转让人负有使受让人能够完全行使 债权的义务，因此，让与人应将所有足以证明债权的文件，如债权证书、票据等交付受让人；让与人应向受让人告知有关主张债权所必要的情形，如债务人的住所、债务的履行方式等；有担保权的，让与人应将担保文书一并交付给受让人；占有担保物的，应将其占有移转给受让人。

（3）让与人对其让与的债权负瑕疵担保责任。让与人对其所让与的债权应负瑕疵担保责任，不使受让人因债务人主张对抗让与人的事由使受让人的利益受损害。但是，除让与合同另有约定外，让与人不对债务人的履行能力负担保责任。受让人于让与合同成立时知道债权有瑕疵而受让的，让与人也不应负瑕疵担保责任。

2. 债权让与的对外效力。

思考

在学习债权让与对外效力之前，让我们来看看这道题。

单选题： 甲丙公司签订了一项买卖合同，甲公司向丙公司出售"宝来"轿车一辆，价值 25 万元。丙公司于办理过户登记后 1 个月内付款。现甲公司已经交付该车并协助办理了过户登记。为抵偿自己对乙公司所欠的 25 万元债务，其直接将对丙公司的该笔债权转让给了乙公司，并通知了丙公司。则（　　）。

A. 丙公司对甲公司的履行仍然可以发生清偿的效力

B. 丙公司对甲公司的所有债权都可向乙公司要求抵销

C. 乙公司对甲公司的各种抗辩权都可以向丙公司行使

D. 丙公司对甲公司的抗辩权可以向乙公司行使

没有进行系统学习前，您会选择哪个答案呢？仔细阅读下面的内容，您将得到正确解答。

债权让与的对外效力是指债权让与对债务人及第三人发生的法律效果。债权让与自当事人双方的意思表示一致时成立，只有在向债务人为债权让与的通知时，才能对债务人发生效力。这一效力又可分为受让人与债务人之间的效力和让与人与债务人之间的效力。

受让人与债务人之间的效力主要表现如下：

（1）债务人应向受让人履行债务。债务人接到债权让与通知后，债务人应向受让人清偿债务，而不得再向让与人清偿债务。债务人仍向让与人清偿的，通常清偿无效，不能对抗受让人，而只能依不当得利向受清偿的让与人要求返还。

（2）债务人对原债权人的抗辩权可向受让人主张。《合同法》第82条明确规定："债务人接到债权转让通知后，债务人对让与人的抗辩，可以向受让人主张。"结合前面思考题，债权让与人是甲公司，受让人是乙公司，债务人是丙公司，因此，丙公司对甲公司的抗辩权可以向受让人乙公司主张。

（3）债务人对让与人享有债权的，且先于转让债权到期的，可向受让人主张抵销。《合同法》第83条规定，"债务人接到债权转让通知时，债务人对让与人享有债权，并且债务人的债权先于转让的债权到期或者同时到期的，债务人可以向受让人主张抵销。"仍以思考题为例，如果丙公司对甲公司享有债权，先于25万到期，可向乙公司主张抵销，而非所有债权都能主张抵销。此题正确答案为D。

 建议

让我们闭上双眼，回忆您所掌握的债权让与的对外效力。如果感觉混乱的话，有一个小提示：债权在通知债务人后，债务人与受让人之间无论是抵销权还是抗辩权，都是由债务人主张，是债务人向受让人主张其对原债权人享有的权利。

在让与人与债务人之间，二者因债权让与而使其债权债务关系归于消灭。让与人不得再向债务人请求给付，债务人也不得再向让与人履行原债务。但债务人不知债权让与事实而向原债权人清偿的，为适法清偿，债权人不得拒绝受领。

 实践一下……

仔细回忆前面所学习的内容，现在请您牛刀小试，练习一下。

多选题： 刘某欲将其对许某享有的债权转移给王某，该债权附有房产抵押并有其他专属于刘某自身的从权利。关于这一行为，下列表述哪些是正确的？（　　）

A. 刘某转让其债权，应当通知许某

B. 刘某转让其债权，该债权的有关从权利亦当然转移给王某

C. 由于房产抵押转让应当办理登记手续，因而只有在办理了房产抵押登记手续后，该债权转让行为才生效

续

D. 在债权转让后，如果刘某事前对许某履行债务不符合约定，许某可以对王某主张因刘某履行不符合约定所产生的抗辩

解答： 如果这是一场闭卷考试，您能选择出正确答案么？那么，我们换一种方式，做选择题时，我们首先应找到选项所阐述信息的关键点，再看这个信息是否符合法律规定。将答案中的要点着重指出来，您再好好思考一下，这四个选项哪些是正确的呢？

答案为 AD。《合同法》第 80 条第 1 款规定："债权人转让权利的，应当通知债务人。未经通知，该转让对债务人不发生效力。"A 正确。《合同法》第 81 条规定："债权人转让权利的，受让人取得与债权有关的从权利，但该从权利专属于债权人自身的除外。"B 错误。抵押权只是债权的从权利，它未办理登记只影响抵押权让与的效力，不能影响主权利（债权）让与的效力。C 错误。《合同法》第 82 条规定："债务人接到债权转让通知后，债务人对让与人的抗辩，可以向受让人主张。"D 当选。

三、债务承担

（一）债务承担的概念

债务承担，亦即债务移转，指的是债务主体的变更，即在维持债的内容的同一性的前提下，原债务人的债务移转于新债务人承担。

债务承担包括免责的债务承担与并存的债务承担。免责的债务承担，是指由第三人即承担人代替债务人承担其全部债务，原债务人脱离债的关系，承担人成为新债务人。并存的债务承担，是指第三人加入债的关系与债务人共同承担债务，原债务人并不脱离债的关系，而仍为债务人，此时成立多数债务人之债，债务人之间承担连带责任。狭义的债务承担仅指免责的债务承担。

（二）债务承担的要件

《合同法》第 84 条规定："债务人将合同的义务全部或者部分转移给第三人的，应当经债权人同意。"依此，债务承担须具备以下要件：

1. 须有有效债务的存在。

2. 所移转的债务须具有可移转性。

3. 须有以债务移转为内容的有效合同。

4. 债务承担须经债权人同意。

建议

注意：债务承担要件的记忆，应结合前面债权让与的要件。除了债务承担需要债权人同意这个要件和前面的通知程序不同外，其余要件都可参考债权让与。

债务承担合同按《合同法》第84条的规定，通常由债务人与第三人订立，且须经债权人同意方能对债权人生效。此点不同于债权让与，因为更换债务人，对债权人的债权是否得到满足，关系较大。

（三）债务承担的效力

债务承担生效后发生以下方面的法律效力：

1. 债务全部移转的，承担人取代原债务人的地位而成为新债务人。原债务人脱离债的关系，而不再负担债务。债务人的债务部分转移给第三人的，第三人加入债，与原债务人共同承担债务。

2. 新债务人取得原债务人基于债权债务关系所享有的抗辩权。《合同法》第85条规定："债务人转移义务的，新债务人可以主张原债务人对债权人的抗辩。"

3. 从债务一并移转于承担人承担。《合同法》第86条规定："债务人转移义务的，新债务人应当承担与主债务有关的从债务，但该从债务专属于原债务人自身的除外。"

 实践一下⋯⋯

结合债权让与和债务承担，解决下面这道选择题。

多选题： 乙向甲借款8万元，丙又欠乙款项8万元，经过协商由丙直接向甲偿还，下列表述甲、乙、丙相互关系及性质的选项哪些是正确的？（　　）

A. 如果甲、乙之间协商一致，再通知丙，为债权转移

B. 如果乙、丙之间协商一致，再得到甲的同意，为债务承担

C. 如果甲、丙之间协商一致，再得到乙的同意，为债务承担

D. 如果甲、乙、丙订立一个协议，对甲与乙为债权转移，对甲与丙及乙与丙为债务承担

解答： 答案为AB。如果一道选择题涉及的法律关系较多，影响到您的思维时，我们可采用一些直观的形式将其简化，比如：甲←乙←丙。理顺题目的法律关系后，此题较简单。我国《合同法》第80条第1款规定："债权人转让权利的，应当通知债务人。未经通知，该转让对债务人不发生效力。"我国《合同法》第84条规定："债务人将合同的义务全部或者部分转移给第三人的，应当经债权人同意。"因此，A、B正确，C、D项错误。

四、债的概括承受

（一）债的概括承受概念

债的概括承受，是指债权债务一并转移给第三人。根据《合同法》第88条、89条的规定，债的概括承受包括合同承受和企业合并两种类型。合同承受是基于当事人之间的合同而产生的，企业合并则是基于法律的直接规定而产生的。

（二）合同的承受

合同承受是指合同当事人一方与他人订立合同后，依其与第三人的约定，并经对方当事人同意，将其在合同中的权利义务全部转移于第三人，第三人承受其在合同中的地位，享受权利和负担义务。合同承受既可因当事人间的协议发生，也可因法律的直接规定发生。

《合同法》第88条规定："当事人一方经对方同意，可以将自己在合同中的权利和义务一并转让给第三人。"因此，当事人一方将其合同上的权利义务一并转移于第三人的，须经对方同意，否则不能发生转移的效力。按照《合同法》第89条的规定，权利和义务一并转让的，其成立条件和效力，适用关于债权让与和债务承担的规定。

合同承受一般是基于当事人与他人之间的合同而发生，也可以基于法律的直接规定而发生，例如《合同法》第229条规定："租赁物在租赁期间发生所有权变动的，不影响租赁合同的效力。"此即表明，出租方将财产所有权移转给第三人时，租赁合同对新的财产所有人继续有效。

（三）企业合并

企业合并，是指两个或两个以上的企业合并为一个企业，企业合并之前的债权债务应由合并后的企业享有和承担。

《民法通则》第44条第2款中规定："企业法人分立、合并，它的权利和义务由变更后的法人享有和承担。"《合同法》第90条规定："当事人订立合同后合并的，由合并后的法人或者其他组织行使合同权利，履行合同义务。当事人订立合同后分立的，除债权人和债务人另有约定的以外，由分立的法人或者其他组织对合同的权利和义务享有连带债权，承担连带债务。"依此规定，债的当事人一方合并的，该当事人的债权债务也就一并由合并后的法人或者其他组织承受。

企业合并后，原企业债权债务的移转，属于法定移转，因而无须征得相对人同意，依通知或公告发生效力。

我要复习！

1. 您一定要知道的（如果已掌握请打√）

债权让与的概念、要件及效力 ☐

债务承担的概念、要件及效力 ☐

债权让与的通知程序与债务承担的同意程序 ☐

2. 基本知识练习

单选题：（1）张某与某作协签订小说写作合同，需在 1 年内完成戏剧两部，作协支付稿费 10 万元，张某拟将合同权利转让给牛某以抵销个人所负债务 10 万元。该合同权利（　　　）。

A. 通知作协后即可转让

B. 依该合同的性质不能转让

C. 可以部分转让

D. 因违背公序良俗，不得转让

解答：答案为 B。

（2）甲公司与乙公司签订合同，由甲公司供应木材，乙公司负责加工成家具，后由于甲公司收购木材出现困难，决定将合同所规定的义务转让给丙公司，下列转让行为有效的是（　　　）。

A. 未经乙公司同意，将合同所规定的供应木材的义务全部转让给丙公司

B. 未经乙公司同意，将合同所规定的供应木材的义务部分转让给丙公司

C. 通知乙公司，将合同所规定的供应木材的义务部分转让给丙公司

D. 经乙公司同意，将合同所规定的供应木材的义务全部转让给丙公司

解答：答案为 D。

3. 深入理解

多选题：丁公司欠甲公司 100 万元。2000 年 10 月，甲公司与丙公司签订协议，约定甲公司对丁公司的 100 万元的债权由丙公司享有，但未通知丁公司。同年 12 月，丙公司向法院起诉要求丁公司归还欠款，有关该案的错误表述是（　　　）。

A. 乙丙之间的债权转让协议无效，因为未取得丁公司的同意

B. 乙丙之间的债权转让协议无效，因为未通知丁公司

C. 乙丙之间的债权转让协议有效，但该协议对丁公司不发生效力

D. 乙丙之间的债权转让协议有效，丁公司应当对丙公司履行债务

续

解答： 答案为 ABD。债权的转让不以债务人的同意为要件。债权转让协议不以通知债务人为要件。未通知债务人，债务人可以拒绝向受让人履行债务。

案例题：

案例一：甲对乙享有 30 万元的债权，一直催讨未果。后甲因对丙负有债务，即以该 30 万元债权与丙达成债权转让协议，并将该转让事实通知了乙。当丙向乙主张债权时，乙以该债权转让未经自己同意为由予以拒绝。经调查发现，乙除对丁享有 20 万元到期债权外，没有任何其他财产可供清偿，而且乙一直未向丁主张债权，也没有要求丁清偿债务之意。

根据上述案情，请回答：

（1）甲与丙之间的债权转让协议是否有效？为什么？其后果如何？

（2）乙的债权人可以通过何种合同保全措施实现债权？为什么？

解答：（1）甲与丙之间的债权转让协议有效。根据《合同法》的有关规定，债权转让协议只需转让人与受让人达成合意，并符合合同的其他有效条件即可生效，无须征得债务人的同意。

甲转让债权于丙并通知债务人乙后，即退出债的关系，丙作为受让人参加到债的关系中来，成为乙新的债权人。

（2）乙的债权人丙可以通过行使代位权实现其债权。在本案中，由于乙没有其他财产，对享有的到期债权又怠于行使，依本案情形，符合代位权行使条件。

案例二：甲、乙两公司签订购销钢材的合同，约定乙在 30 日之内向甲交付约定质量的钢材 200 吨。在履行期届至前，乙的货源发生问题，不能如期按约履行交货义务，遂把部分债务转让给丙公司，但未告知甲，也未经甲同意。后丙向甲交货，但所交货物的质量不符合甲乙的约定。问：

（1）乙、丙公司之间的债务转让行为是否有效？

（2）甲公司对丙公司所交货物是否构成不当得利？

（3）丙公司对甲公司是否应承担责任？

（4）乙公司是否要对甲公司承担责任？承担何种责任？

解答：（1）乙、丙公司之间的债务转让行为无效。因为根据《合同法》第 84 条规定："债务人将合同的义务全部或者部分转移给第三人的，应当经债权人同意。"本案中，乙公司将其对甲公司的债务部分转让给丙公司未经甲公司同意，故该转让行为无效（注意与债权让与区别）。

　　（2）甲公司对丙公司所交货物构成不当得利。由于乙、丙公司之间的债务移转行为无效，故丙公司对甲公司的履行行为没有法定或约定的原因，对甲而言属于不当得利。

　　（3）丙公司对甲公司不应承担责任。因为乙、丙公司之间的债务移转行为无效，故丙未加入到甲、乙合同并成为债务人，不用对甲公司承担责任。

　　（4）乙公司要对甲公司承担违约责任。因为首先，乙、丙公司之间的债务移转行为无效，故乙仍然是唯一的债务人。其次，丙公司不构成第三人的履行，因为根据《合同法》第65条的规定："当事人约定由第三人向债权人履行债务，第三人不履行债务或者履行债务不符合约定，债务人应当向债权人承担违约责任。"而本案中，丙公司的履行是未经甲、乙公司约定的，故不符合该规定。退而言之，即使丙公司的履行构成第三人履行，根据上述规定，在丙公司的履行不符合甲、乙公司的约定时，也应该由乙公司向甲公司承担违约责任。

学习单元二　债的消灭

一、债的消灭概述

（一）债的消灭的概念

债的消灭，又称为债的终止，是指债的关系中当事人双方间的权利义务于客观上已不复存在。

（二）债的消灭的原因

债的消灭的原因，是指能够引起债的消灭的法律事实。债的消灭原因可分为以下几类：

1. 基于债的目的达到而消灭。例如，清偿、混同，都是使债的目的达到的原因。

2. 基于债的目的不能达到而消灭。例如，在给付不能时债的目的不能达到，债也应消灭。

3. 基于当事人的意思而消灭。例如，债务免除。

4. 基于法律的直接规定。如终期届至、目的达到。

债的关系多种多样，各种具体的债既各有其消灭的独特原因，又有其消灭的共同原因。债的消灭原因主要有清偿、抵销、提存、双方协议、免除债务、解除合同、合同更新、混同等。

二、清偿

清偿是指债务人按照法律的规定或者合同的约定向债权人履行义务。债务人向债权人为特定行为，从债务人方面说，为给付；从债权人方面说，为履行；从债的消灭上说，即为清偿。债务人清偿了债务，债权人的权利实现，债的目的达到，债当然也就消灭。因此，清偿为债的消灭的最正常的最常见的原因。

《合同法》规定债务人提前履行债务给债权人增加的费用，由债务人承担；债务人部分履行债务给债权人增加的费用，由债务人负担。法律无明文规定，当事人又无约定时，由债务人承担。因债权人原因而致清偿费用增加时，增加的费用由债权人负担。

三、抵销

（一）抵销的概念

抵销是指当事人双方相互负有同种类的给付，将两项债务相互冲抵，使其相互在对等额内消灭。抵销可分为法定抵销与合意抵销。

法定抵销，是指具备法律所规定的条件时，依当事人一方的意思表示所为的抵销，属于形成权，只须抵押权人单方意思表示即可生效。法定抵销可便利当事人双方，节省交易成本，此外，还具备担保作用。例如，双方互负同类债务时，若其中一方的资力恶化，另一方向其履行，就有可能得不到相反的履行。但若实行抵销，则另一方即使不能履行债务，他方的利益也可得到保障。

根据我国《合同法》第 99 条第 1 款的规定，抵销一般须具备以下要件：①须双方互负债务，互享债权；②须双方债务的给付为同一种类；③须双方的债务均届清偿期；④须双方的债务均为可抵销的债务。

《合同法》第 99 条第 2 款规定："当事人主张抵销的，应当通知对方。通知自到达对方时生效。抵销不得附条件或者附期限。"

合意抵销又称为契约上抵销，是指依当事人双方的合意所为的抵销。合意抵销是由当事人自由约定的，建立在当事人意思自治的基础上，其效力也决定于双方当事人的合意，可以不受法定抵销条件的限制，如双方债务已届清偿期，双方债务标的须为同一种类等，当事人均可通过约定加以排除。《合同法》第100 条规定："当事人互负债务，标的物种类、品质不相同的，经双方协商一致，也可以抵销。"

四、提存

（一）提存的概念

提存是指债务人于债务已届履行期时，由于债权人的原因无法向其交付债的标的物，得将无法给付的标的物交提存机关，以消灭债务的一种法律制度。

债务人履行债务需要债权人协助，如债权人不协助债务人的履行，对债务人的履行拒不接受，或者债务人无法向债权人履行，债务人就不能清偿债务。于此情形下，债务人将因债权人不受领而继续承担着清偿责任，这对于债务人是不公平的。因此，为使债务人不因债权人原因而受迟延履行之累，法律设提存制度。通过提存，债务人得将其无法给付给债权人的标的物交给提存机关保存，以代替向债权人的给付，从而免除自己的清偿责任。债务人提存后，债务人的债务即消灭。

《民法通则意见》第 104 条规定："债权人无正当理由拒绝债务人履行义务，债务人将履行的标的物向有关部门提存的，应当认定债务已经履行。因提存所支出的费用，应当由债权人承担。提存期间，财产收益归债权人所有，风险责任由债权人承担。"这一规定明确将提存规定为债的消灭原因。司法部于 1995 年 5 月发布了《提存公证规则》，对公证提存作出规定。《合同法》中对提存也作了较为详细的规定。

（二）提存的要件

1. 须有可以提存的合法原因。提存的前提是债务人无法向债权人清偿。因此，凡因债权人一方的原因致使债务人无法清偿的事实，均为提存的合法原因。依《合同法》第 101 条的规定，有下列情形之一，难以履行债务的，债务人可以将标的物提存：①债权人无正当理由拒绝受领；②债权人下落不明；③债权人死亡未确定继承人或者丧失民事行为能力未确定监护人；④法律规定的其他情形 。

2. 须经法定程序。提存需要经过如下程序：首先，由提存人提出申请，申请书中应载明提存的原因、提存的标的物、标的物的受领人，如不知受领人的，应说明不知受领人的理由。其次，经提存机关同意。符合法定条件的，提存机关应当受理，提存机关受理提存申请后应予以审查，以决定是否同意提存。同意提存的，对提存人提交之物进行验收并登记。最后，由提存机关作成提存证书并交给提存人。提存证书具有与受领证书同等的法律效力。提存之债从提存之日起即告清偿。

3. 提存的主体与客体适当。提存的主体为提存人与提存机关。凡债务的清偿人均可为提存人。提存机关是法律规定的有权接受提存物并为保管的机关。依我国现行法的规定：拾得遗失物的，可向公安机关提存；定做人变卖留置物受偿后，可将余款向债权人所在地的银行办理提存；公证提存的，公证处为提存机关。法院也可为提存机关。其中，公证处是主要的提存机关。

提存的客体也就是提存人交付提存机关保管的物。提存标的物原则上是债务人应给付的标的物。提存物应为适于提存的物，标的物不适于提存或者提存费用过高的，债务人依法可以拍卖或者变卖标的物，提存所得的价款。

（三）提存的效力

提存涉及三方当事人，一经成立后发生三方面的效力。

1. 在债务人与债权人间的效力。提存后，债因提存当然消灭，债务人不再负清偿责任。提存物的所有权移转于债权人，标的物毁损、灭失的风险也一并移转于债权人，标的物的孳息归债权人所有，提存费用由债权人负担。但是，为使债权人及时得知提存的事实，除债权人下落不明以外，提存人应当通知债权人或者债权人的继承人、监护人。

2. 在提存人与提存机关间的效力。提存人与提存机关是提存行为的双方当事人。于提存成立后，提存机关有保管提存物的义务。提存后，除以下两种情况外，提存人不得取回提存物：①提存人可凭人民法院生效判决与裁定或提存之债已经清偿的公证证明，取回提存物；②提存受领人即债权人以书面形式向公证处放弃提存受领权的，提存人得取回提存物。

提存人不负担提存物的保管费用。当然若提存人取回提存物，提存人自应负担提存物的保管费用。

3. 在提存机关与债权人间的效力。

（1）债权人有权随时要求提存机关交付提存物，并承担必要费用。《合同法》第104条第1款规定："债权人可以随时领取提存物，但债权人对债务人负有到期债务的，在债权人未履行债务或者提供担保之前，提存部门根据债务人的要求应当拒绝其领取提存物。"

（2）提存机关有妥善保管提存物的义务，若提存物因提存机关的过错毁损灭失，提存机关应负赔偿责任。但若因不可归责于提存机关的原因而毁损灭失，提存机关不负责任。

（3）债权人领取提存物的权利应于法律规定的期限内行使。债权人超过法律规定或者提存机关公告的领取时间而不领取提存物的，其权利即行丧失。依我国《合同法》第104条的规定，债权人领取提存物的权利，自提存之日起5年内不行使而消灭，提存物扣除提存费用后归国家所有。

（4）对不宜保存、提存受领人到期不领取或超过保管期限的提存物品，提存机关可拍卖而提存其价款，因此而支出的费用由债权人承担。

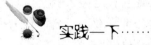 实践一下……

单选题： 王某和张某签订了一份棉花买卖合同，约定王某卖给张某棉花5吨。但后来张某下落不明，王某难以履行债务，遂将棉花提存。棉花提存

续

后，一日遭遇雷击烧毁，其损失应由（　　）。

 A. 张某承担　　　　　　B. 王某承担

 C. 张某和王某共同承担　　D. 提存机关承担

解答： 答案为 A。风险由所有权人承担，提存后提存物所有权由债权人即张某享有，风险亦由其承担。

五、免除

（一）免除的概念、特征

免除是指债权人向债务人表示抛弃债权，并以此消灭双方债权债务的行为。我国《合同法》第 105 条规定："债权人免除债务人部分或者全部债务的，合同的权利义务部分或者全部终止。"从此条来看，我国合同法规定的免除是单方的法律行为，但也并不排除债权人与债务人订立免除协议，免除债务人的义务。

免除具有以下特征：

1. 免除是无因行为。债权人免除债务，不论是其原因如何，比如赠与、和解等，以及这些原因是否成立，都不影响免除的效力。

2. 免除为无偿行为。免除债务表明债权人放弃债权，不再要求债务人履行义务，因此，债务人不必为免除为相应的对价。

3. 免除不需要特定的形式。免除债务不必有特定形式，口头、书面，明示、默示均可。

4. 免除是处分债权的行为，作出免除意思表示的债权人必须具有完全民事行为能力。

5. 免除应当通知债务人或者债务人的代理人，向第三人为免除的意思表示不发生法律效力。债权人作出免除的意思表示不得撤回。

（二）免除的效力

免除使债的关系绝对消灭。债权人免除部分债务的，债务部分消灭；免除全部债务的，债务全部消灭；免除效力及于从债务。免除对方债务，也等于放弃了自己的债权，债权消灭，从属于债权的担保权利、利息权利、违约金请求权等也随之消灭。

 实践一下……

单选题： 下列关于免除的说法不正确的是（　　）。

 A. 免除是债权人抛弃债权的行为

B. 免除是无因行为

C. 免除是处分行为

D. 免除须取得债务人同意

解答：答案为 D。免除行为是一个单方行为，无须取得债务人的同意。

六、混同

混同是指债权与债务同归于一人，而使债的关系消灭的事实。混同以债权与债务归于一人而成立，与人的意思表示无关，因而混同为一种法律事件。发生混同的原因可分为两种：一是概括承受，即债的关系的一方当事人概括承受他人权利与义务。例如，因债务人继承被继承人对其享有的债权或者债权人继承被继承人对其负担的债务，债权人与债务人合为一人。概括承受是发生混同的最主要原因。二是特定承受，指因债权让与或债务承担而承受权利义务。例如，债务人自债权人受让债权，债权人承担债务人的债务，此时也发生混同。

《合同法》第 106 条规定："债权和债务同归于一人的，合同的权利义务终止，但涉及第三人利益的除外。"因此，混同的效力是导致债的关系绝对消灭，并且主债消灭，从债也随之消灭。但在涉及第三人利益的情形下，虽发生混同，债也不消灭。

我要复习!

您一定要知道的（如果已掌握请打✓）

债消灭的原因 ☐

抵销的概念 ☐

提存的概念及效力 ☐

免除的特点 ☐

混同的概念 ☐

我的笔记

_____

_____

第四编

侵权责任

第十三章　侵权责任概述

 导　学

本章需要识记侵权责任归责原则、构成要件、免责事由，并能在实践中灵活运用。

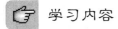 学习内容

学习单元一　侵权责任概念与归责原则

一、侵权责任概念

侵权责任是指侵权行为人侵害他人民事权益造成损害，依法应当承担的民事责任。

传统民法将侵权责任作为债发生的原因，称为"侵权行为之债"，规定于债编。我国《民法通则》则将民事责任独立成章，并对违约责任与侵权责任分别加以规定，2010 年 7 月 1 日施行的《侵权责任法》也未采用"侵权行为"的表述，再次确认了侵权责任的概念。值得注意的是，《侵权责任法》的施行，并非否定了侵权责任与债的联系，侵权责任同样可适用债法总则基本理论，只是具有自己独立的知识体系。

二、侵权责任的归责原则

侵权责任
归责原则
{
　过错责任 {
　　过错认定（《侵权责任法》第 6 条第 1 款）
　　过错推定（《侵权责任法》第 6 条第 2 款）
　}
　无过错责任（《侵权责任法》第 7 条）

　侵权损害分担原则→公平责任（《侵权责任法》第 24 条）
}

《侵权责任法》第 6 条规定："行为人因过错侵害他人民事权益，应当承担侵权责任。根据法律规定推定行为人有过错，行为人不能证明自己没有过错的，应当承担侵权责任。"

《侵权责任法》第 7 条规定："行为人损害他人民事权益，不论行为人有无过错，法律规定应当承担侵权责任的，依照其规定。"

《侵权责任法》第 24 条规定："受害人和行为人对损害的发生都没有过错的，可以根据实际情况，由双方分担损失。"

案例： 小王驾驶汽车回家，途中由于挡风玻璃突然破裂造成死亡。汽车公司拒绝赔偿，小王的妻子依据产品责任将汽车公司起诉到法院。

一审法院认为，小王的妻子没有任何证据证明汽车公司在这次损害中有过错，因此不构成侵权责任，判决驳回原告的诉讼请求。

二审法院认为，产品责任是无过错责任，一审法院判决适用过错责任原则是错误的。

点评： 侵权案件归责原则适用的不同，将会直接影响到判决结果。正确适用侵权责任归责原则非常重要。

侵权行为的归责原则，是指在行为人的行为致人损害时，根据何种标准和原则确定行为人的责任承担。我国侵权行为的归责原则主要包括过错责任原则、无过错责任原则，而对于公平责任原则，学界观点不一，有学者认为公平责任应属侵权责任归责原则，有学者则认为，从《侵权责任法》第 24 条可看出，受害人和行为人对损害的发生都没有过错，并非一定分担损失，而是"可以"，另外，分担的并不是责任，仅是"损失"，因此，公平责任当属侵权损害分担原则，不属于归责原则。

（一）过错责任原则

过错责任原则是指以行为人的主观过错作为承担民事责任要件的归责原则。在过错归责原则下，过错是确定是否承担责任的主要依据，有过错即有责任，没有过错即不承担民事责任。《民法通则》第 106 条第 2 款、《侵权责任法》第 6 条都明确了过错责任原则，只要法律没有明确规定不以过错为要件的，过错便是行为人承担侵权责任的要件。

过错是行为人决定其行动的一种故意或过失的主观心理状态。过错违反的是对他人的注意义务。根据过错责任的要求，只要行为人尽了应有的合理、谨慎的注意义务，即使有因果关系，行为发生了损害后果，也不用承担民事责任。

过错责任的特点在于以下几点：首先，根据民事诉讼证明责任相关规定，当事人对自己所提出的诉讼主张有责任提供证据加以证明，在过错责任下，受害人有义务举证证明加害人主观上存在过错。其次，在存在混合过错情况下，可以适用过错相抵规则确定加害人和受害人责任范围；在共同过错情况下，可考虑共同侵权人过错程度，确定各自与其过错相适应的民事责任。

（二）过错推定原则

过错责任原则是最基本，适用最广泛的侵权责任归责原则，但是，随着现代社会侵权行为日益复杂、受害人举证难度不断增大，在一些特殊情况下，受害人由于客观条件的限制或自身的不足，难以举证证明加害人主观上有过错，适用一般过错责任原则会使受害人处于十分不利的地位，合法权益难以得到法律的保护。因此，我国法律规定了过错推定原则，以平衡加害人与受害人的利益，以期实现社会公平正义。

过错推定指基于法律特别规定，一旦行为人的行为致人损害就推定其主观上有过错，除非行为人能证明自己没有过错，否则应承担民事责任。过错推定责任不是一项独立的归责原则，其只是过错责任原则的一种特殊形式，是在法律有特别规定时，过错责任原则的举证责任发生转移，即举证责任倒置。过错推定原则需由加害人负举证责任，如能证明自己无过错，不成立侵权责任；否则就推定有过错，承担侵权责任。

> 除理解过错推定原则的具体适用情形外，请您仔细体会过错推定原则在法条中的表述：
>
> 《侵权责任法》规定以下情形适用过错推定原则：
>
> 1. 无民事行为能力人在教育机构受侵害的过错推定。《侵权责任法》第 38 条规定，无民事行为能力人在幼儿园、学校或者其他教育机构学习、生活期间受到人身损害的，幼儿园、学校或者其他教育机构应当承担责任，但能够证明尽到教育、管理职责的，不承担责任。需注意的是，限制民事行为能力人在教育机构受侵害则是过错责任。

续

2. 医疗机构的过错推定。《侵权责任法》第58条规定，患者有损害，因下列情形之一的，推定医疗机构有过错：①违反法律、行政法规、规章以及其他有关诊疗规范的规定；②隐匿或者拒绝提供与纠纷有关的病历资料；③伪造、篡改或者销毁病历资料。但要注意与原来证据规则的区别。原来的证据规则是一个全面的过错推定，而《侵权责任法》第58条的规定是在一定情况下的过错推定。

3. 非法占有高度危险物中所有人、管理人的过错推定。《侵权责任法》第75条规定，非法占有高度危险物造成他人损害的，由非法占有人承担侵权责任。所有人、管理人不能证明对防止他人非法占有尽到高度注意义务的，与非法占有人承担连带责任。

4. 动物园饲养动物致损害。《侵权责任法》第81条规定，动物园的动物造成他人损害的，动物园应当承担侵权责任，但能够证明尽到管理职责的，不承担责任。

5. 物件损害责任。适用过错推定的情形包括：建筑物等及其搁置物致人损害（第85条）；建筑物中抛掷物品、坠落物品致人损害（第87条）；堆放物侵权（第88条）；林木折断致人损害（第90条）；窨井等地下设施造成他人损害（第91条第2款）。

（三）无过错责任原则

无过错责任原则，亦称无过失责任原则，是指在法律规定的情况下，只要当事人实施了加害行为，不论其主观上有无过错，仍应承担民事责任的归责原则。无过错责任的特点在于并不考虑加害人和受害人的过错，只要加害人实施了法律规定的加害行为，有损害事实，行为与损害事实间存在因果关系，就应承担民事责任。只有符合法定情形，如法律规定的受害人故意、第三人原因等才得以免责。

根据《侵权责任法》相关规定，无过错责任归责原则主要适用于以下情形：①机动车对非机动车、行人的交通事故责任；②环境污染责任；③高度危险责任；④产品缺陷引起的损害；⑤饲养动物责任，特别是饲养烈性犬等危险动物致人损害以及遗弃、逃逸动物造成他人损害的情形；⑥监护人就被监护人侵权承担的责任；⑦用人单位就工作人员职务侵权承担的责任；⑧接受个人劳务方就提供劳务方的劳务侵权承担的责任等。

（四）公平责任原则

公平责任原则是指加害人和受害人对损害结果的发生都没有过错，根据公平观念，在考虑当事人财产状况、支付能力等实际情况的基础上，责令加害人或者受益人对受害人所受损失给予补偿。适用公平责任原则的前提必须是当事人既无过错，又不能推定其过错的存在，同时也不存在法定的承担无过错责任的情况，其目的在于减轻而非补足受害人所受损失，所以，在性质上，此时的责任性质不是"赔偿"，而是"补偿"。

> 根据《侵权责任法》相关规定，适用公平责任的情形主要有：①因紧急避险造成他人损失的，如果险情是由自然原因引起，紧急避险人不承担责任或者给予适当补偿。紧急避险采取措施不当或者超过必要的限度，造成不应有的损害的，紧急避险人应当承担适当的责任。②完全民事行为能力人对自己的行为暂时没有意识或者失去控制造成他人损害没有过错的，根据行为人的经济状况对受害人适当补偿。

 我要复习！

> 甲饲养的一只狗在乙公司施工的道路上追咬丙饲养的一只狗，行人丁避让中失足掉入施工形成的坑里，受伤严重。丁的损失应由谁来承担？如何适用侵权归责原则？
>
> **提示：** 根据《侵权责任法》相关规定，饲养的动物侵权的，饲养人承担的是无过错责任，也就意味着不管甲和丙有没有过错，都要对丁承担侵权损害赔偿责任。只有在能够证明损害是因被侵权人丁故意或者重大过失造成的，才可以不承担或者减轻责任。
>
> 施工人侵权行为的归责原则为过错责任中的过错推定原则，如乙能证明自己没有过错，就不应承担对丁的赔偿责任。

学习单元二　侵权责任构成要件

侵权责任的构成要件是指一般情况下，行为人承担侵权责任所必须具备的条件。本书采取四要件说，即一般侵权行为中，受害人要求侵权人承担侵权赔偿责任，应举证证明四个侵权构成要件。

$$
侵权构成要件\begin{cases}侵害行为\\损害事实\\侵害行为与损害事实存在因果关系\\行为人主观上有过错\end{cases}
$$

一、侵害行为

侵害行为是指行为人实施的侵害他人合法权益的作为或者不作为。

二、损害事实

损害是指一定行为或事件给受害人造成人身或财产上的不利益。损害赔偿责任的承担须以损害事实的存在为前提，有损害事实才可能发生赔偿问题。损害事实包括财产损害、人身损害及精神损害。精神损害是指对人身非财产利益的损害，精神损害赔偿是对人身非财产利益损害给予金钱的补偿。

《侵权责任法》第2条规定："侵害民事权益，应当依照本法承担侵权责任。本法所称民事权益，包括生命权、健康权、姓名权、名誉权、荣誉权、肖像权、隐私权、婚姻自主权、监护权、所有权、用益物权、担保物权、著作权、专利权、商标专用权、发现权、股权、继承权等人身、财产权益。"

法条解读：首先，应注意民事权益的范围。其次，《侵权责任法》仍然没有承认第三人侵害债权制度。

思考

甲以70万将自己所有的一套房屋卖给乙，尚未过户，丙得知后，找到甲，表示愿意以80万购买，甲又将房屋卖给丙，并作了过户登记。乙知道后，除可要求甲承担违约责任外，能否要求丙承担侵权责任？

提示：丙侵害了乙的什么权益？仔细想想，您会发现，我国法律对于这类实践案例的解决颇为无奈。因为，《侵权责任法》没有承认第三人侵害债权制度。

三、侵害行为与损害事实存在因果关系

侵权行为中的因果关系是指违法行为与损害结果之间具有必然的因果联系，即特定的损害事实是行为人的行为引起的结果。只有当二者间存在因果关系时，行为人才应承担相应的民事责任。民事主体只为自己实施行为的损害后果承担责任。

四、行为人主观上有过错

过错是侵权行为构成要件中的主观因素，反映行为人实施侵权行为的心理

状态。对一般侵权行为而言，过错是行为人承担侵权责任的必备前提。

过错根据其类型分为故意与过失。故意是指行为人预见到自己的行为可能产生的损害结果，仍希望其发生或放任其发生；过失是指行为人对其行为结果应预见或能够预见而因疏忽未预见，或虽已预见但因过于自信，以为其不会发生，以致造成损害后果。过失根据法律对行为人要求的注意程度不同，又分为一般过失与重大过失。

思考

一般过失和重大过失的区分标准是什么？

提示： 一般过失是指行为人欠缺善良管理人或者与处理自己事务同样的注意义务。重大过失即违反普通人的注意义务，比如行为人仅用一般人的注意即可预见，而怠于注意，就存在重大过失。用通俗的语言表示重大过失主要是：①一般人犯了十分不靠谱的过失；②专业人员犯了一般人都能避免的错误。

上述要件是一般侵权责任的四个构成要件，对于特殊侵权责任而言，主要区别在于第四个要件，法律对特殊侵权的主观要件有特殊规定，但前三个要件都是一样的。

学习单元三　侵权责任的免责事由

侵权责任的免责事由是指在行为人的行为产生了损害事实，行为人仍有可能不承担侵权责任或者减轻责任的事由。免责事由可以分成两类：法定免责事由和约定免责事由。法定事由包括受害人过错、第三人过错、不可抗力、正当防卫、紧急避险。约定免责事由主要为受害人同意。

一、受害人过错

《民法通则》第 131 条规定："受害人对于损害的发生也有过错的，可以减轻侵害人的民事责任。"

《侵权责任法》第 26 条规定："被侵权人对损害的发生也有过错的，可以减轻侵权人的责任。"

《侵权责任法》第 27 条规定："损害是因受害人故意造成的，行为人不承担责任。"

受害人过错是指受害人对于侵权损害的发生或者侵权损害后果的扩大存在

过错。《侵权责任法》将主观过错中的故意独立出来，规定受害人对损害的发生有过错的，可以减轻侵权人的责任，进行过失相抵，即在比较双方过错程度上，由加害方和受害方分担损失；而如果受害人故意造成损失发生，行为人就不承担赔偿责任。另外，根据《人身损害赔偿解释》第2条的规定，侵权人因故意或者重大过失致人损害，受害人只有一般过失的，不减轻赔偿义务人的赔偿责任。

值得注意的是，《侵权责任法》虽然在第26、27条区分了受害人的过错和故意，对侵权人责任的减轻和免除分别进行了原则性规定，但是，在其后的一些特殊侵权行为中，该法对受害人故意、过错存在对侵权人责任的影响作出了进一步明确，这时，应以特殊的具体规定为准。比如《侵权责任法》第78条规定："饲养的动物造成他人损害的，动物饲养人或者管理人应当承担侵权责任，但能够证明损害是因被侵权人故意或者重大过失造成的，可以不承担或者减轻责任。"这里就规定受害人故意，动物饲养人、管理人可不承担责任，但只有在重大过失时，才可减轻责任，一般过失就不能减轻责任了。

思考

《侵权责任法》第80条规定："禁止饲养的烈性犬等危险动物造成他人损害的，动物饲养人或者管理人应当承担侵权责任。"有学者认为，此条为绝对无过错责任，即使受害人存在故意，动物饲养人、管理人也不能免责。您是如何看待这个问题的？

二、第三人过错

《侵权责任法》第28条规定："损害是因第三人造成的，第三人应当承担侵权责任。"

第三人过错包括故意和过失。第三人是指与行为人没有监护、隶属、劳务等关系的人。如存在监护、隶属、劳务等关系，不得适用此抗辩事由。第三人过错致人损害，由第三人承担责任，行为人不承担责任。

但是，该抗辩事由并不适用于所有的侵权行为。根据《侵权责任法》的规定，在第44条产品责任、第68条环境污染责任、第83条饲养动物损害责任规定的情形下，被侵权人仍有权选择要求销售者、污染者、动物饲养人或者管理人承担赔偿责任，这些主体均不能以第三人原因要求免责，但这些主体可以在向被侵权人承担赔偿责任后，向第三人进行追偿。

《侵权责任法》第 44 条规定："因运输者、仓储者等第三人的过错使产品存在缺陷，造成他人损害的，产品的生产者、销售者赔偿后，有权向第三人追偿。"

《侵权责任法》第 68 条规定："因第三人的过错污染环境造成损害的，被侵权人可以向污染者请求赔偿，也可以向第三人请求赔偿。污染者赔偿后，有权向第三人追偿。"

《侵权责任法》第 83 条规定："因第三人的过错致使动物造成他人损害的，被侵权人可以向动物饲养人或者管理人请求赔偿，也可以向第三人请求赔偿。动物饲养人或者管理人赔偿后，有权向第三人追偿。"

三、不可抗力

《侵权责任法》第 29 条规定："因不可抗力造成他人损害的，不承担责任。法律另有规定的，依照其规定。"

不可抗力是指不能预见、不能避免、不能克服的客观情况。不能预见是指根据现有的科学技术水平，一般对事件发生没有预知能力。不能避免、不能克服，是指当事人已尽最大努力，采取一切可以采取的措施，仍不能避免事件发生或克服由此造成的损害后果。不可抗力既包括自然现象，如地震、洪水、台风、火山爆发等，也包括某些社会现象，如战争、人为引起的火灾等。有学者认为，根据《侵权责任法》第 71 条的规定，民用航空器造成他人损害，属于"法律另有规定的"情形，不可抗力不能作为免责事由，只有受害人故意造成损害，民用航空器的经营者才可免责。

《侵权责任法》第 71 条规定："民用航空器造成他人损害的，民用航空器的经营者应当承担侵权责任，但能够证明损害是因受害人故意造成的，不承担责任。"

四、正当防卫

《侵权责任法》第 30 条规定："因正当防卫造成损害的，不承担责任。正当防卫超过必要的限度，造成不应有的损害的，正当防卫人应当承担适当的责任。"

正当防卫行为是指为了公共利益，本人或者他人财产、人身或者其他合法权益免受正在进行的不法侵害，而对不法侵害人所实施的不超过必要限度的行为。构成正当防卫行为应具备几个条件：①防卫的目的是为了保护合法权益；

②侵害行为正在实施；③防卫的手段只能针对加害人；④正当防卫不应超过必要的限度。正当防卫超过必要限度，造成不应有的损害的，防卫人应当承担适当的民事责任。必要限度以防卫行为足以制止侵害行为和避免损害发生或扩大为限。

五、紧急避险

思考

某日，甲携带一台笔记本乘坐长途公共汽车，为了安全，在车上他把笔记本电脑置于腿上抱着。行驶当中小孩乙突然横穿马路，驾驶员丙紧急刹车，结果行李架上的物品有不少落下来，其中乘客丁的皮包正巧砸在甲的笔记本上，将价值1万多元的笔记本砸坏了。请问甲的损失由谁承担？

紧急避险是指为了使社会公共利益、本人或他人的合法权益免受正在发生的危险，而不得已采取的损害他人较小权益的行为。

其构成要件包括：①危险正在发生；②避险人不得已采取避险措施；③避险行为不得超过必要限度，即避险行为造成的损害应当小于危险可能造成的损害。

在紧急避险情况下，造成他人损害时，其责任承担按照下列规则处理：

1. 险情是由人引起的，由引起险情发生的人承担民事责任。

2. 险情是自然原因造成的，紧急避险人不承担民事责任或者给予适当补偿。

3. 因紧急避险造成他人损失，如果险情是自然原因引发，紧急避险人采取的措施并无不当，行为人不承担民事责任，但受害人可以要求受益人适当补偿。

4. 紧急避险采取措施不当或者超过必要的限度，造成不应有的损害的，避险人承担适当民事责任。

前面的思考题考查的即为紧急避险理论，经过分析很容易得到答案。驾驶员丙刹车的行为并无不当，虽然是丁的东西掉下来砸到甲的笔记本，但丁没有过错。而小孩乙突然跑过马路是险情引发的人为原因，小孩是被监护人，应当由小孩乙的监护人承担责任。

如果本案纠纷不是小孩横穿公路引起，而是驾驶员躲避山体滑坡紧急刹车，造成丁的皮包落下砸到甲的笔记本电脑，纠纷又应如何处理？为什么？

六、受害人同意

受害人同意是指受害人在侵权行为或者损害后果之前自愿作出的自己承担某种损害后果的明确意思表示，例如自愿参加带有危险性的体育竞技活动等。

受害人同意只有在不违背法律和社会道德，并在本质上有益于社会或同意者本人时，才能作为抗辩事由。

《合同法》第 53 条规定："合同中的下列免责条款无效：①造成对方人身伤害的；②因故意或者重大过失造成对方财产损失的。"据此可知，对于侵权人造成的人身伤害、因故意或重大过失造成财产损失的民事责任，受害人即使事先作出加害人免责任的同意，也不产生法律效力。

我的笔记

第十四章　侵权责任形态

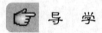 导　学

　　杨立新教授曾这样表述，在侵权行为法中，存在一种极为重要的情形，就是责任由侵权法律关系的何种主体承担。这就是说，在侵权行为发生之后，侵权责任究竟由谁承担，是由行为人承担，还是由责任人承担；如果责任人是数人，那么在多数责任人之间是连带承担，还是按份承担，或者补充承担；如果行为人和受害人对损害的发生都有责任，那又应当怎样分担。侵权责任形态就是要研究这样的问题。

$$
侵权责任形态
\begin{cases}
直接责任和替代责任 \\
单独责任和\\多数人责任
\begin{cases}
按份责任 \\
连带责任 \\
补充责任
\end{cases} \\
补充责任和适当补偿责任
\end{cases}
$$

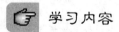 学习内容

学习单元一　直接责任和替代责任

一、直接责任
　　直接责任是指对自己的行为或者自己管理控制的物致人损害承担侵权责任。直接责任是"自己责任原则"的体现，要求责任自负，是一般的侵权责任形态。如无法律明文规定，他人无须对侵权人的侵权行为承担侵权责任。

二、替代责任
　　替代责任指依照法律的明文规定，对他人的侵权行为承担责任的侵权责任形态。替代责任是特殊的侵权责任形态，须有法律的明确规定。替代责任具有

以下特点：

1. 责任人与侵权行为人分离。例如：被监护人致人损害，被监护人没有财产的，由监护人承担侵权责任。

2. 责任人与侵权行为人之间具有特定的关系。例如：监护关系（《侵权责任法》第 32 条）、雇佣关系（《侵权责任法》第 34 条）等。

3. 替代责任又可分为不可追偿的替代责任和可追偿的替代责任。前者如：用人单位承担替代责任后，不能向无过错的工作人员追偿；监护人承担替代责任后，不可向被监护人追偿。后者如：用人单位承担替代责任后，可以向有过错的工作人员追偿；房屋的建设单位和施工单位为房屋倒塌承担连带责任后，可以向有过错的勘查单位、设计单位、监理单位追偿。

4. 替代责任本身为无过错责任。只要符合法律规定的构成要件，责任人就应当为他人的侵权行为承担替代责任，对他人的侵权行为是否具有过错，在所不问。

根据《侵权责任法》，替代责任主要有以下情形：

1. 监护人责任。

> 《侵权责任法》第 32 条第 1 款规定："无民事行为能力人、限制民事行为能力人造成他人损害的，由监护人承担侵权责任。监护人尽到监护责任的，可以减轻其侵权责任。"

监护人为被监护人承担的替代责任，属于"无过错责任"，无论监护人对损害的发生是否具有过错，都要承担替代责任。监护人尽了监护责任的，只是"可以"减轻他的民事责任。

> 《侵权责任法》第 32 条第 2 款规定："有财产的无民事行为能力人、限制民事行为能力人造成他人损害的，从本人财产中支付赔偿费用。不足部分，由监护人赔偿。"
>
> 《民通意见》第 158 条规定："夫妻离婚后，未成年子女侵害他人权益的，同该子女共同生活的一方应当承担民事责任；如果独立承担民事责任确有困难的，可以责令未与该子女共同生活的一方共同承担民事责任。"
>
> 《民通意见》第 159 条规定："被监护人造成他人损害的，有明确的监护人时，由监护人承担民事责任；监护人不明确的，由顺序在前的有监护能力的人承担民事责任。"
>
> 《民通意见》第 161 条规定："侵权行为发生时行为人不满 18 周岁，在诉讼时已满 18 周岁，并有经济能力的，应当承担民事责任；行为人没有经

续

> 济能力的，应当由原监护人承担民事责任。行为人致人损害时年满 18 周岁的，应当由本人承担民事责任；没有经济收入的，由扶养人垫付，垫付有困难的，也可以判决或者调解延期给付。"

2. 用人单位责任。《侵权责任法》第 34 条第 1 款规定："用人单位的工作人员因执行工作任务造成他人损害的，由用人单位承担侵权责任。"

在《侵权责任法》实施以前，用人单位责任被分为三方面：①国家机关的工作人员在执行职务中致人损害的，适用《民法通则》第 121 条；②非国家机关的法人单位的工作人员在执行职务中致人损害的，适用《人身损害赔偿解释》第 8 条；③非法人组织的雇员在从事雇佣活动中致人损害的，适用《人身损害赔偿解释》第 9 条。《侵权责任法》第 34 条则对各种用人单位责任进行了统一规定。所有用人单位（国家机关、企业法人、非企业法人、个体经济组织、合伙组织）的工作人员因执行工作任务造成他人损害的，统一适用《侵权责任法》第 34 条的规定承担无过错责任。注意，工作人员与执行工作任务无关的行为，即使发生在工作时间内，用人单位也不承担责任，由工作人员自己承担。

> 《侵权责任法》第 34 条第 2 款规定："劳务派遣期间，被派遣的工作人员因执行工作任务造成他人损害的，由接受劳务派遣的用工单位承担侵权责任；劳务派遣单位有过错的，承担相应的补充责任。"

3. 接受劳务方责任。《侵权责任法》第 35 条规定："个人之间形成劳务关系，提供劳务一方因劳务造成他人损害的，由接受劳务一方承担侵权责任。提供劳务一方因劳务自己受到损害的，根据双方各自的过错承担相应的责任。"用人单位的工作人员因执行工作任务遭受人身损害的，统一按照《工伤保险条例》进行补偿，个人之间形成劳务关系，提供劳务一方因劳务自己受到损害的，不适用《工伤保险条例》，根据双方各自的过错承担相应的责任，可以提起侵权之诉。

4. 生产者、销售者责任。《侵权责任法》第 44 条规定："因运输者、仓储者等第三人的过错使产品存在缺陷，造成他人损害的，产品的生产者、销售者赔偿后，有权向第三人追偿。"

5. 医疗机构责任。《侵权责任法》第 54 条规定："患者在诊疗活动中受到损害，医疗机构及其医务人员有过错的，由医疗机构承担赔偿责任。"

6. 建设单位、施工单位责任。《侵权责任法》第 86 条规定："建筑物、构筑物或者其他设施倒塌造成他人损害的，由建设单位与施工单位承担连带责任。

建设单位、施工单位赔偿后，有其他责任人的，有权向其他责任人追偿。"

学习单元二　单独责任和多数人责任

一、单独责任

单独责任是指由一个加害人单独对被害人承担侵权责任的侵权责任形态。需要注意的是：单独责任既可以是直接责任，也可以是替代责任。

二、多数人责任

多数人责任与单独责任相对应，是指由两个以上的加害人依照法定方式对被害人承担侵权责任的侵权责任形态。多数人责任主要表现为以下情形：

（一）按份责任

1. 概念和特点。按份责任是指两个以上的责任人各自按照确定的份额承担责任，责任人对于超出自己份额部分无清偿义务的共同责任形态。按份责任的实质是各责任人共同造成损害后果的发生，但每一责任人按一定的份额承担相应的责任。按份责任具有以下特点：①责任总额由两个以上的责任人按照确定的比例分担；②赔偿权利人只能请求责任人就其应当承担的份额承担责任，对于超出其应当承担份额的部分则无权请求其对自己清偿；③按份责任人之间无权利义务关系。

建议

通过下面这个小案例，您可以更好地理解按份责任

甲、乙、丙三个企业分别排污给丁造成 200 万元的损失。法院依据《侵权责任法》第 67 条的规定，判决甲、乙、丙承担按份责任，其中甲承担 100 万元，乙承担 60 万元、丙承担 40 万元。此例中：丁最多只能请求甲清偿 100 万元，乙清偿 60 万元，丙清偿 40 万元；甲对丁清偿 100 万元后，其对丁的债务消灭。甲对丁清偿 100 万元后，无权请求乙、丙分担。

2.《侵权责任法》中按份责任的主要情形。

（1）无意思联络的侵权行为。《侵权责任法》第 12 条规定，两人以上分别实施侵权行为造成同一损害，能够确定责任大小的，各自承担相应的责任；难以确定责任大小的，平均承担赔偿责任。

思考

一天夜晚，甲客车逆行迫使骑车人乙为躲避甲向右拐，跌入修路挖的坑里（负责修路的施工单位对该坑未设置保护措施），造成车毁人伤。对乙的损失各方应如何承担责任？

提示： 此题为 1999 年司法考试的一道单选题，那时《侵权责任法》尚未出台，当时的正确答案为：甲和施工单位承担连带责任。但在《侵权责任法》生效后，此答案明显错误。请您思考一下，根据《侵权责任法》相关规定，乙的损失应如何承担？

（2）租赁车、借用车时，所有人有过错的侵权行为。《侵权责任法》第49条规定，因租赁、借用等情形机动车所有人与使用人不是同一人时，发生交通事故后属于该机动车一方责任的，由保险公司在机动车强制保险责任限额范围内予以赔偿。不足部分，由机动车使用人承担赔偿责任；机动车所有人对损害的发生有过错的，承担相应的赔偿责任。

（3）教唆、帮助行为能力欠缺的主体侵权，监护人也未尽到监护责任时的按份责任。《侵权责任法》第 9 条第 2 款规定，教唆、帮助无民事行为能力人、限制民事行为能力人实施侵权行为的，应当承担侵权责任；该无民事行为能力人、限制民事行为能力人的监护人未尽到监护责任的，应当承担相应的责任。

（二）连带责任

1. 概念和特点。连带责任指两个以上的责任人均负有清偿责任总额的义务，清偿超出自己责任份额的连带责任人，有权向其他责任人追偿的共同责任形态。连带责任与按份责任相比，加大了对受害人的保护，必须在法律明确规定或约定的情况下才能采用。连带责任具有以下特点：

（1）连带责任的对外效力。表现在：权利人有权请求连带责任人中的任何一人、数人或者全体，同时或者先后请求全部或者一部分给付；权利人请求连带债务人中的某一人承担全部赔偿责任，该责任人不得拒绝。

（2）连带责任的对内效力。表现在：在连带责任人内部，责任总额由连带责任人按照一定的比例分担，该比例不具有对抗权利人的效力，具体而言：连带责任人可以约定其各自承担的比例；责任人就各自的份额不能协商一致的，按照责任人对损害发生的原因力大小、过错程度确定；不能确定各责任人的原因力大小、过错程度的，其内部份额为均等。支付超出自己赔偿数额的连带责任人，有权向其他连带责任人追偿。

建议

通过下面这个小案例，您可以更好地理解连带责任。

甲、乙、丙共同侵权给丁造成50万元的损失。法院依据《侵权责任法》第8条的规定判决甲、乙、丙承担连带损害赔偿责任。此例中：丁有权请求甲、乙、丙中任何一个人对自己赔偿50万元；丁有权请求甲对自己赔偿10万元，同时请求乙赔偿40万元；甲、乙、丙内部有责任份额划分，某人对丁承担的责任超出自己份额的，就超出的部分，有权按照内部的份额追偿。

2.《侵权责任法》中连带责任的主要情形。广义的共同侵权行为主要有共同加害行为，教唆、帮助共同侵权行为，共同危险行为和无意思联络的数人侵权情形。

（1）共同加害行为。

《侵权责任法》第8条规定："二人以上共同实施侵权行为，造成他人损害的，应当承担连带责任。"

共同加害行为以加害人主观心态的不同，分为共同故意侵权和共同过失侵权。

共同故意是指加害人不仅对自己的加害行为持故意态度，而且与其他加害人具有意思联络。共同故意重在强调与他人的共谋。但如果个别共同加害人的行为超出共同计划，他人并不知情，对于超出的损害部分，其他共同加害人不承担连带责任。

共同过失指在共同实施行为的过程中，行为人对共同行为可能造成的损害后果具有共同的可预见性，但因疏忽大意或者过于自信而违反了共同注意义务，未采取合理的措施避免损害的发生，并由此造成同一损害后果。比如：甲、乙用绳子沿大楼外墙面吊运柜子到9楼，预见重物有坠落伤人之虞，但彼此商量后认为，见过别人也是如此搬运，自己运气应该不会那么差，结果柜子坠落砸伤丙。此例中，甲、乙并非故意想伤害丙，但对丙的伤害具有共同过失，即过于自信的过失，构成共同加害行为。

（2）教唆、帮助的共同侵权行为。

《侵权责任法》第9条规定："教唆、帮助他人实施侵权行为的，应当与行为人承担连带责任。教唆、帮助无民事行为能力人、限制民事行为能力人

续

实施侵权行为的，应当承担侵权责任；该无民事行为能力人、限制民事行为能力人的监护人未尽到监护责任的，应当承担相应的责任。"

无民事行为能力人、限制民事行为能力人的监护人已尽到监护责任，没有过错的，不构成共同侵权，由教唆者、帮助者单独承担责任。无民事行为能力人、限制民事行为能力人的监护人未尽到监护责任的，并不适用连带责任，而是如前所述，承担与其过错相适应的按份责任。

 建议

通过下面的小案例，您可以更好地理解教唆、帮助行为的责任承担。

1. 王某教子有方，15 岁的儿子品格端正。社会青年赵某心生妒忌，在放学回家途中教唆并逼迫王某儿子将同学打伤。此例中，受害人的损失由赵某承担赔偿责任。

2. 王某养而不教，从来不管自己 15 岁的儿子，某日，王某儿子在社会青年赵某唆使下将同学打伤。此例中，赵某承担侵权责任，王某未尽到监护责任，承担相应的民事责任。

3. 王某儿子 19 岁，某日在社会青年赵某的教唆和帮助下将同学打伤。此例中，受害人的损失由赵某和王某儿子承担连带责任，王某不承担责任。

（3）共同危险行为。

《侵权责任法》第 10 条规定："2 人以上实施危及他人人身、财产安全的行为，其中一人或者数人的行为造成他人损害，能够确定具体侵权人的，由侵权人承担责任；不能确定具体侵权人的，行为人承担连带责任。"

共同危险行为指加害时有许多人参与，不能确知其中谁为加害人时，则使每一参与人均就全部损害负责。此类行为与狭义的共同侵权行为不同之处在于，其并不是全体行为使损害发生，只是其中某人的行为而发生损害后果，但是并不知道具体是谁。其目的在于避免受害人在这种情形下，因无法证明加害行为究竟是何人所为而无法获得赔偿的情况出现。

共同危险行为人承担连带责任，如能证明自己的行为与损害后果没有因果关系，也就是说损害的发生并不是自己所造成，即可免责。

思考

甲、乙、丙持同一型号的步枪和子弹上山打猎，三人以为灌木丛中有兔子，同时开枪射击，结果一颗子弹击中采药的丁，致丁死亡。责任应如何承担？

提示：甲、乙、丙主观上虽无共同故意，但均实施了危及丁人身安全的行为，构成共同危险行为。能确定是谁的子弹击中的丁，由他承担侵权责任；不能确定的，甲、乙、丙承担连带责任。

（4）无意思联络的侵权行为，每个人的侵权行为都足以造成全部损害。

《侵权责任法》第11条规定："2人以上分别实施侵权行为造成同一损害，每个人的侵权行为都足以造成全部损害的，行为人承担连带责任。"

注意《侵权责任法》第11条和第12条的不同规定。对于无意思联络的数人侵权，《侵权责任法》并没有使用"共同"的表述，而是明确规定为"分别实施侵权行为造成同一损害"，此处的"分别"主要是指实施侵权行为的数个行为人间不具有主观上的关联性，各个侵权行为都是相互独立的，虽是数人所为，但与共同侵权不同，其本质上还是单独侵权行为，故加害人承担与各自过错程度、行为与后果间原因力大小相适应的按份责任，也就是"能确定责任大小的，各自承担相应责任；难以确定责任大小的，平均承担赔偿责任。"但是，每个人的侵权行为都足以造成全部损害的，行为人承担连带责任。

建议

下面的表格能很好地帮助您记忆共同侵权种类及责任承担：

共同侵权
- 共同加害行为——连带责任
- 教唆、帮助共同侵权行为
  - 原则上——连带责任
  - 教唆、帮助无民事行为能力人、限制民事行为能力人——教唆、帮助人赔偿监护人未尽责相应
- 共同危险行为——连带责任
- 无意思联络的数人侵权
  - 能够确定责任大小——各自承担相应的责任
  - 难以确定责任大小——平均承担赔偿责任
  - 每个人的行为足以造成全部损害——连带责任

思考

1. 甲、乙互不认识，但都仇视丙。某日，甲将丙的房屋点燃，乙正好路过，见丙忙于救火，遂捡起地上的石头将丙砸伤。此例是否属于共同侵权？是否属于无意思联络的数人侵权？责任应如何承担？

提示： 此例中，甲、乙无共同过错，不构成共同侵权。甲、乙的行为分别造成不同的损害，而不是"二人以上分别实施侵权行为造成同一损害"，不适用无意思联络的数人侵权。甲侵犯丙的财产权，乙侵犯丙的人身权，应各自就自己造成的损害承担责任。

2. 甲、乙互不认识，但都仇视丙。某日，甲在丙的饭盒里投毒 20 毫克，足以致丙死亡。乙在不知情的情况下，也在丙的饭盒中投毒 20 毫克。丙食用后中毒死亡。问：责任应如何承担？

提示： 此例中，甲、乙无共同故意或过失，虽不构成共同侵权，但他们"分别实施侵权行为，造成同一损害后果，且各人的行为均足以导致损害后果的发生"，因此，甲、乙应对丙的死亡承担连带责任。

3. 结合此案例，请您思考一下《侵权责任法》第 11 条如此规定的原因？

提示： 防止甲、乙逃避责任；甲、乙承担连带责任，防止赔偿权利人获得"双重赔偿"。

4. 甲、乙互不认识，但都仇视丙。某日，甲在丙的饭盒里投毒 10 毫克，单独不足以致丙死亡。乙在不知情的情况下，也在丙的饭盒里投毒 10 毫克。丙食用后中毒死亡。责任应如何承担？

提示： 此例中，甲、乙无共同过错，不构成共同侵权，甲、乙分别实施的行为导致同一损害，各自行为都不足以导致损害的发生，应当承担按份责任，能够确定责任大小的，各自承担相应的责任；难以确定责任大小的，平均承担赔偿责任。

（5）网络经营者与网络用户。《侵权责任法》第 36 条规定，网络用户、网络服务提供者利用网络侵害他人民事权益的，应当承担侵权责任。网络用户利用网络服务实施侵权行为的，被侵权人有权通知网络服务提供者采取删除、屏蔽、断开链接等必要措施。网络服务提供者接到通知后未及时采取必要措施的，对损害的扩大部分与该网络用户承担连带责任。网络服务提供者知道网络用户利用其网络服务侵害他人民事权益，未采取必要措施的，与该网络用户承担连带责任。

思考

作家 VS 百度文库事件带给我们的思考

随着数字化时代的发展，网络侵权逐渐步入公众的视野。百度文库的侵权问题一度成为各界讨论的焦点所在。盛大文学亦曾起诉百度文库侵权，称百度文库将会导致中国原创文学的灭亡。2010 年 12 月，文著协、盛大文学与磨铁图书公司共同发表了《针对百度文库侵权盗版的联合声明》，积极维权。

2011 年 3 月 15 日，韩寒、慕容雪村等 50 位作家以版权所有人身份联名发表公开信，抗议百度文库向网民提供免费文档作品的下载行为，这使得百度再次陷入知识产权侵权的舆论漩涡。

百度对外宣布，文库只是一种资料分享模式，因而并未侵害他人权益。所有的文稿、档案等资料均来自网民上传，而百度本身并不上传侵权的书籍和作品，也无法得知上传文件的网民不是版权所有人，因此也就不构成所谓的"侵权"。

3 月 26 日，百度针对"50 作家维权事件"发表三点声明："①百度高度重视文库用户上传文档的版权问题，自向版权方公布绿色通道后，收到来自权利人和权利人组织的大量删除通知，目前已经调集公司各部门的技术力量，加速对文库中可能侵犯他人著作权的文档清理，同时加强主动排查。预计在未来 3 天内百度文库中文学作品类别的文档凡未获版权方授权的将得到彻底处理。②我们同时注意到，百度文库产品在前期的运营过程中伤害了一些作家的感情，我们对此表示抱歉。③百度文库作为免费文档分享平台，此前没有任何广告或盈利。我们尊重版权方的权益，正在积极推进与作家、出版社的合作，通过用户付费阅读和广告分成等模式获取收益，百度将把大部分收益回馈版权方。"

有律师指出，百度所谓的"资料分享"是利用互联网管理中的"避风港规则"，根据这一规则，百度在没有被告知侵权的情况下，不删除作品也不能被视为侵权。利用这一规则，百度总是回应说，通过文库投诉中心反馈情况，百度会在 48 小时以内迅速核实并依法进行相应的处理。他认为，百度文库的情况不适用于互联网法规中的避风港规则。因为百度文库对作品实施了分类等编辑加工行为，因而它承担了内容提供商（ICP）的角色，需要对内容产品负法律责任。并且，百度文库页面上发布广告，百度文库并不是一个"文档分享平台"，而是商业经营平台。根据法律规定，不能拿未经授权的作品来盈利，否则就属侵权行为。

根据《侵权责任法》关于网络侵权的规定，您是如何看待这个问题的？

（6）改装车的转让人与受让人。《侵权责任法》第51条规定，以买卖等方式转让拼装或者已达到报废标准的机动车，发生交通事故造成损害的，由转让人和受让人承担连带责任。比如，甲便宜向乙出售拼装汽车，双方约定，如果汽车发生交通事故致人损害，甲只承担 10% 的责任。乙驾驶该车撞到丙，给丙造成损失 30 万元。法院依照《侵权责任法》第 51 条判决甲、乙承担连带责任。那么，甲、乙有关内部份额的约定有效，但是该约定不具有对抗丙的效力，丙依然有权请求甲赔偿 30 万元。甲对丙赔偿 30 万元后，有权向乙追偿 27 万元。

（7）所有人将高度危险物交由他人管理，有过错的所有人与管理人。《侵权责任法》第 74 条规定，遗失、抛弃高度危险物造成他人损害的，由所有人承担侵权责任。所有人将高度危险物交由他人管理的，由管理人承担侵权责任；所有人有过错的，与管理人承担连带责任。

（8）非法占有高度危险物造成他人损害，有过错的所有人、管理人和非法占有人。《侵权责任法》第 75 条规定，非法占有高度危险物造成他人损害的，由非法占有人承担侵权责任。所有人、管理人不能证明对防止他人非法占有尽到高度注意义务的，与非法占有人承担连带责任。

（9）建筑物倒塌，建设单位与施工单位。《侵权责任法》第 86 条规定，建筑物、构筑物或者其他设施倒塌造成他人损害的，由建设单位与施工单位承担连带责任。建设单位、施工单位赔偿后，有其他责任人的，有权向其他责任人追偿。因其他责任人的原因，建筑物、构筑物或者其他设施倒塌造成他人损害的，由其他责任人承担侵权责任。

3. 不真正连带责任。不真正连带责任是指两个以上的责任人因为不同的原因负担同一给付内容的责任，每个责任人对权利人都负有清偿全部责任的义务，但只有一人承担最终责任的共同责任形态。

不真正连带责任与连带责任的不同之处在于：①连带责任往往是由于同一个原因发生；而不真正连带责任往往是由于不同的原因引起的。②连带责任中的每一个责任人都要按照内部的份额承担最终责任，承担了超出自己份额部分的连带责任人，只能按照份额比例在内部向其他连带责任人追偿；而不真正连带责任中只有一个责任人应当承担最终责任，如果非最终责任人对外承担了连带责任，其可以全额向最终责任人追偿；而如果最终责任人对外承担了连带责任，则不能向非最终责任人追偿。

比如，因产品存在缺陷造成损害的，被侵权人可以向产品的生产者请求赔偿，也可以向产品的销售者请求赔偿，看似很像连带责任，但是，如果产品缺陷是生产者的过错造成的，被侵权人却找到了销售者，销售者赔偿后，有权向生产者追偿。销售者和生产者并没有责任划分。如果因销售者的过错使产品存在缺陷的，生产者赔偿后，有权向销售者追偿。

 我要复习！

赵某在公共汽车上因不慎踩到售票员而与之发生口角，售票员在赵某下车之后指着他大喊："打小偷！"赵某因此被数名行人扑倒在地致伤。对此应由谁承担责任？

提示： 售票员和动手的行人承担连带责任。思考要点：非执行工作任务；教唆行为责任承担。

学习单元三　补充责任和适当补偿责任

一、补充责任

补充责任是指数个责任人对同一权利人负同一赔偿义务，但法律规定赔偿权利人只能按照一定的顺序和数额请求赔偿的共同责任形态。

《侵权责任法》规定的补充责任主要有：

1. 被派遣的工作人员因执行工作任务致人损害，由用人单位承担责任；劳务派遣单位具有过错的，承担相应的补充责任。

 建议

通过下面这个小案例，您可以更好地理解劳务派遣单位的补充责任。

甲维修公司在招收空调安装工人乙时，没有按照用人单位红星商场的要求选择具有合格空调安装资格的工人，甲公司在与乙签订劳动合同后，将乙

续

派遣至红星商场工作，在工作中因为欠缺安装知识，给在红星商场购买了空调的丙造成重大损失。那么，首先，根据《侵权责任法》的规定，乙在劳务派遣中给丙造成损害，应由用人单位红星商场承担替代责任。其次，甲维修公司具有过错，应当承担与其过错相应的补充责任，红星商场无力承担时，承担补充责任。

2. 第三人在安全保障义务场所致人损害的，由第三人承担侵权责任，安全保障义务人未尽到安全保障义务的，承担相应的补充责任。

《侵权责任法》37 条规定："宾馆、商场、银行、车站、娱乐场所等公共场所的管理人或者群众性活动的组织者，未尽到安全保障义务，造成他人损害的，应当承担侵权责任。因第三人的行为造成他人损害的，由第三人承担侵权责任；管理人或者组织者未尽到安全保障义务的，承担相应的补充责任。"

《最高人民法院关于审理旅游纠纷案件适用法律若干问题的规定》第 7 条规定："旅游经营者、旅游辅助服务者未尽到安全保障义务，造成旅游者人身损害、财产损失，旅游者请求旅游经营者、旅游辅助服务者承担责任的，人民法院应予支持。因第三人的行为造成旅游者人身损害、财产损失，由第三人承担责任；旅游经营者、旅游辅助服务者未尽安全保障义务，旅游者请求其承担相应补充责任的，人民法院应予支持。"

 建议

通过下面这个小案例，您可以更好地理解安全保障义务人的补充责任。

甲在乙旅馆住宿时，被丙偷盗了大量财物和现金，折合人民币 20 万元，乙旅馆的保安事发时正在睡觉，丝毫未尽保安职责。那么，根据《侵权责任法》的规定，对于甲的损失，应由丙承担赔偿责任，乙有过错，未尽到安全保障义务，承担相应的补充责任。

有学者指出，"补充责任"并不是说对侵权第三人赔偿不了的部分承担责任，剩余多少补充赔偿多少，而是承担与其过错相应的补充责任。比如此纠纷赔偿总额为 20 万元，丙将盗窃财产挥霍一空，只能赔偿 5 万元，此时法院并不是就可以判决由乙承担余下的 15 万元，而是应根据乙的过错程度决定

续

补充责任的大小，乙具有重大过失，可以判决乙承担 15 万元的补充责任，如果乙仅具有轻微过失，则可以判决乙承担 5 万元或者与其过错相适应的数额的补充责任。

您是如何看待"补充责任"这个问题的呢？

3. 无民事行为能力人、限制民事行为能力人在教育机构遭受第三人损害的，由第三人承担赔偿责任，教育机构未尽到管理职责的，承担与其过错相应的补充责任。

《侵权责任法》第 38 条规定："无民事行为能力人在幼儿园、学校或者其他教育机构学习、生活期间受到人身损害的，幼儿园、学校或者其他教育机构应当承担责任，但能够证明尽到教育、管理职责的，不承担责任。"

第 39 条规定："限制民事行为能力人在学校或者其他教育机构学习、生活期间受到人身损害，学校或者其他教育机构未尽到教育、管理职责的，应当承担责任。"

第 40 条规定："无民事行为能力人或者限制民事行为能力人在幼儿园、学校或者其他教育机构学习、生活期间，受到幼儿园、学校或者其他教育机构以外的人员人身损害的，由侵权人承担侵权责任；幼儿园、学校或者其他教育机构未尽到管理职责的，承担相应的补充责任。"

被监护人在教育机构学习、生活期间遭受人身损害的，主要是指因学校的管理、维护等情况直接遭受损害，这时，教育机构有过错的，才承担责任。值得注意的是，《侵权责任法》将教育机构的过错责任分为两种情况：

（1）无民事行为能力人遭受人身损害，推定教育机构具有过错。也就是说，教育机构承担过错推定责任，受害人不需要证明教育机构有过错，教育机构须证明自己无过错才能免责。

（2）限制民事行为能力人遭受人身损害，教育机构承担过错责任，也就是说，受害人需要举证证明教育机构具有过错。

如果无民事行为能力人、限制民事行为能力人的伤害是由学校以外的第三人造成的，由该第三人承担责任，学校有过错的，承担相应的补充责任。一般认为，学校承担责任后，有权向第三人追偿。

思考

　　某小学组织春游，班主任张某和其他教师闲谈，未跟进照顾本班学生。该班学生李某私自离队购买食物，与小贩刘某发生争执被打伤。对李某的人身损害的责任应如何承担？

二、适当补偿责任

　　适当补偿责任来源于当事人在特定条件下对损害后果的分担，分担损害的结果是由行为人或受益人给予受害人适当补偿。

　　《侵权责任法》规定的适当补偿责任主要有以下几种：

　　1. 见义勇为中受益人的适当补偿责任。《侵权责任法》第23条规定，因防止、制止他人民事权益被侵害而使自己受到损害的，由侵权人承担责任。侵权人逃逸或者无力承担责任，被侵权人请求补偿的，受益人应当给予适当补偿。

　　这种生活中的见义勇为行为，法律上称为无因管理。

　　2. 无意识状态侵权中无过错行为人的适当补偿责任。《侵权责任法》第33条规定，完全民事行为能力人对自己的行为暂时没有意识或者失去控制造成他人损害有过错的，应当承担侵权责任；没有过错的，根据行为人的经济状况对受害人适当补偿。完全民事行为能力人因醉酒、滥用麻醉药品或者精神药品对自己的行为暂时没有意识或者失去控制造成他人损害的，应当承担侵权责任。

　　3. 自然原因引起的紧急避险中避险人的适当补偿责任。《侵权责任法》第31条规定，因紧急避险造成损害的，由引起险情发生的人承担责任。如果危险是由自然原因引起的，紧急避险人不承担责任或者给予适当补偿。紧急避险采取措施不当或者超过必要的限度，造成不应有的损害的，紧急避险人应当承担适当的责任。

　　4. 公平责任中行为人的适当补偿责任。《侵权责任法》第24条规定，受害人和行为人对损害的发生都没有过错的，可以根据实际情况，由双方分担损失。

我的笔记

_____

_____

_____

第十五章　特殊侵权责任

 导　学

1. 识记：特殊侵权责任种类 { 产品责任 机动车交通事故责任 医疗损害责任 环境污染责任 高度危险责任 饲养动物损害责任 物件损害责任 }

2. 理解：每类侵权责任的责任主体、归责原则、免责事由

 学习内容

仅以一般化的标准认定侵权行为，要求行为人对自己的直接行为承担责任，并由受害人证明加害人存在过错，明显不适应侵权理论实践的发展。各国在立法中普遍区分一般侵权行为和特殊侵权行为，特殊侵权行为形态较多，第十四章已经介绍了责任承担主体特殊的替代责任和一些侵权主体特殊的情况，本章主要介绍侵权责任构成要件中归责原则特殊的特殊侵权责任。一般侵权责任须侵权人存在过错，在本章由法律明确规定的特殊侵权责任中，多采用无过错原则或是过错推定原则。

侵权行为种类	构成要件			
一般侵权行为	侵权行为	损害	过　错	因果关系
特殊侵权行为	侵权行为	损害	过错推定、无过错	因果关系

每类侵权责任主要注意三个问题：责任主体、归责原则、免责事由。

学习单元一 产品责任

一、产品责任概念

产品责任是由于产品不合格或者存在缺陷致他人人身、财产受到损害，产品生产者和销售者所承担的责任。

二、责任主体和归责原则

（一）生产者、销售者责任

产品责任属于特殊侵权责任，适用无过错责任归责原则，受害人可以选择由生产者或是销售者承担责任。

> 《侵权责任法》第 43 条第 1 款规定："因产品存在缺陷造成损害的，被侵权人可以向产品的生产者请求赔偿，也可以向产品的销售者请求赔偿。"

生产者与销售者内部责任划分为：生产者承担无过错责任；销售者承担过错责任，但在销售者不能指明缺陷产品的生产者也不能指明缺陷产品的供货者的情形下，销售者承担侵权责任。属于某一方责任，对方对受害人已承担了赔偿责任的，由承担者再向最终责任方追偿。

> 《侵权责任法》第 41 条规定："因产品存在缺陷造成他人损害的，生产者应当承担侵权责任。"
>
> 《侵权责任法》第 42 条规定："因销售者的过错使产品存在缺陷，造成他人损害的，销售者应当承担侵权责任。销售者不能指明缺陷产品的生产者也不能指明缺陷产品的供货者的，销售者应当承担侵权责任。"
>
> 《侵权责任法》第 43 条第 2 款规定："产品缺陷由生产者造成的，销售者赔偿后，有权向生产者追偿。"
>
> 《侵权责任法》第 43 条第 3 款规定："因销售者的过错使产品存在缺陷的，生产者赔偿后，有权向销售者追偿。"

（二）第三人责任

> 《侵权责任法》第 44 条规定："因运输者、仓储者等第三人的过错使产品存在缺陷，造成他人损害的，产品的生产者、销售者赔偿后，有权向第三人追偿。"

由于第三人（运输者、仓储者等）的过错导致产品存在缺陷造成他人损害的，生产者、销售者仍然不能对受害人免责，而是在承担责任后再向第三人追偿。也就是说，即使损害是由第三人造成，但受害人仍可直接找生产者或销售者承担责任。

 思考

1. 请您思考一下法律规定的原因。

提示： 现实生活中，如果第三人造成产品缺陷，比如仓储者在保存过程中方式不当造成牛奶变质，消费者喝了变质牛奶导致损害，维权时受害人往往并不知道是由谁保管的产品，很难找到第三人承担责任，法律直接规定生产者、销售者对受害人承担责任，更有利于保护受害人的权利。

2. 小刘从永亮超市买了一袋由双红速冻食品厂生产的速冻饺子，吃后中毒住院，共花去住院费等 1 万元。经查，该批速冻饺子由永亮超市委托速丰运输公司运回，该运输公司未采取冷藏措施，致饺子有一定程度的变质。运回永亮超市后交由天天储存公司储存，天天公司也未采取冷藏措施，致使饺子进一步变质。小刘应向谁请求赔偿？

三、免责事由

根据《产品质量法》相关规定，承担无过错责任的生产者的免责事由包括以下几种：未将产品投入流通；产品投入流通时，引起损害的缺陷尚不存在；将产品投入流通时科学技术尚不能发现缺陷存在。但是，产品投入流通后发现存在缺陷的，生产者、销售者应当及时采取警示、召回等补救措施。未及时采取补救措施或者补救措施不力造成损害的，应当承担侵权责任。

另外，受害人故意造成损害的，生产者、销售者不承担赔偿责任。

四、产品责任形式

产品责任的形式包括以下几种：

1. 赔偿实际损害。根据《产品质量法》的规定，因产品存在缺陷造成损害要求赔偿的诉讼时效期间为 2 年，自当事人知道或者应当知道其权益受到损害时起计算。因产品存在缺陷造成损害要求赔偿的请求权，在造成损害的缺陷产品交付最初消费者满 10 年丧失；但是，尚未超过明示的安全使用期的除外。

2. 排除妨碍、消除危险。当产品缺陷危及他人人身、财产安全的，被侵权人有权请求生产者、销售者承担排除妨碍、消除危险等侵权责任。

3. 惩罚性赔偿。明知产品存在缺陷仍然生产、销售，造成他人死亡或者健康严重损害的，被侵权人有权请求相应的惩罚性赔偿。

学习单元二　机动车交通事故责任

　　思考

　　随着经济的发展，私家车的增多，交通事故责任承担日益受到各界的关注。如果行人违章横穿高速公路，无过错的机动车驾驶人员是否承担赔偿责任？

一、机动车交通事故责任概念

　　机动车交通事故责任是指机动车发生交通事故致人损害所应承担的损害赔偿责任，主要有机动车之间发生的交通事故和机动车与非机动车及行人之间发生的交通事故。

二、责任主体和归责原则

（一）主要规定

　　《道路交通安全法》第76条规定："机动车发生交通事故造成人身伤亡、财产损失的，由保险公司在机动车第三者责任强制保险责任限额范围内予以赔偿；不足的部分，按照下列规定承担赔偿责任：①机动车之间发生交通事故的，由有过错的一方承担赔偿责任；双方都有过错的，按照各自过错的比例分担责任。②机动车与非机动车驾驶人、行人之间发生交通事故，非机动车驾驶人、行人没有过错的，由机动车一方承担赔偿责任；有证据证明非机动车驾驶人、行人有过错的，根据过错程度适当减轻机动车一方的赔偿责任；机动车一方没有过错的，承担不超过10%的赔偿责任。交通事故的损失是由非机动车驾驶人、行人故意碰撞机动车造成的，机动车一方不承担赔偿责任。"

　　机动车交通事故侵权责任赔偿主体主要是保险公司，由保险公司在机动车第三者责任强制保险责任限额范围内予以赔偿。对超出保险限额部分，主要适用两种归责原则：

　　1. 机动车之间适用过错责任，由有过错的一方承担责任。

　　2. 机动车与非机动车及行人之间适用无过错责任。非机动车一方有过错的，减轻机动车一方的责任。注意：机动车无过错责任决定了即使机动车一方无过错，仍要承担责任，因此，根据我国法律规定，即使是非机动车或行人的全责，机动车无过错，仍应在10%以内承担赔偿责任。

（二）机动车的所有人与使用人分离——机动车实际控制人责任

交通事故中，通常机动车的所有人即是机动车的使用人，但在机动车所有人和使用人不一致的情况下，具体责任制度如下：

1. 租赁、借用机动车时的责任承担。《侵权责任法》第49条规定，因租赁、借用等情形机动车所有人与使用人不是同一人时，发生交通事故后属于该机动车一方责任的，由保险公司在机动车强制保险责任限额范围内予以赔偿。不足部分，由机动车使用人承担赔偿责任；机动车所有人对损害的发生有过错的，承担相应的赔偿责任。

2. 机动车交付之后，但未办理所有权转移登记的责任承担。《侵权责任法》第50条规定，当事人之间已经以买卖等方式转让并交付机动车但未办理所有权转移登记，发生交通事故后属于该机动车一方责任的，由保险公司在机动车强制保险责任限额范围内予以赔偿。不足部分，由受让人承担赔偿责任。

3. 机动车被盗窃、抢劫或者抢夺的责任承担。《侵权责任法》第52条规定，盗窃、抢劫或者抢夺的机动车发生交通事故造成损害的，由盗窃人、抢劫人或者抢夺人承担赔偿责任。保险公司在机动车强制保险责任限额范围内垫付抢救费用的，有权向交通事故责任人追偿。

（三）买卖拼装或达到报废标准的机动车损害责任

《侵权责任法》第51条规定，以买卖等方式转让拼装或者已达到报废标准的机动车，发生交通事故造成损害的，由转让人和受让人承担连带责任。

（四）事故逃逸损害责任

> 《侵权责任法》第53条规定，机动车驾驶人发生交通事故后逃逸，该机动车参加强制保险的，由保险公司在机动车强制保险责任限额范围内予以赔偿；机动车不明或者该机动车未参加强制保险，需要支付被侵权人人身伤亡的抢救、丧葬等费用的，由道路交通事故社会救助基金垫付。道路交通事故社会救助基金垫付后，其管理机构有权向交通事故责任人追偿。

1. 参加保险：保险公司在机动车强制保险责任限额范围内予以赔偿。

2. 机动车不明或者未参加保险——道路交通事故社会救助基金垫付后，管理机构有权向交通事故责任人追偿。

三、免责事由

非机动车驾驶人、行人故意造成损害发生，机动车一方不承担赔偿责任，比如生活中的"碰瓷"行为。

学习单元三　医疗损害责任

一、医疗损害责任概念

医疗损害责任是指医疗机构及其医务人员因过错致患者在诊疗过程中受到损害所应承担的赔偿责任。

二、责任主体、归责原则和免责事由

（一）医疗损害责任

> 《侵权责任法》第54条规定："患者在诊疗活动中受到损害，医疗机构及其医务人员有过错的，由医疗机构承担赔偿责任。"
>
> 《侵权责任法》第57条规定："医务人员在诊疗活动中未尽到与当时的医疗水平相应的诊疗义务，造成患者损害的，医疗机构应当承担赔偿责任。"
>
> 《侵权责任法》第58条规定："患者有损害，因下列情形之一的，推定医疗机构有过错：①违反法律、行政法规、规章以及其他有关诊疗规范的规定；②隐匿或者拒绝提供与纠纷有关的病历资料；③伪造、篡改或者销毁病历资料。"

1. 责任主体：医疗机构。

2. 归责原则：过错责任。

（1）原则上：一般过错责任。医疗机构有过错，才承担责任，患者需要举证证明医疗机构具有过错，过错的标准在于医务人员在诊疗活动中未尽到与当时的医疗水平相应的诊疗义务。

实践中，对于在证据资料的掌握上地位相差悬殊的医患双方，如何公平合理地分配二者的举证责任，尤其是如何提升患者一方掌握相关证据资料的能力，是法律必须要考虑的问题。因此，《侵权责任法》明确规定了患者有权查阅、复制病历资料。

> 《侵权责任法》第61条规定："医疗机构及其医务人员应当按照规定填写并妥善保管住院志、医嘱单、检验报告、手术及麻醉记录、病理资料、护理记录、医疗费用等病历资料。患者要求查阅、复制前款规定的病历资料的，医疗机构应当提供。"

（2）特殊情况：推定过错责任。医疗损害责任实行过错责任原则，患者应对医务人员存在过错负举证责任，但实践中患者证明医务人员存在过错比较困难。由于医疗机构具备专业知识和技术手段，掌握相关的证据材料，具有较强的证据能力，患者则处于相对弱势地位，患者往往因举证不能而无法获得赔偿。为平衡医患双方利益，在个别情况下推定医务人员存在过错，医院只有举证证明自己没过错才能免责。主要有以下三种：①违反法律、行政法规、规章以及其他有关诊疗规范的规定，比如医疗机构及其医务人员不得违反诊疗规范实施不必要的检查。②隐匿或者拒绝提供与纠纷有关的病历资料。③伪造、篡改或者销毁病历资料。

　　3. 免责事由。

　　《侵权责任法》第60条规定，患者有损害，因下列情形之一的，医疗机构不承担赔偿责任：①患者或者其近亲属不配合医疗机构进行符合诊疗规范的诊疗；②医务人员在抢救生命垂危的患者等紧急情况下已经尽到合理诊疗义务；③限于当时的医疗水平难以诊疗。前款第①项情形中，医疗机构及其医务人员也有过错的，应当承担相应的赔偿责任。其中，患者或者其近亲属不配合医疗机构进行符合诊疗规范的诊疗包括不遵医嘱诊疗，不遵医嘱用药等情况。

思考

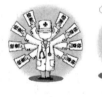

　　医疗纠纷相关问题一直是法学界关注的重点。2002年4月1日施行的《最高人民法院关于民事诉讼证据的若干规定》第4条规定，因医疗行为引起的侵权诉讼，由医疗机构就医疗行为与损害结果之间不存在因果关系及不存在医疗过错承担举证责任。由此可见，该司法解释将医疗侵权损害赔偿责

续

任的归责原则确立为过错责任中的过错推定原则，优点在于解决患者举证难。2010 年 7 月 1 日施行的《侵权责任法》则以"过错责任原则"作为医疗损害责任的归责原则，是一般过错责任为主，过错推定原则为辅的多元归责体系。

您是如何看待这个问题的？《侵权责任法》如此规定的价值何在？上面的漫画图也许能给你一些启发。

（二）医疗产品侵权损害责任

《侵权责任法》第 59 条规定："因药品、消毒药剂、医疗器械的缺陷，或者输入不合格的血液造成患者损害的，患者可以向生产者或者血液提供机构请求赔偿，也可以向医疗机构请求赔偿。患者向医疗机构请求赔偿的，医疗机构赔偿后，有权向负有责任的生产者或者血液提供机构追偿。"

医疗产品的提供者与医疗机构的责任属于不真正连带责任。为了方便患者诉讼，减少患者求偿不能的风险，患者享有选择权，既可以请求医疗产品的生产者、血液提供机构承担责任，也可以请求医疗机构承担责任。医疗机构承担责任后可行使追偿权。

（三）医疗伦理损害责任

医疗伦理损害责任是指医疗机构和医务人员违背医疗良知和医疗伦理的要求，违背医疗机构和医务人员的告知或保密义务，具有医疗伦理过失，造成患者人身损害以及其他合法权益损害的医疗损害责任。

1. 违反信息告知损害责任。

《侵权责任法》第 55 条规定："医务人员在诊疗活动中应当向患者说明病情和医疗措施。需要实施手术、特殊检查、特殊治疗的，医务人员应当及时向患者说明医疗风险、替代医疗方案等情况，并取得其书面同意；不宜向患者说明的，应当向患者的近亲属说明，并取得其书面同意。医务人员未尽到前款义务，造成患者损害的，医疗机构应当承担赔偿责任。"

本条规定的是医务人员的信息告知义务。根据该规定，信息告知义务分为两种类型：①一般告知义务。医务人员在诊疗活动中应当向患者说明病情和医疗措施。②特殊告知义务。需要实施手术、特殊检查、特殊治疗的，医务人员应当及时向患者说明医疗风险、替代医疗方案等情况，并取得其书面同意；不宜向患者说明的，应当向患者的近亲属说明，并取得其书面同意。

思考

医务人员告知义务的价值何在？

提示：在以往的医疗损害赔偿案中，一旦发生争议，医方通常会申请医学会进行医疗事故鉴定，法院也会认可鉴定结论，判决结果也以医学会事后作出的医疗事故鉴定结论为依据。医学会由医院的医学同行组成，这会导致患者对鉴定结论产生极大的不信服，加大医患矛盾。《侵权责任法》关于一般患者告知，手术治疗、特殊检查、特殊治疗的风险说明、替代方案说明义务的规定，把证明这些义务的书面证据，包括知情同意书、告知书、其他经患方签字认可的病历记载等，作为了证明医务人员是否尽到"前款义务"的必要证据，故不再需要通过鉴定来认定。只要医疗机构拿不出经过患方签字的上述书面证据，就足以认定医疗机构未尽到"前款义务"，造成患者损害的，医疗机构就应当承担赔偿责任。

（1）紧急情况下医疗机构的紧急处置权。

《侵权责任法》第56条规定："因抢救生命垂危的患者等紧急情况，不能取得患者或者其近亲属意见的，经医疗机构负责人或者授权的负责人批准，可以立即实施相应的医疗措施。"

此种情况下，医疗机构无法履行告知义务，不属于侵犯患者知情权和自我决定权的行为。

（2）医疗机构违反告知义务的侵权损害赔偿责任。医疗机构在诊疗活动中违反一般告知义务和特殊告知义务的，属于侵犯患者的知情同意权的行为，因此给患者造成损失的，应当承担侵权责任。

2.违反保密义务损害责任。《侵权责任法》第62条规定，医疗机构及其医务人员应当对患者的隐私保密。泄露患者隐私或者未经患者同意公开其病历资料，造成患者损害的，应当承担侵权责任。

学习单元四　环境污染责任

一、环境污染责任概念

环境污染责任是指污染者因污染环境造成损害所应承担的责任。

环境污染既包括对生活环境，如大气、水体、海洋、土地等造成的污染，也包括对生态环境的污染，如破坏生物多样性、破坏生态环境和自然资源造成水土流失等。环境污染的形式既包括水污染、大气污染等传统的污染形式，还包括光污染、辐射污染等新型的污染形式。

二、责任主体和归责原则

因污染环境造成损害的，应当由污染者承担无过错侵权责任。在受害人有损害、污染者的行为与损害有因果关系的情况下，不论污染者有无过错，污染排放是否超标，都应对其污染造成的损害承担侵权责任。因环境污染损害赔偿提起诉讼的时效期间为 3 年，从当事人知道或者应当知道受到污染损害时起计算。

两个以上污染者污染环境，污染者承担责任的大小，根据污染物的种类、排放量等因素确定。因第三人的过错污染环境造成损害的，被侵权人可以向污染者请求赔偿，也可以向第三人请求赔偿。污染者赔偿后，有权向第三人追偿。

三、免责事由

因污染环境发生纠纷，污染者应当就法律规定的不承担责任或者减轻责任的情形及其行为与损害之间不存在因果关系承担举证责任。法律规定的不承担责任或者减轻责任的情形通常由民事特别法规定，主要涉及不可抗力、受害人故意和第三人责任。

1. 不可抗力免责。完全由于不可抗力引起，并经及时采取合理措施，仍然不能避免造成环境污染损害的，污染者免予承担责任。

2. 受害人过错免责。一般而言，受害人故意造成损害发生，污染者免责；受害人过失造成损害，可以减轻污染者赔偿责任。

3. 第三人过错免责。根据《侵权责任法》的规定，因第三人过错造成环境污染损害，并不免除污染者责任，被侵权人可以向污染者请求赔偿，也可以向第三人请求赔偿。污染者赔偿后，有权向第三人追偿。

比如在实践中，第三人通过钻孔等破坏性方法盗窃输油管道中的石油，由于盗窃人未能有效封堵，导致农田、海域污染的纠纷，时有发生。司法实践中，多由输油管道的管护单位先行赔付受害人污染损失，继而再向第三人追偿。

学习单元五　高度危险责任

一、高度危险责任概念

高度危险责任是指因高度危险作业致人损害应承担的责任。

二、责任主体、归责原则和免责事由

高度危险作业是个开放性概念，包括高度危险活动和高度危险物。高度危险作业一般适用无过错责任，从事高度危险作业造成他人损害的，就应当承担

侵权责任。

《民法通则》规定的免责事由为受害人故意,通说将受害人过失作为减责事由。《侵权责任法》考虑到高度危险作业的多样性,就几种典型的高度危险情形分别作了进一步细化。

(一) 民用核设施损害责任

《侵权责任法》第 70 条规定:"民用核设施发生核事故造成他人损害的,民用核设施的经营者应当承担侵权责任,但能够证明损害是因战争等情形或者受害人故意造成的,不承担责任。"

1. 责任主体:民用核设施的经营者。
2. 免责事由:受害人故意或者战争等情形。

(二) 民用航空器损害责任

《侵权责任法》第 71 条规定:"民用航空器造成他人损害的,民用航空器的经营者应当承担侵权责任,但能够证明损害是因受害人故意造成的,不承担责任。"

1. 责任主体:民用航空器的经营者。
2. 免责事由:受害人故意。

(三) 占有和使用高度危险物损害责任

《侵权责任法》第 72 条规定:"占有或者使用易燃、易爆、剧毒、放射性等高度危险物造成他人损害的,占有人或者使用人应当承担侵权责任,但能够证明损害是因受害人故意或者不可抗力造成的,不承担责任。被侵权人对损害的发生有重大过失的,可以减轻占有人或者使用人的责任。"

1. 责任主体:占有人、使用人。
2. 免责事由:包括免除和减轻。免除的情形:受害人故意和不可抗力。减轻的情形:受害人具有重大过失。

(四) 高空、高压、地下挖掘、高速轨道运输工具损害责任

《侵权责任法》第 73 条规定:"从事高空、高压、地下挖掘活动或者使用高速轨道运输工具造成他人损害的,经营者应当承担侵权责任,但能够证明损害是因受害人故意或者不可抗力造成的,不承担责任。被侵权人对损害的发生有过失的,可以减轻经营者的责任。"

1. 责任主体:经营者。

2. 免责事由：包括减轻和免除。免除的情形：受害人故意和不可抗力。减轻的情形：受害人过失。注意：占有和使用高度危险物损害赔偿责任减轻责任事由为重大过失，此处则是受害人过失。

（五）遗失、抛弃高度危险物损害责任

> 《侵权责任法》第74条规定："遗失、抛弃高度危险物造成他人损害的，由所有人承担侵权责任。所有人将高度危险物交由他人管理的，由管理人承担侵权责任；所有人有过错的，与管理人承担连带责任。"

责任主体：所有人直接管理的情形，由所有人承担责任。所有人交由他人管理的，由管理人承担责任，所有人有过错的，比如明知他人没有管理的水平依然交付的，与管理人一起承担连带责任。

建议

通过下面这两个小案例，您可以更好的理解遗失、抛弃高度危险物损害赔偿责任。

1. 甲公司将废置的氯气罐放置在工厂旁边的一块荒地上，烈日暴晒后，氯气泄露，导致周边多人中毒。此例中，氯气的合法占有人甲抛弃高度危险物致人损害，甲应承担无过错责任。

2. 甲公司需要氯气，与乙签订运输合同，由乙运回氯气罐，并叮嘱罐内有剧毒气体，千万小心，否则后果非常严重。由于乙放置不当，在运输途中，氯气泄露，导致多人中毒。此例中，管理人乙应当承担无过错责任，甲公司为氯气的所有人，由于没有过错，甲公司不承担责任。如果本例中甲公司怕乙运输收费过高，告诉乙，就是普通气体，乙信以为真，没加以注意，导致损害发生，甲公司与乙就须对损害承担连带责任。

（六）非法占有高度危险物损害责任

> 《侵权责任法》第75条规定："非法占有高度危险物造成他人损害的，由非法占有人承担侵权责任。所有人、管理人不能证明对防止他人非法占有尽到高度注意义务的，与非法占有人承担连带责任。"

1. 责任主体：一般情况下为非法占有人。

2. 所有人、管理人承担连带责任的情形：所有人、管理人不能证明尽到高度注意义务防止他人非法占有。

（七）高度危险区域损害责任

《侵权责任法》第76条规定："未经许可进入高度危险活动区域或者高度危险物存放区域受到损害，管理人已经采取安全措施并尽到警示义务的，可以减轻或者不承担责任。"

1. 责任主体：危险区域管理人。

2. 免责事由：证明自己已尽警示义务，采取安全措施，可以减轻或免责。

学习单元六　饲养动物损害责任

一、饲养动物损害责任概念

饲养动物损害是指因饲养的动物出于本能致人损害所应承担的责任。如果动物在人的驾驭、支配下致人损害的，比如主人唆使家养的狗撕咬他人，不属于动物致人损害，属于人的加害行为，适用一般侵权责任的规定。

二、责任主体、归责原则和免责事由

（一）一般动物侵权损害责任

《侵权责任法》第78条规定："饲养的动物造成他人损害的，动物饲养人或者管理人应当承担侵权责任，但能够证明损害是因被侵权人故意或者重大过失造成的，可以不承担或者减轻责任。"

1. 责任主体：动物饲养人或管理人。动物的饲养人是所有人，而管理人虽非所有人，但根据某种法律关系直接占有或者控制动物，如承租人、借用人、代管人等。

2. 归责原则：无过错责任。

3. 免责事由：侵权人证明损害由受害人故意造成，可免责；受害人重大过失造成，可减轻责任。一般而言，受害人的故意或重大过失是指受害人遭受损害，是因自己挑逗、刺激等诱发动物的行为直接造成的。如果被侵权人的行为不足以诱发动物，其过失只是引起损害的次要原因，则不能认定被侵权人具有故意或者重大过失。

比如，甲知道乙门口拴着一条性情暴躁的狗，但甲必须从乙门前路过。某日，当甲路过乙家门口时，走得离狗的距离过近，在拴狗链条的范围内，乙的狗猛然蹿出将甲咬伤。此例，甲的行为只是一般过失，没有故意或者重大过失，就不能免除或减轻乙的赔偿责任。但是，本案中如果甲对狗好奇，故意去掐狗的皮，致使拴着的狗咬伤了甲，乙就可以减轻赔偿责任。

（二）未对动物采取安全措施致人损害和禁止饲养的危险动物侵权损害责任

> 《侵权责任法》第 79 条规定："违反管理规定，未对动物采取安全措施造成他人损害的，动物饲养人或者管理人应当承担侵权责任。"
>
> 《侵权责任法》第 80 条规定："禁止饲养的烈性犬等危险动物造成他人损害的，动物饲养人或者管理人应当承担侵权责任。"

1. 责任主体：动物饲养人或管理人。

2. 归责原则：无过错责任。

3. 免责事由：有学者指出违反管理规定或者饲养禁止饲养的危险动物致人损害的，无免责事由，即使受害者存在过错，侵权人也不能免责。比如《侵权责任法》第 80 条的规定就考虑到禁止饲养的动物具有高度的危险性，不能饲养，如果饲养，就要对因此产生的损害后果承担责任。因此，即使受害人对于损害的发生具有故意或者重大过失，动物饲养人或管理人也不能免责。

比如，甲在小区遛狗，没有给狗戴嘴套，小孩乙趁甲不注意，去掐狗，被狗咬伤。此例，由于甲违反管理规定，未对动物采取安全措施，即使小孩乙具有重大过失，也不能减轻自己的损害赔偿责任。

（三）动物园动物侵权损害责任

> 《侵权责任法》第 81 条规定："动物园的动物造成他人损害的，动物园应当承担侵权责任，但能够证明尽到管理职责的，不承担责任。"

1. 责任主体：动物园。

2. 归责原则：过错责任——过错推定原则。

3. 免责事由：证明自己无过错。

（四）遗弃、逃逸动物侵权损害责任

《侵权责任法》第 82 条规定："遗弃、逃逸的动物在遗弃、逃逸期间造成他人损害的，由原动物饲养人或者管理人承担侵权责任。"本条主要调整因"流浪狗"、"流浪猫"致人损害的责任承担问题，损害由原饲养人、管理人承担责任。如果遗弃、逃逸的动物被他人收留，就不应再由动物的原饲养人或者管理人承担责任了，应由新的饲养人或者管理人承担责任。

对逃逸动物曾积极寻找，仍不为减轻责任的事由。

（五）第三人过错造成损害责任

《侵权责任法》第 83 条规定，因第三人的过错致使动物造成他人损害的，被侵权人可以向动物饲养人或者管理人请求赔偿，也可以向第三人请求赔偿。动物饲养人或者管理人赔偿后，有权向第三人追偿。

思考

相关法条对比、分析：

《民法通则》第127条规定："饲养的动物造成他人损害的，动物饲养人或者管理人应当承担民事责任；由于受害人的过错造成损害的，动物饲养人或者管理人不承担民事责任；由于第三人的过错造成损害的，第三人应当承担民事责任。"

《民法通则》和《侵权责任法》的规定有何不同？

提示：在《侵权责任法》生效以前，《民法通则》第127条除将动物侵权统一界定为无过错责任外，还规定饲养的动物致人损害的，如果受害人具有过错，或者因为第三人的原因造成的，动物饲养人或者管理人免责。《侵权责任法》提升了免责标准，将受害人过错限定为由侵权人证明受害人存在故意和重大过失。另外，第三人过错造成损害不再是动物饲养人或管理人的免责事由。

第三人与动物饲养人或者管理人承担不真正连带责任。受害人有选择权，可以向动物饲养人或者管理人请求赔偿，也可以向第三人请求赔偿。动物饲养人或者管理人赔偿后，有权向第三人追偿。

学习单元七 物件损害责任

一、物件损害责任概念

物件损害责任是指管领物件的人未尽适当注意义务，致使物件造成他人损害，应当承担损害赔偿责任。这种为自己管领下的物件致人损害发生的责任并不是责任人使用物件或者以自己的意志支配物件致害他人，而是物件本身对受害人权利的侵害，最终由责任人承担赔偿责任。在我国，物件损害责任主要包括建筑物等设施及其搁置物、悬挂物脱落损害责任，建筑物等设施倒塌损害责任，不明抛掷物、坠落物损害责任，堆放物倒塌损害责任，妨碍通行物损害责任，林木折断损害责任以及地面施工损害责任。

二、责任主体、归责原则和免责事由

物件损害类型多样，基本都适用过错责任中的过错推定原则，学界普遍认为《侵权责任法》第86条规定的建筑物、构筑物或者其他设施倒塌造成他人损害的赔偿责任适用无过错责任原则。还有学者指出，第89条规定的公共道路妨碍通行致害责任中具体堆放、倾倒、遗撒妨碍通行物品的行为人也应当承担无过错责任，具体分述如下：

建筑物致人损害的责任分为两种：建筑物等设施脱落或者其上的搁置物、悬挂物脱落、坠落致人损害的，依照《侵权责任法》第85条的规定，采用过错推定责任。建筑倒塌致人损害的，则依照《侵权责任法》第86条的规定，采用无过错责任。

（一）建筑物等设施及其搁置物、悬挂物脱落侵权损害责任

> 《侵权责任法》第85条规定："建筑物、构筑物或者其他设施及其搁置物、悬挂物发生脱落、坠落造成他人损害，所有人、管理人或者使用人不能证明自己没有过错的，应当承担侵权责任。所有人、管理人或者使用人赔偿后，有其他责任人的，有权向其他责任人追偿。"

1. 相关概念解析。构筑物或其他设施主要指人工建造的，固定在土地上、建筑物以外的某些设施，如道路、桥梁、隧道、涵洞、城墙、堤坝、纪念碑、雕像等。管理人指对建筑物等设施及其搁置物、悬挂物负有管理、维护义务的人。使用人指因租赁、借用等使用建筑物等设施的人。

2. 责任承担。

（1）责任人：所有人、管理人或使用人。有其他责任人的，所有人、管理人或使用人赔偿后有权向其他责任人追偿。

（2）归责原则：过错责任——过错推定原则。

（3）免责事由：证明自己没有过错。受害人向法院起诉，只需证明自己所受损害为建筑物等设施或其上的搁置物、悬挂物脱落所致即可。

注意，根据《人身损害赔偿解释》第16条的规定，因设计、施工缺陷造成损害时，由所有人、管理人与设计、施工者承担连带责任。

 建议

通过下面这个小案例，您可以更好地理解建筑物、搁置物、悬挂物脱落损害赔偿责任。

甲在自家窗台上放置了多盆花草，一日乙家的猫将甲放在窗台上的一盆花撞翻，花盆掉到楼下将丙的摩托车砸坏。对丙的损失，应当由所有人甲承担赔偿责任。因为，本案首先应推定甲存在过错，甲只有证明自己无过错才能免责。甲出于疏忽大意或是过于自信，没有对花盆采用足够牢固的放置方式，无法证明自己没有过错。而甲承担责任后，有权向乙追偿。

实践一下……

单选题：大华商场委托飞达广告公司制作了一块宣传企业形象的广告牌，并由飞达公司负责安装在商场外墙。某日风大，广告牌被吹落砸伤过路人郑某。经查，广告牌的安装存在质量问题。关于郑某的损害，下列选项中正确的是（   ）。

A. 大华商场承担赔偿责任，飞达公司承担补充赔偿责任

B. 飞达公司承担赔偿责任，大华商场承担补充赔偿责任

C. 大华商场承担赔偿责任，但其有权向飞达公司追偿

D. 飞达公司承担赔偿责任，大华商场不承担责任

解答：答案为 C。广告牌的所有人、管理人都是大华商场，故大华商场直接向侵权受害人承担赔偿责任，所有人、管理人或者使用人赔偿后，有其他责任人的，有权向其他责任人追偿。注意：此题为物件损害，如果是地面施工行为，由施工方承担责任。

（二）建筑物等倒塌侵权损害责任

思考

上海闽行区景苑楼房倒塌事件留给法学界的思考

2009 年 6 月 27 日 5 时 30 分左右，上海闵行区莲花南路、罗阳路口西侧"莲花河畔景苑"小区内一幢 13 层在建商品楼发生倒塌事故，由于倒塌的高楼尚未竣工交付使用，未酿成特大居民伤亡事故，但是倒塌造成一名工人死亡。

经查，倒塌的住宅楼由上海众欣建设有限公司承建，开发商为上海梅都房地产开发有限公司。老百姓戏称为"楼倒倒事件"，纷纷调侃："知道世界上最最痛苦的事是什么吗？买的不是倒的那栋楼，而是旁边那栋……"继此事件之后，各种"楼脆脆"、"楼薄薄"、"楼歪歪"纷纷加大了世人对房地产业安全问题的关注。

那么，您可以从《侵权责任法》的角度思考一下，建筑物倒塌造成他人损害，责任应如何承担？由谁承担？适用何种归责原则？

> 《侵权责任法》第86条规定："建筑物、构筑物或者其他设施倒塌造成他人损害的，由建设单位与施工单位承担连带责任。建设单位、施工单位赔偿后，有其他责任人的，有权向其他责任人追偿。因其他责任人的原因，建筑物、构筑物或者其他设施倒塌造成他人损害的，由其他责任人承担侵权责任。"

1. 责任人：因为质量问题倒塌的建设单位与施工单位承担连带责任。完全由于他人的原因倒塌的，由其他责任人承担侵权损害赔偿责任。施工单位包括承包人、分包人、转包人。建设单位、施工单位承担责任后，可以向有责任的勘查单位、设计单位、监理单位等追偿。

2. 归责原则：无过错责任。

建议

甲购买了某商品楼一层的多间住房，为了将所购房屋改为水吧，拆除、打通多面已被明确告知不能动的承重墙，导致整栋楼房倒塌，多人死伤。此例中，甲的行为是房屋倒塌的唯一原因，房屋的建设单位和施工单位不承担责任，应由甲承担责任。

（三）抛掷物或坠落物侵权损害责任

思考

"重庆烟灰缸案"

2000年5月10日深夜，重庆市的郝某在街上被一只从天而降的烟灰缸砸在了头上，基本丧失了生活自理能力。公安机关侦查后，未能查到具体的加害人。郝某将位于出事地点的65号和67号楼的开发商及该两幢楼一层以上的24户居民告上法庭，要求他们共同赔偿自己的医药费、精神损失费等各种费用共计17万余元。一审法院驳回郝某对开发商的诉讼请求，根据过错推定原则，判决24户居民中的22户共同分担16万余元的赔偿责任，每户赔偿8000余元。二审法院维持原判。

"济南菜板案"

2001年6月20日中午，李某某的母亲孟某某在济南市林祥南街76号楼二单元一楼入口处，突然被从该单元楼上落下的一块菜板砸中头部，后经抢救无效死亡。由于不知道该菜板是楼上谁家扔的，李某某等对该楼二单元住户共15

续

户提起诉讼，要求他们承担损害赔偿责任。济南市市中区人民法院经审理认为，原告在起诉中无法确定致其母亲死亡的加害人，缺乏具体明确的被告。根据《民事诉讼法》第108条的规定，原告起诉时，必须要有明确的被告。本案中，原告的起诉不符合该规定，因此裁定驳回起诉。原告不服该裁定，向济南市中级人民法院提起上诉。济南市中级人民法院以同样的理由裁定驳回上诉，维持原裁定。在再审程序中，法院仍然维持了原裁定。

高空坠物逐渐成为危害社会大众生命安全的重大问题，您是如何看待上述两则案例的审理结果的？您更支持哪种审判结果？

《侵权责任法》出台前，由于缺乏明确的法律规定，法院审理这类案件时缺乏统一依据，在审判实践中对抛掷物致害责任纠纷的处理，往往并不一致。对此，《侵权责任法》明确规定了从建筑物中抛掷物品或者从建筑物上坠落的物品时侵权责任的承担。《侵权责任法》第87条规定："从建筑物中抛掷物品或者从建筑物上坠落的物品造成他人损害，难以确定具体侵权人的，除能够证明自己不是侵权人的外，由可能加害的建筑物使用人给予补偿。"此条是关于从建筑物中抛掷物品或者从建筑物上坠落的物品造成他人损害，难以确定具体加害人时，如何对被侵权人进行救济的规定。

1. 责任人：侵权人、可能加害的建筑物使用人。本条规定的建筑物使用人是指在侵权行为发生时建筑物的实际使用人。建筑物使用人在建筑物内进行活动、控制、管理着建筑物和建筑物内的物品，建筑物抛掷物、坠落物致人损害，无法确定具体侵权人时，在使用人里确定可能的侵权人的规定体现公平，促进社会和谐稳定。

 思考

物业服务公司是否属于建筑物使用人？

提示：应视具体情况而定，一般情况下，物业服务公司只是与业主签订合同，负责物业的管理、服务，并不占有、控制建筑物本身，其不属于建筑物使用人。但是，如果物业服务公司实际占有、使用建筑物，则其也属于建筑物使用人。

2. 归责原则：过错推定原则。

3. 免责事由。具体侵权人和可能加害的建筑物使用人免责事由不同：①具体侵权人：证明自己没有过错。②可能加害的建筑物使用人：能够确定具体侵权人的，由侵权人承担，就无关建筑物其他使用人的责任；难以确具体侵权人的，只有证明自己不是侵权人才能免责。

思考

如何证明自己不是侵权人？

提示：比如：①证明自己所处的位置客观上不具有造成抛掷物致人损害的可能性；②证明自己根本没有占有造成损害发生之物。比如受害人在居民楼北面被砸伤，居住在该楼南面的居民很容易举证证明自己所处的位置不可能造成损害，自己不属于"可能加害的建筑物使用人"。而对于证明自己没有占有造成损害之物这种情况，实践中通常很难举证。

思考

建筑物不明抛掷物、坠落物致人损害与共同危险行为有哪些区别？

提示：①通常情况下，建筑物不明抛掷物、坠落物致人损害，是某一个人抛掷物品或者其管理的物品坠落；共同危险行为是多个人同时实施危害他人安全的行为。②建筑物不明抛掷物、坠落物造成他人损害，难以确定具体侵权人的，由可能加害的建筑物使用人给予补偿，尽管这些建筑物使用人实际上并没有抛掷物品或者其物品并没有坠落；共同危险行为中，不能确定具体侵权人的，因为共同危险行为人都实施了危及他人安全的行为，因此由共同危险行为人承担责任。③建筑物不明抛掷物、坠落物造成他人损害，难以确定具体侵权人的，由可能加害的建筑物使用人对受害人给予补偿；共同危险行为中，不能确定具体侵权人的，行为人承担连带责任。

思考

重庆"天降晾衣棍事件"法院审理始末留给我们的启示和思考

2008 年 11 月 24 日 11 时许，袁女士在重庆市九龙坡区石新路 33 号渝州新城楼下超市出口附近摆摊时，一根带金属叉头的晾衣棍从高空坠落插入其右侧额顶部，袁女士当场昏迷。石桥铺派出所民警迅速赶到，封锁现场并保留证据，但由于晾衣棍曾被多人接触过，警方无法提取指纹比对。事发后，重庆市法庭科学司法鉴定所出具司法鉴定意见书，袁女士轻度智力缺损，属

续

7级伤残，颅骨缺损为10级伤残，左侧肢体为7级伤残，终身残疾。该女士丈夫不断寻找肇事者，均未果后，将最有可能掉落晾衣棍的渝州新城2号楼7号、9号户型的61名业主告上法庭，提出包括医疗费、伤残赔偿金等在内的40万元赔偿请求。

该案在九龙坡区法院开庭审理，从庭审的情况看，被告方最多的抗辩理由就是"事发时没在家"、"房子是租出去的"，原告代理律师对这些抗辩理由予以否认，他指出："业主以此作为免责理由并不充分，举例来说，凶手很可能事先把晾衣棍放在了阳台，之后在外力的作用下掉下去了。此案的第一责任人应是业主，判决后，如果业主需要承担赔偿责任，则可以通过法律程序向租赁户追偿。"2010年6月，一审宣判，除一名业主提供证据举证证明自己的房子从接房后至事发时一直没装修，也无人使用，绝不可能有造成损害的晾衣棍的诉讼理由得到法院支持外，其余48户业主分摊8成责任，共赔偿袁女士20.7万余元，每家赔偿4326元。

一审宣判后，业主不服提起上诉。上诉人的委托律师表示：①物管在收取伤者每月300元的情况下，默认其在消防通道处摆摊售卖的行为，没有尽到相应的监管责任，小区的东航物业服务公司应该承担相应的责任。②伤残鉴定是原告方当时单方面进行的，业主们希望重新鉴定。③根据伤者现有的户口证明材料以及国家有关法律解释，伤者属农村户口，赔偿金额应当按照农村户口标准而非城镇户口来赔付。

重庆五中法院审理认定，袁女士住院医疗费等共计人民币62 557.93元、后续医疗费需人民币9000元、袁女士住院期间需2人完全护理，出院后半年内需1人部分护理。袁女士原户籍所在地为重庆市巴南区接龙镇塘边村垭口组56号。其与丈夫从2007年10月开始至今一直在重庆市渝中区新影村26号4幢某号房屋居住，二人于2007年12月17日取得该房屋的所有权证。2009年6月24日袁女士的户籍迁入住所地，转为城镇居民家庭户口。袁女士之女生于2008年1月21日。庭审中，业主刘女士提交新证据，其房屋的阳台在事发时被灯箱广告牌完全封闭，不具备抛掷或坠落晾衣棍的客观条件。

2011年5月底，重庆市五中院对此案进行了二审终审宣判，持续时间长达3年的重庆"天降晾衣棍"案终于尘埃落定。

法院认为，该案中的侵权人不能确定，但可以确定侵权人是该幢楼中的某一户。因此，楼房的相应住户都有实施侵权的可能性，除能证明自己不是

续

侵权人的外，应当由可能加害的建筑物所有人或使用人对受害人进行按份补偿。本案中渝州新城2幢7号、9号户型业主或使用人是可能的加害人，应当对受害人进行按份补偿。一审判决由原审被告承担等额的责任并无不当。上诉人刘女士在二审中提交证据，证明其房屋的阳台在本案事故发生时被灯箱广告牌完全封闭，不具备抛掷或坠落晾衣棍的客观条件，故对刘女士上诉称不应承担责任的理由，法院予以支持。

根据二审中出现的新证据，重庆五中法院二审改判：袁女士的医疗费、残疾赔偿金等合计259 580.57元，应由除清水房业主、刘某外的其余59名被告、共计47户平均分担80%的责任，即每户补偿袁女士4418.4元。

您如何看待法院的审理结果？

（四）堆放物倒塌侵权损害责任

《侵权责任法》第88条规定："堆放物倒塌造成他人损害，堆放人不能证明自己没有过错的，应当承担侵权责任。"

1. 责任人：堆放人。

2. 归责原则：过错推定原则。受害人请求赔偿，只需举证证明被告是倒塌堆放物的堆放人，及因堆放物倒塌存在损害，无需举证证明堆放人有过错，由法律规定推定堆放人存在过错。堆放人主张自己无过错的，应当举证证明，不能证明或者证明不足，应承担侵权责任；能够证明的，则可免责，不承担侵权损害赔偿责任。

（五）公共道路妨碍通行物侵权损害责任

《侵权责任法》第89条规定："在公共道路上堆放、倾倒、遗撒妨碍通行的物品造成他人损害的，有关单位或者个人应当承担侵权责任。"

1. 责任人：有关单位、个人，主要是堆放、倾倒、遗撒行为人和公共道路管理部门。

2. 归责原则：堆放、倾倒、遗撒行为人承担无过错责任；公共道路管理部门实行过错推定原则。有学者指出，公共道路妨碍通行物侵权损害发生时，能够找到在公共道路上堆放、倾倒、遗撒妨碍通行物品的行为人时，一般应当由行为人承担损害赔偿责任。不能查明行为人时，公共道路管理部门具有保障公共道路安全和畅通的法定义务，依过错推定原则，不能证明自己没有过错的，应承担相应的责任。

思考

　　对于公共道路妨碍通行物侵权损害赔偿责任，学界存在不同看法：有学者主张一律适用过错推定原则；有学者主张区分直接行为人和管理人，适用二元归责制。本教材给大家介绍了二元归责相关知识，您支持哪种观点？

（六）林木折断侵权损害责任

　　《侵权责任法》第90条规定："因林木折断造成他人损害，林木的所有人或者管理人不能证明自己没有过错的，应当承担侵权责任。"

　　1. 责任人：林木的所有人或者管理人。
　　2. 归责原则：过错推定原则。林木折断侵权损害的表现为不作为侵权，主要是林木的所有人或管理人疏于对林木的管理。

（七）地面施工及地下设施侵权损害责任

　　《侵权责任法》第91条规定："在公共场所或者道路上挖坑、修缮安装地下设施等，没有设置明显标志和采取安全措施造成他人损害的，施工人应当承担侵权责任。窨井等地下设施造成他人损害，管理人不能证明尽到管理职责的，应当承担侵权责任。"

　　地面施工责任构成要件如下：①施工人应当在公共场所、道旁、通道等可能危及行人安全的场所进行挖坑、修缮等活动，其施工行为既没有设置明显标志，也没有采取安全措施。也就是说，侵权行为是不作为的形式。②因为没有设置明显标志和采取安全措施造成"施工人员以外"的他人的人身、财产损害。如果是参加施工的施工人员在施工过程中遭受损害，应依照《工伤保险条例》处理。③行为与损害存在因果关系。④推定施工人有过错，施工人不能举证证明自己没有过错。

　　1. 责任人：地面施工——施工人；地下设施——管理人。
　　2. 归责原则：过错推定原则。
　　3. 免责事由：证明自己无过错。具体而言，施工人证明自己已经设置明显标志和采取安全措施，并足以保证他人安全的，不承担责任。也就是说，施工人即使已经设置了明显标志，也采取了安全措施，但如果不足以保证他人安全的，仍然应当承担责任。施工人设置明显标志和采取安全措施以后，因为第三人的行为或者自然原因导致标志和安全措施被破坏或失灵，施工人明知而不重新采取措施的，也应对损害承担责任。窨井等地下设施管理人须证明自己尽到管理职责。

 思考

　　甲公司欲铺设管道，将工程承包给乙公司具体施工，乙公司在路上挖坑时，设置了路障和警示标志。某日，丙驾车撞倒全部标志，乙公司知情却并未予以重视，三日后，丁骑摩托车路经该地时，由于无警示标志，避让不及，掉进坑里摔伤。对丁的损失，应由谁承担赔偿责任？

　　提示：地面施工致人损害赔偿责任由施工人承担，因此，由乙公司承担责任，而非发包方甲公司。受害人受到损害，推定乙公司存在过错，乙公司只有证明自己无过错才能免责。乙公司虽然设置了明显标志，但由于第三人原因被破坏，明知而不重新采取措施，有过错，因此不能免责。

📝 **我的笔记**

_____

_____

_____

_____

_____

_____

_____

_____

第十六章　侵权责任的承担

 导　学

本章内容要求掌握侵权责任承担方式的具体种类，并能运用人身损害赔偿、财产损害赔偿和精神损害赔偿相关知识处理实践案例。

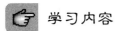 学习内容

学习单元一　侵权责任承担方式

《侵权责任法》第 15 条规定："承担侵权责任的方式主要有：①停止侵害；②排除妨碍；③消除危险；④返还财产；⑤恢复原状；⑥赔偿损失；⑦赔礼道歉；⑧消除影响、恢复名誉。以上承担侵权责任的方式，可以单独适用，也可以合并适用。"

一、停止侵害

停止侵害是指被侵权人对于侵害其合法权益的正在进行的或继续中的侵权行为有权请求法院予以终止。只要这种违法行为正在进行或在延续的情形下，它可以适用于各种侵权行为。

二、排除妨碍

排除妨碍是由侵权人解除因其行为引起的妨碍他人正常行使权利和实现利益的客观事实状态，这种方式主要适用于侵害物权，特别是相邻权的场合。

三、消除危险

危险是对将来的、有造成侵权损害后果可能的事实状态而言的，处在此种状态中的被侵权人有权请求法院要求侵权人消除危险。

四、返还财产

返还财产是侵权人将其非法占有的或管理的财产转移给被侵权人。一般而言，有权请求返还财产的是财产的所有人；同时该财产必须还存在，如果不复存在，只得赔偿损失或承担其他责任；如果侵权人将该财产转让给第三人的，还要看第三人在受让财产时是否符合善意取得的条件，如果符合，为第三人利益及整个交易安全考虑，不得请求返还财产。

五、恢复原状

恢复原状主要适用于财产损害的场合，它是请求侵权人将物恢复到原来的状态责任方式。请求恢复原状需具有两个条件：一是可能性，即被损害的物有恢复到原状的可能；二是必要性，即该物有恢复到原状的必要。

六、赔偿损失

赔偿损失是最常见的侵权责任承担方式，它可以适用于侵害财产权益的场合，也可以适用于侵害人身权益的情形，损失的范围不仅包括积极损失还包括消极损失，赔偿损失一般以实际损害为限。

七、赔礼道歉

赔礼道歉是侵权人以口头或书面的形式向被侵权人承认错误、表示歉意，它主要适用于人身权受到侵害的情形。

八、消除影响、恢复名誉

消除影响是指侵权人在不良影响所及的范围内消除对被侵权人的不利后果；恢复名誉是指侵权人在其造成损害所及的范围内恢复被侵权人的名誉于未曾受损时的状态。它们通常只适用于侵害人身权益的情形。

学习单元二 侵权损害赔偿

在侵权责任的八种承担方式中，赔偿损失是最基本、适用范围最广泛的责任形式，在实践中居于十分重要的地位。

一、侵权损害赔偿概述

(一) 侵权损害赔偿的概念和分类

侵权损害赔偿是指支付一定的金钱或者实物赔偿侵权行为所造成损失的责任方式。赔偿损失主要是赔偿受害人因侵权行为所受到的损失，使受害人的利益恢复到侵权行为发生之前的状态。依据损害对象的不同，侵权损害赔偿可以分为财产损害赔偿、人身损害赔偿和精神损害赔偿。

(二) 侵权损害赔偿的原则

1. 全部赔偿原则。全部赔偿就是指侵权行为的加害人在承担赔偿责任时，应当以行为所造成的实际财产损失大小为依据，对受害人予以全部赔偿，实际损失有多大，就应该赔偿多少。全部赔偿原则要求赔偿的必须是合理的损失，比如受害人借故增加的开支，就不在赔偿之列。

2. 损益相抵原则。损益相抵，又称之为损益同销，是指受害人基于损害发生的同一原因而获得利益时，应将所受利益从所受损害中减去，以确定损害赔偿范围。加害人对受害人损害赔偿范围仅为根据全部赔偿原则计算出的实际损害扣除该利益之后的差额。比如电脑被炸毁后还有一些尚可使用的部件，电脑所有权人可以请求加害人予以赔偿，但尚可使用的部件对所有权人而言，也属于一种因损害行为得到的利益，根据损益相抵原则，必须从电脑价值中扣除部件价值，就差额赔偿。

3. 衡平原则。衡平原则是指在确定损害赔偿范围时，必须考虑双方当事人的实际情况，特别是经济情况，使赔偿责任的确定更为公正合理。衡平原则只适用于根据过错责任、过错推定责任以及无过错责任确定的侵权损害赔偿之债，因为公平责任在归责时已经将衡平因素考虑进去了。该原则应在适用全部赔偿原则、损益相抵原则后再适用，应当综合考虑各种因素，比如经济因素、社会因素、伦理因素、加害人情况、受害人情况等，衡平原则的使用以为加害人保留必要的生活费用为底线。

二、财产损害赔偿

损害赔偿类型包括财产损害赔偿、人身损害赔偿和精神损害赔偿。

（一）财产损害赔偿概念和种类

财产损害赔偿是指侵权人造成他人财产损失，应当承担财产损害的赔偿责任。财产损害的种类主要有：①侵占财产，即使财产所有人对该财产丧失占有乃至丧失所有权。②损害财产，即对他人的财产进行损毁，使该财产的价值和使用价值受到破坏，以至完全丧失。③其他财产利益损失。其他财产利益损失是指除所有权以外的其他财产权受到损害而损失的财产利益。

 思考

袁某将自有房屋一套卖给李某，并进行了过户登记，李某欲搬入新居时发现房门已被换锁，原来是袁某的儿子小袁反对父亲卖房，将自己的家具等搬进房屋居住，拒不搬出。李某协调无果，趁小袁不在家时，撬锁进入，将房间内所有小袁的家具搬到楼下。在搬动过程中不慎将一五斗柜摔坏。事后，李某要求小袁将家具收回，小袁拒之不理，使家具长期存放在楼下，造成新的损失。小袁向法院诉讼，要求李某赔偿自己的所有损失，并提出由于

续

和李某吵架，致使自己有3天没有出去做工，要求李某赔偿自己3天的工资。

您认为，李某是否应当赔偿，应赔偿哪些损失？小袁又是否应当赔偿李某？为什么？

（二）财产损害赔偿范围

确定财产损害赔偿范围，应当坚持客观标准，赔偿合理损失，以全部赔偿为原则，包括直接损失和间接损失。

1. 直接损失。直接损失是指现有财产的减少。侵害财产权的直接损失是指加害人的侵权行为侵占或损坏受害人的财产，致使受害人现在拥有的财产实际减少。

《侵权责任法》第19条规定："侵害他人财产的，财产损失按照损失发生时的市场价格或者其他方式计算。"

2. 间接损失。财物损害的间接损失是指加害人侵害受害人所有的财物，致使受害人在一定范围内的未来财产利益的损失。其主要有如下特征：

（1）间接损失是指可得利益的损失。损失的是一种未来的可得利益，在侵害行为实施时，它只具有一种财产取得的可能性，还不是一种现实的利益。

（2）损失的未来利益具有实际意义，而不是抽象的或者假设的。

（3）可得利益必须有一定范围，即损害该财物的直接影响所及的范围，超过这个范围，不能认为是间接损失。不能预见，无法确定，无形的间接利益不得作为损失赔偿的范围。

有学者指出《民法通则》第117条确认了对间接损失侵权人应当予以赔偿。

《民法通则》第117条规定："侵占国家的、集体的财产或者他人财产的，应当返还财产，不能返还财产的，应当折价赔偿。损坏国家的、集体的财产或者他人财产的，应当恢复原状或者折价赔偿。受害人因此遭受其他重大损失的，侵害人并应当赔偿损失。"

间接损失在条文中表述为"其他重大损失"，但是，很明显，"其他重大损失"这一表述缺乏明确性，对于"何为重大"，法律没有规定明确的衡量标准。但无疑对于间接损失应当慎重，必须是作为物质损害的直接后果而出现的重大间接损失才予以赔偿。

思考

您是如何看待间接损失的？前述思考题中小袁的误工损失是否属于间接损失？

思考

通过下面的案例，您可以初步体会实践中的庭审实例。除了仔细思考间接损失在实践中的运用外，您还可以尝试在原告代理人或被告代理人的角度，模拟对案件焦点的庭审辩论过程。

案情回顾： 原告王某与被告张某同村，某日，张某路过王某家蔬菜大棚时，与王某丈夫发生纠纷，张某偷偷进入大棚内，把塑料大棚刨了好几个洞，导致棚内蔬菜被冻坏。经派出所处理，被告张某被行政拘留7日。双方对大棚内的莴苣和大棚本身损坏的损失没有争议，对棚内的"苏椒"5号椒苗的赔偿，双方各执一词。原告称棚内有"苏椒"5号椒苗已被冻死，提供购椒种付款收据，内容为：50袋，每袋11元，共计550元；蔬菜技术指导站尚某证言，证明500克椒种在正常播种、育苗管理的情况下发芽率为90%左右，并提供二份证人证言证明原告已同两客户订立了买卖椒苗的协议，如不能按时交货，承担违约责任各300元，以及椒苗往年销售价格，证明其棚内椒苗损失约6000元。被告否认大棚内有椒苗，不存在该部分损失。

审理中，对椒苗是否存在，如何赔偿，是案件争执的焦点。通过开庭的举证、质证、认证，法院认为虽然通过照片材料等证据不能证明棚内有明显椒苗存在，但根据椒种确已购买，已过播种期，并已同客户签订购买协议，应能推断出该椒苗确已存在，或许其仅系刚出土的不显眼幼苗。对于该部分的损失赔偿问题，存在二种分歧意见：一种意见认为：所购椒种已播种，有明确的数量和成活率，应比照往年的椒苗销售价格，计算出该椒苗的可得利益损失，该部分的损失由于被告的侵权行为导致利益的丧失，应当由被告按数量、成活率及相应价格全额赔偿，即应支持原告的诉讼请求；另一种意见认为：椒苗的有无尚不明显，或者该椒苗为刚出土的幼苗，这表明播种的时间短，在大棚受损修复后应及时购种进行续播，以减少损失的扩大。同时在播种后，未投入相应的劳力和物力，不能按照成苗计算损失，应按被告侵权后，造成的当时实际损失和已明确造成的损失计算，即由被告赔偿原告购椒种款550元和因椒苗不能如期交付的违约责任600元。

续

对于本案的分歧，您是如何看待的？您赞同哪种意见，为什么？

提示： 本案属于财产损害赔偿案。财产损害的赔偿可分为直接损失赔偿，即对现有财产减损，既得利益的丧失与间接损失赔偿，即对未来财产减损，可得利益丧失，该案中大棚和莴苣的毁损均为直接损失无可争议；对于由椒种最终可长成成苗的获利，符合间接损失的特征：该获利是一种未来的可得利益，具有财产取得的可能性，具有实际意义而不是抽象的或假设的，是由于被告张某的侵权使正处于增值状态中的财产产生损害的结果，该部分可得利益损失当属王某的间接损失，但对这部分可得利益如何计算赔偿问题是本案审理的关键。

在此，我援引一位界内人士作出的支持第二种意见的理由，给您作个参考：

第一，要明确对间接损失赔偿适用的原则。我国学术界对财产损害赔偿主张"全部赔偿"原则，就本案而言，原告王某购买了"苏椒"5号种，且已播种，在正常情况下，受害人王某本应得到这些利益，只是由于加害人张某的侵权使这些可得利益没有得到，这种损失适用"全部赔偿"原则，但"全部赔偿原则"应当根据具体情况，只针对不可挽回的损失赔付。

第二，应明确间接损失界限范围。行为人侵权后，受害人没有采取适当措施减少损失扩大的，不得就扩大的损失要求赔偿。椒苗因张某侵权导致冻坏，就案情可推知椒苗尚小，应表明播种的时间短，如没过播种期，作为受损害方王某应当在大棚修复后及时购种续播；如已过播种期，王某可购进其他种子播种，以减少损失的扩大。王某因张某侵权确有损失，但不能听之任之，一味等待受损利益的最大实现可能，而应当采取相应补救措施，将损失压缩到最低限度，王某损失的界限不能延伸至成苗的长成，应止于大棚修复好后，弥补工作完成之前，如王某放弃弥补措施，其后的损失应当自负。

第三，在已界定的损失起止界限内，到底哪些损失确属不可挽回的损失，应否纳入赔偿范畴？在各项损失中，对于"苏椒"5号椒种已实际购买，播种后未得收益，对椒种来讲应属直接损失，即本案王某购买椒种所花550元应属直接损失范畴。原告王某已与二客户订立买卖椒苗协议，因王某违约，使合同的预期利益受到损失，使债权人追求的经济利益丧失，王某要承担因违约不能而支付给二客户600元的违约责任，这种损失是违反合同义务的间接损失，应纳入间接损失赔偿范围。原告王某提供椒种在正常管理下的发芽率及往年销售价等，这里要明确作为技术指导站提供的"发芽率"应属在实验室的试验结果，实验室与现实环境还存在很大差异，不能完全套用

续

模式，一成不变地使用发芽率，而且在到成苗过程中，还需付出一定的劳力、物力，施肥、浇水等管理活动，王某在未付出相应的劳力物力情况下，不能将椒苗按成苗计算，但作为受害人王某从播种到大棚被毁这一期间所付出的心血劳动应当受到肯定，对其期间劳动付出应纳入间接损失赔偿范围。所以对于王某大棚内椒苗损失应从以上三个方面考虑获赔，超出范围任意扩大的损失都不能受到法律保护。

三、人身损害赔偿

（一）人身损害赔偿概念

人身损害赔偿是指民事主体的生命权、健康权和身体权受到侵害，造成伤残、死亡以及精神痛苦等后果，要求侵权人以财产赔偿等方法进行救济和保护的侵权法律制度。

《民法通则》第 119 条规定了人身损害赔偿制度的基本内容，《国家赔偿法》、《消费者权益保护法》和《医疗事故处理条例》等法律都对人身损害赔偿作了规定，《侵权责任法》和最高法院颁布的《关于审理人身损害赔偿案件适用法律若干问题的解释》（简称《人身损害赔偿解释》）更对我国人身损害赔偿制度进行了全面规定。

（二）人身损害赔偿范围的具体确定

《人身损害赔偿解释》第 17 条规定："受害人遭受人身损害，因就医治疗支出的各项费用以及因误工减少的收入，包括医疗费、误工费、护理费、交通费、住宿费、住院伙食补助费、必要的营养费，赔偿义务人应当予以赔偿。受害人因伤致残的，其因增加生活上需要所支出的必要费用以及因丧失劳动能力导致的收入损失，包括残疾赔偿金、残疾辅助器具费、被扶养人生活费，以及因康复护理、继续治疗实际发生的必要的康复费、护理费、后续治疗费，赔偿义务人也应当予以赔偿。受害人死亡的，赔偿义务人除应当根据抢救治疗情况赔偿本条第 1 款的相关费用外，还应当赔偿丧葬费、被扶养人生活费、死亡补偿费以及受害人亲属办理丧葬事宜支出的交通费、住宿费和误工损失等其他合理费用。"

《侵权责任法》第 16 条规定："侵害他人造成人身损害的，应当赔偿医疗费、护理费、交通费等为治疗和康复支出的合理费用，以及因误工减少的收入。造成残疾的，还应当赔偿残疾生活辅助具费和残疾赔偿金。造成死亡的，还应当赔偿丧葬费和死亡赔偿金。"

　　由上述法条可以看出，人身损害赔偿范围一般包括三个层次：①侵害他人造成人身损害的，应当赔偿医疗费、护理费、交通费等为治疗和康复支出的合理费用，以及因误工减少的收入。②造成残疾的，还应当赔偿残疾生活辅助具费和残疾赔偿金。③造成死亡的，还应当赔偿丧葬费和死亡赔偿金。

　　1. 侵害他人造成人身损害的赔偿。

　　（1）医疗费。医疗费不仅包括已经支出的费用，还包括将来必须发生的后续治疗费用。

　　《人身损害赔偿解释》第 19 条规定："医疗费根据医疗机构出具的医药费、住院费等收款凭证，结合病历和诊断证明等相关证据确定。赔偿义务人对治疗的必要性和合理性有异议的，应当承担相应的举证责任。医疗费的赔偿数额，按照一审法庭辩论终结前实际发生的数额确定。器官功能恢复训练所必要的康复费、适当的整容费以及其他后续治疗费，赔偿权利人可以待实际发生后另行起诉。但根据医疗证明或者鉴定结论确定必然发生的费用，可以与已经发生的医疗费一并予以赔偿。"

> **法律小贴士**：人身受到伤害，应保留相关凭证作为证据。

　　（2）护理费。《人身损害赔偿解释》第 21 条规定，护理费根据护理人员的收入状况和护理人数、护理期限确定。护理人员有收入的，参照误工费的规定计算；护理人员没有收入或者雇佣护工的，参照当地护工从事同等级别护理的劳务报酬标准计算。护理人员原则上为 1 人，但医疗机构或者鉴定机构有明确意见的，可以参照确定护理人员人数。护理期限应计算至受害人恢复生活自理能力时止。受害人因残疾不能恢复生活自理能力的，可以根据其年龄、健康状况等因素确定合理的护理期限，但最长不超过 20 年。受害人定残后的护理，应当根据其护理依赖程度并结合配制残疾辅助器具的情况确定护理级别。

　　（3）交通费。《人身损害赔偿解释》第 22 条规定，交通费根据受害人及其必要的陪护人员因就医或者转院治疗实际发生的费用计算。交通费应当以正式票据为凭；有关凭据应当与就医地点、时间、人数、次数相符合。

　　（4）其他为治疗和康复支出的合理费用。其他为治疗和康复支出的合理费用包括合理并必须支出的住宿费、住院伙食补助费、必要的营养费等。《人身损害赔偿解释》第 23 条规定，住院伙食补助费可以参照当地国家机关一般工作人员的出差伙食补助标准予以确定。受害人确有必要到外地治疗，因客观原因不能住院，受害人本人及其陪护人员实际发生的住宿费和伙食费，其合理部分应予赔偿。《人身损害赔偿解释》第 24 条规定，营养费根据受害人伤残情况参照医疗机构的意见确定。

（5）因误工减少的误工费。《人身损害赔偿解释》第 20 条规定，误工费根据受害人的误工时间和收入状况确定。误工时间根据受害人接受治疗的医疗机构出具的证明确定。受害人因伤致残持续误工的，误工时间可以计算至定残日前一天。受害人有固定收入的，误工费按照实际减少的收入计算。受害人无固定收入的，按照其最近 3 年的平均收入计算；受害人不能举证证明其最近 3 年的平均收入状况的，可以参照受诉法院所在地相同或者相近行业上一年度职工的平均工资计算。

2. 造成残疾的赔偿。

（1）残疾辅助器具费。

（2）残疾赔偿金。《人身损害赔偿解释》第 25 条规定："残疾赔偿金根据受害人丧失劳动能力程度或者伤残等级，按照受诉法院所在地上一年度城镇居民人均可支配收入或者农村居民人均纯收入标准，自定残之日起按 20 年计算。但 60 周岁以上的，年龄每增加 1 岁减少 1 年；75 周岁以上的，按 5 年计算。受害人因伤致残但实际收入没有减少，或者伤残等级较轻但造成职业妨害严重影响其劳动就业的，可以对残疾赔偿金作相应调整。"《人身损害赔偿解释》第 30 条规定："赔偿权利人举证证明其住所地或者经常居住地城镇居民人均可支配收入或者农村居民人均纯收入高于受诉法院所在地标准的，残疾赔偿金或者死亡赔偿金可以按照其住所地或者经常居住地的相关标准计算。被扶养人生活费的相关计算标准，依照前款原则确定。"

3. 造成死亡的赔偿。

（1）丧葬费。《人身损害赔偿解释》第 27 条规定，丧葬费按照受诉法院所在地上一年度职工月平均工资标准，以 6 个月总额计算。

（2）死亡赔偿金。《人身损害赔偿解释》第 29 条规定，死亡赔偿金按照受诉法院所在地上一年度城镇居民人均可支配收入或者农村居民人均纯收入标准，按 20 年计算。但 60 周岁以上的，年龄每增加 1 岁减少 1 年；75 周岁以上的，按 5 年计算。

 思考

如果大家认真阅读了人身损害赔偿范围具体确定的法条和上述内容，您会发现《人身损害赔偿解释》和《侵权责任法》对造成残疾的赔偿和造成死亡的赔偿规定有不同之处。您是如何看待二者的不同呢，在实践中应如何运用？和《人身损害赔偿解释》相比，《侵权责任法》第 16 条规定了残疾赔偿金与死亡赔偿金，但却没有规定被抚养人的生活费请求权。残疾赔偿金或死

续

亡赔偿金与被抚养人的生活费之间是什么关系？二者能否并用？

　　提示：首先，《侵权责任法》属于新法，应优先运用。其次，对于"两金"的性质，学界有多种观点。最高人民法院于 2010 年 6 月 30 日发布关于适用《中华人民共和国侵权责任法》若干问题的通知，第 4 条第 1 款规定："人民法院适用侵权责任法审理民事纠纷案件，如受害人有被抚养人的，应当依据《最高人民法院关于审理人身损害赔偿案件适用法律若干问题的解释》第 28 条的规定，将被抚养人生活费计入残疾赔偿金或死亡赔偿金。"至此，关于两金与被抚养人生活费能否并用的问题尘埃落定。

 建议

　　请看下面这则生活中的案例，体会死亡赔偿相关知识：

　　2010 年 6 月 19 日，被告王伟驾驶的桂 ACY038 微型普通客车与梁阳驾驶的桂 LS5100 普通二轮摩托车发生碰撞，梁阳当场死亡。2010 年 9 月 10 日平果县交警大队认定本次事故由梁阳承担主要责任，王伟承担次要责任，桂 ACY038 微型普通客车向被告中国太平洋财产保险股份有限公司深圳中心支公司投保交强险，责任赔偿限额为 122 000 元，保险期间自 2010 年 6 月 26 日至 2011 年 6 月 25 日止。原被告经协商未果，原告遂向本院起诉，诉讼请求：①丧葬费 2358.5 元/月×6 月 = 14 151 元，②死亡赔偿金 3980 元/年×20 年 = 79 600 元，③被抚养人生活费 46 433.33 元。

　　平果县人民法院认为：《侵权责任法》于 2010 年 7 月 1 日起施行，根据后法优于前法的原则，本案应适用《侵权责任法》，死亡赔偿金已包含了被抚养人生活费，原告再主张被抚养人生活费，属重复计算。据此，一审判决由中国太平洋财产保险股份有限公司深圳中心支公司赔偿给原告范梅、梁华丧葬费 14 151 元、死亡赔偿金 79 600 元。

　　对于这个判决结果，您有什么想法吗？

　　（3）关于死亡赔偿金的特别规则。

　　《侵权责任法》第 17 条规定："因同一侵权行为造成多人死亡的，可以以相同数额确定死亡赔偿金。"

　　有观点认为此条规定的就是"同命同价"，其实不尽然，《侵权责任法》并没有根本解决同命不同价问题，此条仅确定了在特殊情况下多人死亡可以以同一标准赔偿。

对于因同一侵权行为造成多人死亡，应注意"可以"的表述：首先，在一般情况下，不管死亡人年龄大小、本地或是外地，都用同一标准赔偿。其次，如果在特殊情况下，适用相同数额的死亡赔偿金极不合理，那么也可以使用不同数额的死亡赔偿金。

（三）损害人身权益造成财产损失的赔偿

> 《侵权责任法》第20条规定："侵害他人人身权益造成财产损失的，按照被侵权人因此受到的损失赔偿；被侵权人的损失难以确定，侵权人因此获得利益的，按照其获得的利益赔偿；侵权人因此获得的利益难以确定，被侵权人和侵权人就赔偿数额协商不一致，向人民法院提起诉讼的，由人民法院根据实际情况确定赔偿数额。"

自然人对自己的人身权有商业化利用的支配权。未经本人同意而使用权利人具有财产价值的人身权，就存在对财产利益损失的赔偿问题。

一些侵害人身权的行为造成的财产损失难以确定，尤其是在被侵权人的名誉受损、隐私被披露等侵害非物质性人身权益的情况下，很难确定财产损失。对于这种情形，可将侵权人所获得的利益确定为赔偿数额。比如，某省电视台为了提高收视率，将某个下乡知青有私生子的隐私通过谈话节目故意暴露，给该知青的家庭和个人名誉造成不利影响，该知青以电视台侵害其隐私权提起诉讼，法院以电视台的广告收入作为考虑因素，判决电视台赔偿50万元。

（四）人身损害赔偿赔付方式

加害人对受害人人身损害赔偿的赔付费用可以采取一次性支付和分期支付两种方式。

> 《侵权责任法》第25条规定："损害发生后，当事人可以协商赔偿费用的支付方式。协商不一致的，赔偿费用应当一次性支付；一次性支付确有困难的，可以分期支付，但应当提供相应的担保。"
>
> 《人身损害赔偿解释》第33条规定："赔偿义务人请求以定期金方式支付残疾赔偿金、被扶养人生活费、残疾辅助器具费的，应当提供相应的担保。人民法院可以根据赔偿义务人的给付能力和提供担保的情况，确定以定期金方式给付相关费用。但一审法院辩论终结前已经发生的费用、死亡赔偿金以及精神损害抚慰金，应当一次性给付。"对此，赔偿权利人可以选择，采取一次性还是定期金赔偿。
>
> 《人身损害赔偿解释》第34条规定："人民法院应当在法律文书中明确

续

> 定期金给付时间、方式以及每期给付标准。执行期间有关统计数据发生变化的，给付金额应当适时进行调整。定期金按照赔偿权利人的实际生存年限给付，不受本解释有关赔偿期限的限制。"

四、精神损害赔偿

> 《最高人民法院关于确定民事侵权精神损害赔偿责任若干问题的解释》第4条规定："具有人格象征意义的特定纪念物品，因侵权行为而永久性灭失或者毁损，物品所有人以侵权为由，向人民法院起诉请求赔偿精神损害的，人民法院应当依法予以受理。"
>
> 《侵权责任法》第22条规定："侵害他人人身权益，造成他人严重精神损害的，被侵权人可以请求精神损害赔偿。"

精神损害是指民事主体精神上的痛苦与不安。精神损害赔偿是指民事主体因其人格权益、身份权益受到侵害，遭受精神痛苦的，要求侵权人通过财产形式等方式进行救济和保护的民事法律制度。《侵权责任法》第一次明确使用精神损害赔偿这个概念，并将精神损害赔偿的构成要件确定为两点：一是侵害他人人身权益；二是侵害行为造成严重后果。

思考

1. 《侵权责任法》生效后，其将精神损害赔偿界定在人身权益受损害范围内，那么，《关于确定民事侵权精神损害赔偿责任若干问题的解释》第4条中规定的具有人格象征意义的特定纪念物品因侵权行为而灭失或者毁损的情况，还能否请求精神损害赔偿？

提示：学界普遍认为《侵权责任法》将精神损害赔偿限定于人身权受到侵害的情况，那么财产权利受到侵害，就不能请求精神损害赔偿了。

全国人大常委会办公厅12月26日新闻发布会上的这么一则问答或许能给您一些启发：

中国青年报记者提问："《侵权责任法》第22条规定精神损害赔偿，这在以前我国现行法律中没有规定，但是我们知道最高法院有一个司法解释，涉及财产权受到损失后，可以请求精神损害赔偿，《侵权责任法》这样规定是出于什么考虑？"

全国人大常委会法制工作委员会副主任王胜明回答："你问到'精神损

续

害赔偿'的问题，这是在现行法律中第一次明确规定了精神损害赔偿。有的人说，过去法律当中完全没有精神损害赔偿，这个理解我们认为不一定准确。因为已有法律规定了死亡赔偿金、残疾赔偿金，但是死亡赔偿金、残疾赔偿金如何计算，包含的内容是什么，法律并没有具体规定。有的理解，死亡赔偿金、残疾赔偿金就包含精神损害赔偿，所以，我用的词是'第一次明确规定精神损害赔偿'。关于精神损害赔偿怎么认定，什么情况下构成精神损害赔偿，以及精神损害赔偿究竟赔多少，确实是有一定难度的。这次规定，一是把精神损害赔偿严格限制在侵害人身权益，侵害人身权益包含侵害他人的生命权、健康权、名誉权、隐私权等，但不包含财产权益。如果侵害财产权益，要根据财产损失给予赔偿。二是什么情况下构成精神损害。我们用了'严重精神损害'这个词，当然在常委会审议过程当中有的也提出来'严重'怎么理解？我们认为像轻微的精神损害不能请求精神损害赔偿，否则诉讼成本很高。什么叫严重的精神损害赔偿？以后司法解释还可以做进一步具体规定，也可以根据个别案例加以认定。在国外，也不是任何情况都给予精神损害赔偿，而是有一定的限度。"

但也有学者指出《关于确定民事侵权精神损害赔偿责任若干问题的解释》第4条的规定具有很好的现实指导意义，有存在的价值和必要，在以后对《侵权责任法》的司法解释中可以将这条纳入。

2. 案情回顾：1998年7月8日上午10时许，一名女大学生离开上海屈臣氏公司四川北路店时，由于店门口警报器不断鸣响，该店一女保安员上前阻拦女学生离店，要求到办公室内脱裤接受女保安的检查。店方未查出其身上带有磁信号的商品后，方允许她离店。

7月20日，该女学生起诉至上海市虹口区人民法院，以自己在屈臣氏公司四川北路店无端遭到搜身，被两次脱裤检查，使自己心理受到极大伤害为由，要求屈臣氏公司公开道歉，赔偿精神损失费人民币50万元。一审法院判决被告屈臣氏公司四川北路店应向该学生赔礼道歉，赔偿精神损害等损失费共计人民币25万元；被告上海屈臣氏公司承担连带责任。被告上诉，二审法院判决撤销一审判决，改判赔偿精神损害人民币1万元。

此案留给您怎样的启示呢？

我的笔记

第十七章　侵权责任与其他民事责任竞合

 导　学

学习本章须理解民事责任的特点，能运用侵权责任、违约责任、不当得利返还责任竞合的相关知识解决实践生活中的案例。

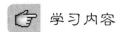 学习内容

学习单元一　民事责任竞合概述

一、民事责任概述

民事责任是指民事主体在民事活动中，因违反合同或不履行其他民事义务所应承担的民事法律后果。民事责任特点为以下几点：

1. 强制性。法律责任的强制性是其区分于道德责任和其他社会责任的根本标志，民事责任作为法律责任之一，当然具有强制性。在民事主体违反合同或者不履行其他义务，或者由于过错侵害他人财产、人身权利时法律规定其应承担民事责任，民事主体不主动承担民事责任时，由国家有关权力机构强制其承担责任、履行义务。

2. 财产性。民事责任以财产责任为主，非财产责任为辅，一方不履行民事义务的行为给他方造成财产损害，一般通过财产性赔偿的方式就可以解决。但是，侵害人身权时，除承担财产性责任外，往往还可以有一些辅助性的非财产责任，如赔礼道歉、消除影响、恢复名誉等。

3. 补偿性。所谓补偿性是民事责任以补足民事主体所受损失为限。民事责任制度作为我国民法的一项重要制度，其主要目的就是恢复被侵犯的民事权益，比如违约责任，其目的就在于使当事人的利益达到假设合同获得适当履行时的状态；侵权责任则使当事人利益回复到未受损害时的状态。补偿性与惩罚性相

对立，民事责任以补偿性为原则，惩罚性责任属于特例，只有法律明确规定才可适用。

> 《民法通则》第134条规定："承担民事责任的方式主要有：①停止侵害；②排除妨碍；③消除危险；④返还财产；⑤恢复原状；⑥修理、重作、更换；⑦赔偿损失；⑧支付违约金；⑨消除影响、恢复名誉；⑩赔礼道歉。以上承担民事责任的方式，可以单独适用，也可以合并适用。"
>
> 注意和《侵权责任法》第15条规定的侵权责任承担方式比较。

二、民事责任竞合的概念和特点

民事责任竞合是指行为人实施某一违反民事义务的行为符合多种民事责任的构成要件，从而导致多种民事责任产生，各项民事责任相互发生冲突的现象。其特点为以下几点：

1. 行为人只实施了一个违反民事义务的行为。
2. 此行为同时满足两个或两个以上的民事责任构成要件。
3. 两个或两个以上的民事责任间相互冲突。

三、民事责任竞合的法律效果

民事责任的竞合是由于行为人的一个行为同时违反两个或两个以上民事法律规范而引起的，对于受害人而言，就会产生两个或两个以上的请求权。法律允许受害人选择行使，不能同时实现，否则，加害人将会承担双重责任，受害人将会获得双重赔偿，不符合民事责任的补偿性特点。我国《合同法》就对侵权责任和违约责任竞合时当事人只能择其一行使的效果作了明确规定。

学习单元二　侵权责任与违约责任的竞合

侵权责任和违约责任在法律上存在重大差异，学习侵权责任和违约责任的竞合，必须首先思考二者的不同，因为只有理解了侵权责任和违约责任的区别，才能更好地行使选择权。换言之，是依合同法提起合同之诉，还是依侵权法提起侵权之诉，会产生不同的法律后果，受害人应该在充分权衡的基础上，选择最有利于自己权益救济的请求权来维护自己的合法权利。

一、侵权责任与违约责任的区别

1. 归责原则和举证责任不同。侵权责任以过错责任为一般归责原则，以过错推定原则、无过错责任为补充；违约责任一般适用无过错责任。归责原则的差异直接决定了当事人举证责任的不同。也就是说，如果受害人主张行为人承担侵权责任，在一般情况下，受害人应证明行为人存在过错，而受害人主张对方承担违约责任，则无需证明对方存在过错。

2. 违反义务内容不同。侵权行为违反的是不得侵害他人财产或人身的法定义务；违约行为违反的是合同当事人之间的约定义务。

3. 诉讼时效不同。因侵权行为产生的损害赔偿请求权一般适用 2 年的诉讼时效，身体受到伤害的诉讼时效为 1 年；因违约行为产生的请求权一般也适用 2 年的诉讼时效，但延付或拒付租金的合同纠纷、寄存财物毁损灭失的合同纠纷适用 1 年诉讼时效，国际货物买卖合同和技术进出口合同纠纷诉讼时效则为 4 年。

4. 责任构成要件和免责事由不同。侵权责任以损害事实为构成要件，无损害即无责任；违约责任不以实际损害为条件，行为人只要实施了违反合同约定的行为，是否造成了损害后果，都不影响违约责任的成立。

侵权责任的免责事由具有法定性，由法律明文规定，比如不可抗力；违约责任则具有任意性，可以通过合同当事人之间的约定予以减轻或免除。

5. 责任方式不同。侵权责任以赔偿损失为主，其他多种责任辅之；而违约责任主要采取支付违约金的形式，可由当事人进行约定。

6. 责任范围不同。侵权责任范围包括财产损失、人身伤害和精神损害，其赔偿范围不仅包括直接损失，还包括间接损失；而违约责任仅以财产损失为限，且采取"可预见性"标准来限定赔偿的范围。

7. 诉讼管辖不同。因侵权行为提起的诉讼，由侵权行为地或者被告住所地人民法院管辖，侵权行为地包括侵权行为实施地和侵权结果发生地。因合同纠纷提起的诉讼，由被告住所地或者合同履行地人民法院管辖；合同的双方当事人可以在书面合同中协议选择被告住所地、合同履行地、合同签订地、原告住所地、标的物所在地人民法院管辖。

二、侵权责任与违约责任的竞合

> 《合同法》第 122 条规定："因当事人一方的违约行为，侵害对方人身、财产权益的，受损害方有权选择依照本法要求其承担违约责任或者依照其他法律要求其承担侵权责任。"

侵权责任与违约责任的竞合，是指行为人的同一不法行为同时违反侵权法和合同法有关规定，同时符合侵权责任和违约责任的构成要件而产生的责任竞合现象。我国法律要求受害人行使选择权，受害人一旦选择侵权损害赔偿责任与违约赔偿责任中的一种责任追究方式，就不得同时主张另外一种责任追究方式。

要构成侵权责任与违约责任的竞合，不仅加害人与受害人之间要存在合同关系，而且，加害人还实施了不法行为，构成侵权责任的四个构成要件，只有这样，才能同时违约侵权法和合同法的规定，符合侵权责任和违约责任构成要件。

思考

随着社会进步和公众法律意识不断提高，目前旅游合同纠纷频发，比如：旅行社不按约定组团出游，提供的餐饮、住宿、交通、购物、娱乐等服务未达到合同约定的质量标准，擅自变更、取消约定的旅游景点，延误变更日程，导游未尽职责等，游客经常提出要求旅行社赔偿因违约造成其旅游不愉快的精神损失，通过学习责任竞合的知识后，您是怎么看待这个问题的？

提示： 旅游合同纠纷，如果游客以违约为由要求旅行社赔偿，不能请求精神损害赔偿，因为违约责任赔偿范围不包括精神损害赔偿。只有因旅行社一方的违约行为同时侵害游客人身权，并造成重大损失时，游客才能以侵权责任追究旅行社责任，主张精神损害赔偿，但须证明旅行社的行为满足侵权行为的四个构成要件。

学习单元三　侵权责任与不当得利责任的竞合

侵权责任与不当得利返还责任的竞合是指加害人因侵权行为取得利益同时符合侵权责任和不当得利返还责任的构成要件而产生的责任竞合现象。

一、侵权责任与不当得利返还责任的区别

1. 构成要件不同。一般侵权责任的构成要件除了要有侵权行为、损害事实、侵害行为与损害事实存在因果关系以外，还需要行为人主观上存在过错。不当得利则不问得利人是否存在主观过错，只是一个事实判断，只要没有合法根据，一方获得利益，另一方受到损失，利益与损失之间存在因果关系即可。

2. 举证责任不同。侵权责任以过错为一般构成要件，要求受害人证明加害人存在过错。不当得利返还责任不以过错为要件，受害人只需证明得利人获得利益且没有合法根据即可。

3. 责任方式和范围不同。侵权责任承担方式，以赔偿损失为主，可同时适用多种责任方式。不当得利返还责任的方式具有单一性，即返还财产。

侵权责任范围包括财产损失、人身伤害和精神损害，赔偿范围包括直接损失、间接损失。较不当得利返还责任的赔偿范围大了许多。不当得利返还责只区分善意和恶意的不同，返还财产。

二、侵权责任与不当得利返还责任竞合的主要情形

1. 无权有偿处分。加害人未经权利人同意，将权利人的财产有偿转让给第三人或者许可第三人使用。加害人的无权处分行为，侵害了权利人的财产权，属于侵权行为，而他因为有偿转让获得的利益，没有合法依据，对于权利人而言，也满足了不当得利返还责任的构成条件。

2. 非法出租。加害人未经权利人同意，无合法抗辩事由，将权利人的财产交付给第三人使用、收益，并收取租金。

3. 非法使用并收益。加害人未经权利人同意，无合法抗辩事由，使用权利人的财产或者权利并获得利益。

思考

甲在二手市场卖自家的一台九成新的电脑，突闻其父不慎摔倒昏迷，顾不得电脑，急忙离去，旁边的乙遂将甲的二手电脑搬到自家摊位，将本来市值1000元的电脑以2000元的价格卖给了不知情的丙，并将2000元据为己有，后，甲为维护自己的合法权益，可要求乙承担何种责任？为什么？

提示： 重点思考责任竞合问题。甲如果要求乙承担侵权责任，还能否要求乙返还原物？甲如果向法院提出诉讼请求，要求乙承担侵权责任，赔偿损失，须承担怎样的证明责任？乙具体应赔偿多少（注意侵权赔偿损失要求的是实际损失）？甲能否以不当得利返还责任要求乙返还卖得的2000元电脑价金？如果向法院起诉，须证明哪些事项？

我要复习！

某市公交车司机老孙驾驶公共汽车正常行驶时，前面一行人突然横穿公路，老孙眼疾手快，紧急刹车，车祸是避免了，却使乘客郭某的头撞到票箱受伤，导致郭某损失5万元。如果郭某找公交公司承担责任，应以什么理由提出？是否存在责任竞合的问题？

提示： 民事责任的竞合是指一项民事行为同时符合两种或两种形式以上的民事责任的构成要件，依法仅实现其中一种民事责任的法律现象。因为公交公司驾驶员老孙无过错，故承担替代责任的公交公司不满足一般侵权责任的四个构成要件，郭某以侵权为由诉公交公司无法得到法院支持，只能以违

续

约起诉。因此，本案例并不存在侵权与违约竞合的情形。如果司机紧急刹车是因为过错所致，则涉及侵权与违约责任的竞合问题。

注意，本案还涉及紧急避险行为，请您仔细回忆前面学过的内容，思考一下，行人是否应当对郭某的损失承担责任，为什么？

在生活中，遇到损害赔偿的情形，您可从侵权责任、违约责任、不当得利返还责任等的构成要件、归责原则、举证责任、承担责任方式、损害赔偿范围等方面全面思考，选择正确的并且最能保护受害人利益的法律责任进行救济。

我的笔记

参考书目

1. 王利明主编：《民法》，中国人民大学出版社 2010 年版。

2. 彭万林主编：《民法学》，中国政法大学出版社 2011 年版。

3. 魏振瀛主编：《民法》，北京大学出版社和高等教育出版社 2010 年版。

4. 张俊浩主编：《民法学原理》，中国政法大学出版社 2000 年版。

5. 江平主编：《民法学》，中国政法大学出版社 2011 年版。

6. 王利明、杨立新、姚辉编著：《人格权法》，法律出版社 1997 年版。

7. 王利明：《物权法研究》（修订版），中国人民大学出版社 2007 年版。

8. 梁慧星、陈华彬：《物权法》，法律出版社 2010 年版。

9. 谢在全：《民法物权论》，中国政法大学出版社 2011 年版。

10. 史尚宽：《物权法论》，中国政法大学出版社 2000 年版。

11. 江平主编：《中国物权法教程》，知识产权出版社 2008 年版。

12. 全国人大法工委民法室编著：《物权法立法背景与观点全集》，法律出版社 2007 年版。

13. 王泽鉴：《民法物权》，北京大学出版社 2010 年版。

14. 费安玲主编：《比较担保法》，中国政法大学出版社 2004 年版。

15. 郭明瑞、房绍坤、张平华编著：《担保法》，中国人民大学出版社 2006 年版。

16. 李开国、张玉敏主编：《中国民法学》，法律出版社 2002 年版。

17. 万鄂湘主编：《物权法理论与适用》，人民法院出版社 2005 年版。

18. 王泽鉴：《债法原理》（第二册），中国政法大学出版社 2002 年版。

19. 史尚宽：《债法总论》，中国政法大学出版社 2000 年版。

20. 黄茂荣：《债法总论》（第二册），中国政法大学出版社 2003 年版。

21. 郑玉波：《民法债篇总论》，中国政法大学出版社 2004 年版。

22. 王利明：《侵权责任法研究》（上卷），中国人民大学出版社 2010 年版。

23. 王利明主编：《中华人民共和国侵权责任法释义》，中国法制出版社 2010 年版。

24. 王利明、韩大元主编：《在人大法学院听讲座》（第 3 辑），中国法制出版社 2011 年版。

25. 张新宝：《侵权责任法》，中国人民大学出版社 2010 年版。

26. 杨立新：《侵权责任法》，法律出版社 2012 年版。

27. 杨立新：《侵权责任法原理与案例教程》，中国人民大学出版社 2010 年版。

28. 杨立新：《侵权责任法：条文背后的故事与难题》，法律出版社 2011 年版。

29. 史尚宽：《债法各论》，中国政法大学出版社 2000 年版。

30. 钟秀勇：《三校名师讲义——民法》，中国政法大学出版社 2012 年版。

31. 北京万国学校组编：《民法专题讲座—北京万国学校专题讲座系列》，九州出版社 2012年版。

32. 周珺：《国家司法考试攻略——民法攻略》，研究出版社 2012 年版。

后　记

　　本系列教材是西南大学法学院专门针对网络教育、二专业教育和成人高等教育编写的。比起专著来说，教材更难把握，作为学习的入门书，如何做到在阐释主流观点的基础上，既能吸引学生的兴趣，将基本知识清楚地传授给学生，又能引导学生进行知识拓展，学以致用，尤其更适合自学性质的学生使用，是编者在撰写过程中一直小心把握并孜孜以求的。当然，本教材在很多方面还存在着不足，望各位同仁多提宝贵意见，我们将努力改正，争取更能适应学生的需求。

　　本教材由段莉担任主编。

　　参加本书准备、编写以及校对工作的成员有：段莉、张新民、赵学刚、杨胜玲、秦俭、路修远。

　　感谢西南大学法学院的重视和资助，尤其感谢中国政法大学出版社为本教材付梓所付出的努力。

段　莉

2013 年 4 月

图书在版编目（CIP）数据

民法分论 / 段莉主编. --北京：中国政法大学出版社，2013.7

ISBN 978-7-5620-4831-2

Ⅰ．①民… Ⅱ．①段… Ⅲ．①民法-中国 Ⅳ.①D923

中国版本图书馆CIP数据核字(2013)第141653号

书 名	民法分论 MINFA FENLUN	
出版发行	中国政法大学出版社	
经 销	全国各地新华书店	
承 印	固安华明印业有限公司	

720mm×960mm 16开本 18.25印张 340千字

2013年7月第1版 2015年7月第2次印刷

ISBN 978-7-5620-4831-2/D·4791

印 数: 3 001-6 000 定 价: 38.00元

社 址 北京市海淀区西土城路25号

电 话 (010)58908435(教材编辑部) 58908325(发行部) 58908334(邮购部)

通信地址 北京100088信箱8034分箱 邮政编码 100088

电子信箱 fada.jc@sohu.com(教材编辑部)

网 址 http://www.cuplpress.com (网络实名: 中国政法大学出版社)

声 明 1. 版权所有，侵权必究。

2. 如有缺页、倒装问题，由印刷厂负责退换。